★ 广东省教育科学规划课题（党的十九大精神研究专项）丛书之 ★
新时代广东学校文化传承发展研究系列

广东学校的革命文化传承与发展研究

龙柏林◎等著

广东高等教育出版社
Guangdong Higher Education Press
·广州·

图书在版编目（CIP）数据

广东学校的革命文化传承与发展研究/龙柏林等著. —广州：广东高等教育出版社，2021. 11

［广东省教育科学规划课题（党的十九大精神研究专项）丛书之新时代广东学校文化传承发展研究系列］

ISBN 978－7－5361－6880－0

Ⅰ. ①广… Ⅱ. ①龙… Ⅲ. ①革命传统教育－研究－广东 Ⅳ. ①G642

中国版本图书馆 CIP 数据核字（2020）第 186595 号

出版发行	广东高等教育出版社 地址：广州市天河区林和西横路 邮政编码：510500　电话：（020）87554153 http://www. gdgjs. com. cn
印　　刷	广东海洋印刷有限公司
开　　本	787 毫米×1 092 毫米　1/16
印　　张	15. 5
字　　数	260 千
版　　次	2021 年 11 月第 1 版
印　　次	2021 年 11 月第 1 次印刷
定　　价	56. 00 元

总　序

“文明特别是思想文化是一个国家、一个民族的灵魂。无论哪一个国家、哪一个民族，如果不珍惜自己的思想文化，丢掉了思想文化这个灵魂，这个国家、这个民族是立不起来的。”[①] 学校是文化传承的重要空间，以文化人、以文育人是学校的重要职能。党的十八大以来，广东省学校文化建设在不断探索中取得了显著成效。

文化属于难以界定的范畴之一。从社会的视角而言，文化有广义和狭义之分。广义上的文化是文明的同义语，是物质文明和精神文明的总称。狭义的文化相对于经济、政治、社会和生态而言，是社会结构的一部分。从个体视角而言，文化则同修养相关，是指一个人的素质样态。

文化和人的关系是一个辩证性很强的问题。人是社会的产物，社会决定了人。同时，人能动地作用于社会，人是社会的主体。文化是社会的组成部分，也是影响人的环境因素。不同性质的文化对人会产生不同的影响。毛泽东在《新民主主义论》中将当时的文化区分为帝国主义文化、半封建文化和新文化，前二者属于反动文化，只有新文化是在观念形态上反映新政治和新经济的东西，

---

① 习近平. 习近平关于社会主义文化建设论述摘编［M］. 北京：中央文献出版社，2017：5.

是替新政治、新经济服务的。中国特色社会主义进入新时代，文化建设面对中华优秀传统文化、革命文化、社会主义先进文化等三种文化类型，并将三者作为中国特色社会主义文化的组成。“中国特色社会主义文化，源自于中华民族五千多年文明历史所孕育的中华优秀传统文化，熔铸于党领导人民在革命、建设、改革中创造的革命文化和社会主义先进文化，植根于中国特色社会主义伟大实践。”① 社会意识的相对独立性主要表现为与社会存在的不同步。超前、滞后是不同步的表现，适应社会发展是同步的表现。因而，作为上层建筑层面的文化呈现出多元、多样、多变等特征。同时，面对世界多极化、经济全球化深入发展，科学技术信息化等趋势，各种思想文化交流交融交锋更加频繁。不同性质的文化对人的影响也不一样。先进的、积极向上的文化给人以积极健康的影响，落后腐朽的文化给人以消极颓废的影响。

以文化人、以文育人是文化的教育功能。在这一点上，文化同教育是一致的。

从词源考证来看，育人和化人已经内在于文化内涵之中。《易·贲卦·彖传》中这样界定文化：“刚柔交错，天文也；文明以止，人文也。观乎天文，以察时变；观乎人文，以化成天下。”由此，“人文化成”的缩写就成为文化了。文，最初是指自然界和人类社会的各种现象，如天文、人文、水文等。化，基本含义是变化、转化。将各种文献不断完善并传承下来的目的是化人。因此，文是手段，化是目的。英国文化学家泰勒这样界定文化：“文化，或文明，就其广泛的民族学意义来说，是包括全部的知识、信仰、艺术、道德、法律、风俗以及作为社会成员的人所掌握和接受的

① 习近平. 决胜全面建成小康社会　夺取新时代中国特色社会主义伟大胜利：在中国共产党第十九次全国代表大会上的报告［M］. 北京：人民出版社，2017：41.

任何其他的才能和习惯的复合体。”① 这里，文化除了知识之外，还包括信仰、道德等。这些就是价值观。一定的价值观即是文化的内核。从价值观的角度而言，以文化人和教书育人在目标和功能上是一致的。

立德树人是教育的根本。古人将立德、立功、立言并称为三不朽。树人是培养人才。所谓十年树木，百年树人。重视德性，突出人的道德培养是中华传统文化的一大特点。在人的道德培养过程中，德教和德政是一致的，家庭伦理和国家责任是统一的。这就是众所周知的政治伦理化、伦理政治化以及家国同构。党的十八大以来，习近平总书记明确了教育的根本任务是立德树人，并进一步明确了立什么德和树什么人的具体要求。2018 年 9 月 10 日，习近平总书记在全国教育大会讲话中指出：“我国是中国共产党领导的社会主义国家，这就决定了我们的教育必须把培养社会主义建设者和接班人作为根本任务，培养一代又一代拥护中国共产党领导和我国社会主义制度、立志为中国特色社会主义奋斗终身的有用人才。”② 培养什么人，是教育的首要问题。由此，树什么样的人的问题得到了明确。

2014 年 5 月 4 日，习近平在北京大学师生座谈会上的讲话指出：“核心价值观，其实就是一种德，既是个人的德，也是一种大德，就是国家的德、社会的德。国无德不兴，人无德不立。”③ 2018 年 9 月 10 日，习近平在全国教育大会讲话中进一步指出：“加强品德教育，既有个人品德，也有社会公德、热爱祖国和人民

① 泰勒. 原始文化［M］. 连树声，译. 桂林：广西师范大学出版社，2005：1.

② 中共中央文献研究室. 十九大以来重要文献选编：上［M］. 北京：中央文献出版社，2019：647.

③ 中共中央文献研究室. 十八大以来重要文献选编：中［M］. 北京：中央文献出版社，2016：3.

的大德。要坚持教育引导学生培育和践行社会主义核心价值观，做到品德润身、公德善心、大德铸魂。要加强对学生的法治教育，使学生养成遵纪守法的良好习惯。”① 2019 年 4 月 30 日，习近平在纪念五四运动 100 周年大会上的讲话中强调：“新时代中国青年要锤炼品德修为。……青年要把正确的道德认知、自觉的道德养成、积极的道德实践紧密结合起来，不断修身立德，打牢道德根基，在人生道路上走得更正、走得更远。”②

明大德、守公德、严私德，不仅明确了德的内涵，也明确了道德教育的具体内容。习近平强调：“要把立德树人融入思想道德教育、文化知识教育、社会实践教育各环节，贯穿基础教育、职业教育、高等教育各领域，学科体系、教学体系、教材体系、管理体系要围绕这个目标来设计，教师要围绕这个目标来教，学生要围绕这个目标来学。凡是不利于实现这个目标的做法都要坚决改过来。”③ “学校具有集中式、系统化、持续性进行中华优秀传统文化教育的独特优势，要把中华优秀传统文化教育作为固本铸魂的基础工程，贯穿人才培养全过程。要深入挖掘和阐发中华优秀传统文化中讲仁爱、重民本、守诚信、崇正义、尚和合、求大同的时代价值，转化为学生价值观教育的丰富营养，积淀学生文化底蕴，提升学生文化素养。要在提炼、转化、融合上下功夫，让收藏在馆所里的文物、陈列在大地上的遗产、书写在古籍里的文字成为教书育人的丰厚资源，让学生在底蕴深厚的课程教材中、在参观名胜古迹的亲身体验中，了解中华文化变迁，触摸中华文化脉络，

---

① 中共中央文献研究室．十九大以来重要文献选编：上［M］．北京：中央文献出版社，2019：650.

② 习近平．在纪念五四运动 100 周年大会上的讲话［M］．北京：人民出版社，2019：11.

③ 中共中央文献研究室．十九大以来重要文献选编：上［M］．北京：中央文献出版社，2019：653 - 654.

感受中华文化魅力，汲取中华文化精髓，让中华优秀传统文化基因一代代传承下去。”①

“新时代广东学校文化的传承发展研究”系列丛书以马克思主义为指导，紧紧围绕中国特色社会主义文化同学校教育的关系，从中华优秀传统文化、革命文化、社会主义先进文化、岭南文化等视角，研究了新时代广东学校文化传承发展。5本著作既相互关联，成为一体，又各自独立，各具风格。

《广东学校传承与发展中华优秀传统文化研究》（童建军等著）一书以社会主义文化建设为前提，以我国治理体系和治理能力现代化为背景，以广东为研究场域，在坚持理论与实践的统一、历史与逻辑的辩证以及个别与一般的互动中，把握广东学校传承发展中华优秀传统文化实践这一代表性个案的普遍性蕴含。主要通过阐释多元一体的中华优秀传统文化内涵，耙梳广东学校做深做实做细党和国家传承发展中华优秀传统文化的政策安排，凝练广东学校推动中华优秀传统文化创造性转化和创新性发展的教育实践经验和做法，并在实地调研基础上“把脉”广东学校继承和发展中华优秀传统文化的教育成效，展望新时代深入推进学校传承发展中华优秀传统文化的基本趋向与主要规律。本书提出传承发展中华优秀传统文化必须在紧扣“以文化人”教育根本任务的基础上，合理把握守正与创新、形式与内容、阶段与整体、化人与化文的辩证关系，为新时代学校继承和发展中华优秀传统文化提供了应然的完善方向。

《广东学校的革命文化传承与发展研究》（龙柏林等著）一书通过理论阐释与实践总结、普遍规律与个案分析相结合的方法分析广东学校革命文化这一重要主题。在理论阐释上，本书从发生

① 中共中央文献研究室. 十九大以来重要文献选编：上［M］. 北京：中央文献出版社，2019：650.

学的视角探究革命文化的生成过程、理论来源和实践基础，从而概括出革命文化的深刻内涵，即革命文化是中国共产党在新民主主义革命时期带领人民一起创立的、在当代具有重要价值的文化形态。革命文化传承与学校教育的双向互动以及学校阵地的鲜明特征决定了革命文化在学校的传承具有现实意义，但这一工作受到政策、区位以及文化等多重因素影响。基于此，本书重点考察广东学校的革命文化传承和发展现状以及历史过程，同时聚焦个别学校革命文化传承发展工作，以点面结合的方式形成对当前广东学校革命文化教育现实状况的整体性认知。同时，耙梳了革命文化在不同历史时期、不同地区学校的传承特点与工作经验，为广东学校革命文化传承提供了一定借鉴。最后，通过现状把握与对比分析明确广东革命文化进校园所面临的社会思潮多样化、网络信息娱乐化以及学校教育空心化的现实挑战，并有针对性地提出增强主流意识形态凝聚力、加强网络环境建设以及培育学生主体意识等一系列行之有效的对策路径。

《广东学校的社会主义先进文化传播与教育研究》（李辉等著）一书梳理和界定了社会主义先进文化的内涵及其构成、社会主义先进文化发展进程。在此基础上，分别从马克思主义理论教育、社会主义核心价值观培育和践行、社会主义道德教育、社会主义法治教育、中华民族精神教育、时代精神教育、理想信念教育等几个方面研究了学校教育同社会主义先进文化之间的关系，研究了广东学校在社会主义先进文化传播与教育过程中的基本经验。遵循理论与实践同步发展，理论教育同理论发展也同步进行的逻辑，立足于广东地处改革开放前沿和意识形态斗争前沿的地缘特征，凝练了新时代广东学校社会主义先进文化传播与教育的基本经验，即用习近平新时代中国特色社会主义思想铸魂育人，以大历史观培育“四个自信”，将培养青少年的历史担当作为教育的现实落足点，等等。其中，由广东省委宣传部和广东省教育厅组织建设的“马克思主义中国化进程与青年学生使命担当”精品思政课程，成为广东省教育系统持续推进习近平新时代中国特色社会主义思想进教材进课堂进学生头脑、强化党的创新理论武装的重要举措。

《社会主义核心价值体系建设的广东学校实践》（李文著）一书聚焦了广东学校社会主义核心价值体系建设的实践，总结了学校教育领域社会主义核心价值体系建设的广东经验。研究者通过问卷调查、代表性实践案例，总结广东学校经验。广东学校的育人实践呈现出岭南教育领域扎根乡土，饱含家国情怀，同时兼具开拓创新的特质。广东学校育人实践对岭南历史上的优秀精神文化遗产，对岭南思想家、教育家们的思想遗产尤为珍视。如今，价值观教育实践的参与者站在历史的新起点上，在精神内核上继承发扬，直面未来。在学校思政教育工作中，对社会主义核心价值体系内容的传播、传授应该是精准的。广东学校的思政课程设置、讲授上遵循了这一基本原则。在实践方法上，广东学校积极主动探索构建“大思政”格局下体系建设的新方法。在实践载体上，因地因校制宜，详细规划课程、科研、实践、文化、网络、心理、管理、服务、资助、组织等“十大育人”体系的实施内容、载体、路径和方法。作为中国改革开放的前沿阵地，广东地情、民情对国际局势变化更为敏感，受各种国际思潮挑战也更为频繁。形势所迫，广东学校的大格局意识必须走在前列，社会主义核心价值体系建设实践必须在探索中传承、创新，才能担当起国家文化自信、文化软实力振兴的重任。广东学校对社会主义核心价值体系建设虽有成绩，面对“培养什么人、怎样培养人、为谁培养人”叩问的教育实践仍任重道远。

《岭南文化与广东学校德育建设研究》（石德金等著）一书集中研究岭南文化同广东学校德育之间的关系。岭南文化随着时间推移和时代变迁不断与时俱进，又有其自身的连续性和稳定性，潜移默化地影响着岭南地区人民群众的思维方式和行为方式，为学校德育工作的开展提供了丰富的资源与载体。广东学校充分发掘岭南文化中的德育资源，使之与当代文化相适应、与现代社会相协调，实现岭南文化融入学校德育的理念、内容、方式等的创新，增强学校德育效果，成为新时代广东学校德育工作的重点所在。研究者立足于岭南文化的主体部分，即广府文化、潮汕文化和客家文化，通过对岭南文化融入学校德育可能性、必要性和价值性展开论述，力图在全面梳理岭南文化的基础上推动学校德育在新时代的发展与创新。该书由绪论和正文构成。绪论部分主要涉及优秀岭南文化融入学校德育的时代背景、必要性，以及广东学校德育吸纳优秀岭南文化的现状。正文部分分为五章内容。首先，在前人研究基础上，通过对岭南文化的形成与演进历程的阐述，将历史与现实对接，实现岭南文化从传统到现代的转换，奠定岭南文化融入学校德育的基础。其次，通过对广府文化内涵的界定，从历史发展和现实生活的角度阐述其内在特点与外在形态，进而发掘广府文化融入德育的价值意蕴、可行性以及实现对策。再次，在对潮汕文化进行界定分析的基础上，考察潮汕文化融入广东学校德育的可能性与可行性，深入发掘蕴藏在语言文学、传统节日、民俗文化和潮汕名人等文化形态中的德育资源，分析潮汕文化融入学校德育的现状，并提出应对之策。进而，论述了客家文化的意蕴与客家人的人文精神，论证了客家文化对学校德育的重要意义，充分挖掘这一优秀地方传统文化中文学艺术、民风习俗、神话传说、榜样模范等形态所蕴含的德育资源，力图为客家文化融入学校德育提供对策与途径。最后，考察了岭南文化融入学校德育的历史经验，指出了当下面临的种种挑战，提出了对未来的展望。

总之，各种文化样态为实现立德树人的根本任务，全面贯彻党的教育方针，培养社会主义建设者和接班人发挥着不可替代的作用。优秀文化涵养着人、也滋养着教育，同时，学校也是文化传承的重要空间。文化与教育相互作用、相互影响，共同作用于人的发展。

李　辉

2020 年 3 月于广州

前　言

文化作为一个国家和民族的灵魂，滋养着国家社会发展和人民生活追求。经济社会发展越是进步，对文化的需求就越是强劲。中华民族迎来站起来、富起来并迈向强起来的新征程，内在地要求文化的繁荣兴盛。在民族复兴的大道上，我们要坚持走中国特色社会主义文化发展道路，激发起全民族的文化自信，进而在创新创造的伟大实践中建设社会主义文化强国。习近平总书记在党的十九大报告明确指出，“中国特色社会主义文化，源自于中华民族五千多年文明历史所孕育的中华优秀传统文化，熔铸于党领导人民在革命、建设、改革中创造的革命文化和社会主义先进文化，植根于中国特色社会主义伟大实践”①。不难看出，革命文化扮演着上承中华优秀传统文化、续启社会主义先进文化的角色，是一种承前启后的文化形态。它是中国共产党领导人民在革命实践中创造的文化形态。其领导主体是中国共产党，创造主体是人民大众。今天，传承好、发展好和利用好革命文化，是中国特色社会主义文化发展的内在要求，也是我们正确面对革命历史和汲取革命精神营养的必然选择。

革命文化作为中国共产党革命和建设历史的实践成果和历史

① 习近平．决胜全面建成小康社会　夺取新时代中国特色社会主义伟大胜利［M］．北京：人民出版社，2017：41．

积淀，是红色基因传承的重要载体，更是学校育人的宝贵资源。今天的中国，上至国家政府下到城镇社区和乡镇村落，都前所未有地增强了革命文化的资源意识，许多地方根据自身的地域特色和革命文化资源进行了有益的探索，成为推动当地经济社会发展的一种重要文化探索。与此相应，学校作为立德树人的重要阵地，也有意识地将革命文化的传承和发展作为重要教育内容，融入学校场域的课堂内外等诸多方面。应该说，革命老区的学校在这方面利用得天独厚的当地革命资源优势，在革命历史教育、理想信念教育、革命精神教育、思想道德教育、革命典籍教育等方面做出了许多生动的范例，成为学校革命文化传承和发展的重要研究对象。地处岭南的广东，不仅仅是改革开放前沿和社会主义先进文化的实践基地，它也同样是蕴藏着丰富革命文化资源及其传承与发展鲜活案例的重镇。因此，以广东学校为主体，系统性地梳理和归纳这些实践做法，对研究革命文化传承与发展具有重要的理论价值与实践意义。基于此，本书旨在将学校革命文化传承与发展与广东区域进行一次有效嫁接，通过掌握的材料对广东学校的革命文化传承与发展的整体概况进行分析，进而为全国学校的革命文化传承与发展研究领域提供广东案例和广东智慧。全书主要围绕下面五个问题来展开论述。

第一，革命文化传承与发展的理论内涵与当代价值。

目前学界关于革命文化的理解有广义和狭义之分，从广义上来说，它是指一切与革命相生相连的文化样态，而从狭义上来说，“革命文化”则是指中国共产党领导中国人民在革命战争年代所创造的反帝反封建的文化。本书拟采用狭义的革命文化。具体地讲，革命文化是在传统文化的丰厚滋养、马克思主义的指导和资产阶级民主主义文化的影响下逐步形成的一种新型文化形态，它具有大众性、民族性与科学性的特点。它具有旺盛的生命力，其生命力之基在于对马克思主义中国化的文化呈现，其生命力之本在于对革命生活样法的精辟提炼与升华，其生命力之魂在于对民族复兴大业的系统指引。它尽管作为历史上形成的一种文化形态，但因为其超越时空的价值属性，今天仍然是滋养我们前行的精神动力和文化养分。它不仅有助于中国特色社会主义的文化建设，提高全民族的文化自信；而且有助于立德树人的教育实践，成为学校教育的重要文化资源，为学生理想信念教育和爱国主义教育奠定了坚实文化基础。

第二，革命文化传承与发展的学校阵地与影响因素。

学校是文化传承与文化发展的主阵地，这需要从革命文化之于学校的意义和学校之于革命文化的意义两个角度来理解。首先，革命文化是培育社会主义核心价值观的有效载体和学校德育的重要内容，革命文化成为学校教学的有机组成部分，是中国特色社会主义学校的特色文化，对传承红色基因、增强认同感和实现文化自信具有重要意义。学校阵地具有双向互动、中心链接和文化识别的重要作用。学校阵地的双向互动机制为革命文化传承与发展提供了内在的交流与循环动力，学校阵地的中心链接功能为革命文化传承与发展提供了外部的互动与发展网络，学校阵地的文化识别功能则为革命文化传承与发展提供了有力的依靠与载体，学校的互动机制、特殊地位和文化识别系统使得学校成为革命文化的传承地、创新地。革命文化进校园既是革命文化自身传承与发展的内在需求，也是中国特色社会主义学校教育的应有之意。广东学校能够作为革命文化传承与发展的重要阵地，源于其丰富的革命历史、独特的地理条件、优越的区位优势，还有文化教育因素等，这些都影响着广东学校革命文化的传承与发展，成为广东学校革命文化传承与发展的重要影响因素。

第三，革命文化传承与发展的现状、模式和个案。

首先，在革命文化传承与发展的现状中，广东省各级领导在思想上相当重视革命文化的传承和发展，从政策上支持学校开展革命文化教育工作。人力、物力、财力的支持能较好地落实到各级各类学校的日常教育工作中去。学校师生也呈现出主动传承革命文化之势，教师从事革命文化教育的积极性也大大地提高了。学校教育既利用好讲台、课本、图书资料、宣传栏等传统平台进行革命传统教育，又能与时俱进地适应互联网新媒体技术的发展，结合自身实际利用网络新媒体平台开展革命文化教育。其次，在革命文化传承与发展模式的探究上主要可分为“校内看”和“校外看”两大模式。“校内看”模式包括本校教学穿插革命文化教育、本校图书馆的革命文化图书、本校文艺会的革命文化节目、本校景观中设革命文化专栏、本校网站传播革命文化信息和本校红色社团高扬革命文化等。“校外看”模式则包括依托本地红色资源传扬革命文化、利用外地红色景点传扬革命文化、借助各种社会力量传扬革命文化、利用校外红色网站传扬革命文化和与兄弟校开展互动传扬革命文化等。最后，在革命文化传承与发展的个案中，以广州起义红军小学、佛山市南海区的学校以及深圳市福田区的学校、中山大学为例，分别论述广东省是如何在初等教育、中等教育和高等教育中对革命文化教育进行从基础到攀登再到升华的全过程。

第四，革命文化传承和发展的他山之石与历史经验。

广东学校要做好革命文化传承与发展工作，离不开对其他地区经验的借鉴以及对历史经验的总结。从空间维度上看，江西、湖南等革命老区在挖掘革命文化资源、推动革命文化传承方面探索出了一些有益经验。通过整合地区革命文化、生态文化以及传统文化资源，促进地区内部以及跨区域协同发展，打造具有地方特色的革命文化品牌，在文旅结合中增强革命文化的趣味性与感染力。明确学校在革命文化传承中教育者与研究者的双重角色，通过建设研究机构、融入课堂教学等方式将革命文化贯穿于学科发展与知识传授各环节之中，在增强革命文化科学性与体系化的同时发挥好革命文化资源的育人功能。突出校园文化建设，因地制宜将革命文化元素渗透到环境建设、组织运行以及活动开展中去，营造崇尚革命英雄、尊重革命历史的良好校园氛围，不断丰富革命文化的校园传承形式。从时间维度上看，革命文化在学校阵地传承经历了三个重要阶段，即在新民主主义革命时期得以形成和发展，在社会主义革命与建设时期逐步走向主流，在改革开放进程中曾一度出现形式化与边缘化困境，以及互联网时代网络载体对革命文化传承的进一步发展。回顾近百年的革命文化发展史，其在学校阵地的传承表现出中国化、大众化、时代化以及科学化四大特点。换而言之，革命文化的传承与发展必须植根中华优秀传统文化这一沃土，把握时代脉搏不断丰富传播载体以及发展革命文化精神内涵，在贴近学生需求与实际生活中实现大众化，在立足现实条件、遵循教育规律的基础上凸显传承的科学性，才能在历史变迁和时代发展中始终保持革命文化的生命力与影响力。

第五，革命文化传承与发展的现实挑战与对策路径。

传承与发展革命文化是中华儿女义不容辞的责任和义务，尤其是作为国家的未来、民族的希望的在校学生，更应该主动承担起传承和发展革命文化的重任。尽管革命文化在广东学校的传承与发展已经取得了不错的成效，但随着市场经济的发展、网络信息技术的普遍应用以及当下教育体制的不断改革等，革命文化在广东学校的传承与发展也还存在不少挑战和问题。其中，社会环境作为传播环体、网络平台作为传播介体对广东学校革命文化传承与发展带来了诸多挑战，主要表现在社会思潮多样化对革命文化带来的负面影响、网络传播娱乐化对革命文化的传承与发展造成的多重消解。学校、教师、学生作为传播主体方面也存在一些欠缺，包括学校对革命文化传承与发展缺乏整体性战略布局、教师对革命文化教育流于形式教学、学生对革命文化传承与发展缺失主体意识等。针对来自多方面的挑战，我们必须增强社会主义意识形态的凝聚力和引领力、加强网络传承与发展革命文化的环境建设、完善学校传承与发展革命文化的教育体系、提升教师进行革命文化教育的综合素质、提高学生传承与发展革命文化的主体意识，从而有效地将革命文化融入广东学校的教育体系中，将弘扬革命文化、践行革命精神落实到教育教学的全方位、全过程。

龙柏林

2021 年 10 月于广州

目　　录

第一章
革命文化传承与发展的理论内涵和当代价值

第一节　革命文化的生成、演进与深刻内涵

一、革命文化的生成与演进

考察近代“革命文化”的出场离不开从理论逻辑和历史逻辑的双重维度对其进行溯源。

“革命”一词肇始于“殷革夏命”，而许慎的《说文解字》对“革”“命”二字进行了原初意义的文字阐述，“革”曰“兽皮治去其毛”，“命”曰“从口从令”。尔后，《周易》有“天地革而四时成，汤武革命，顺乎天而应乎人”① 的说法，“革”强调的是王朝的周期性更替，命乃“天命”，君者受命于天。二者合成“革命”一词，指的是“以自由对付暴政的”王朝更替和政治关系的根本变革。在西方，波利比乌斯最初把革命视为古老的人类事务“由于总是被推向极端”而陷入的“规定性循环”与“轮回”。柏拉图则将革命称为“一种政府形式半自然的转型”。启蒙时期，革命成为

① 周易［M］. 理雅各，英译. 秦颖，秦穗，今译. 长沙：湖南出版社，1993：220.

"某种健康的社会转变过程的指代"，它指涉具有"世界历史意义的人类进步的过程"①。阿伦特称"革命"本是想来一场"复辟"，即回到滥用权力以前的旧秩序，革命使人们与一切"滥用权力、暴行和剥夺自由这一切促使人们造反的东西划清了界限"②。在中外古代历史上，正是由于与"滥用权力、暴行和剥夺自由"等划清界限的革命需要和"成为自由人"的心理期待，社会"一治一乱"，生成了一种"造反""反抗"的"革命文化"。而在19世纪末到20世纪的中国，革命有了"救亡图存""外御强敌"的爱国主义底蕴，与中国古代治乱循环的"殷革夏命"式革命或农民自发反抗暴君酷吏、恶霸地主的暴动式革命相比有了质的飞跃。尤其是以中国共产党领导的无产阶级革命，在马克思主义的指导下就具有了科学性。一方面，古代的暴动式革命或造反式运动的对象是专制主义皇权，革命中以自发性为主导而缺乏阶级自觉性，常常伴随着"集体无意识"。革命的对象始终陷于统治阶级的个别人物，而不是针对整个封建制度。正如毛泽东同志所说，每一次"大规模的农民革命斗争停息以后，虽然社会多少有些进步，但是封建的经济关系和封建的政治制度，基本上依然继续下来"③。所以，在一定意义上说，古代的革命只能称为封建制度范围内的战斗。而共产党领导的无产阶级革命以科学的理论为武装，枪口对准帝国主义和封建主义，因而具有高度自觉性。另一方面，也是更为重要的是，与造反性的革命文化不同，无产阶级的革命催生了一种与"文化革命""政治革命""社会革命"相连的崭新文化形式与样态，即"革命文化"。亦即"革命自身成为一种不同于其他文化形态而具有独特价值和功能的文化形态"④。其以革命为轴心，辐射至社会、经济、政治、政党、领袖、百姓等各个领域。

由于新文化与传统文化的巨大张力、西学理性实证至上的思维方式与中国传统神秘主义的思维方式的碰撞，五四新文化运动将政治革命引向文

---

① 高毅. 法兰西风格：大革命的政治文化［M］. 北京：北京师范大学出版社，2013：105.

② 阿伦特. 论革命［M］. 陈周旺，译. 南京：译林出版社，2011：32.

③ 毛泽东. 毛泽东选集：第二卷［M］. 2版. 北京：人民出版社，1991：625.

④ 唐少杰. 从文化革命到革命文化：20世纪革命一瞥［J］. 求是学刊，2007(6)：16－19.

化领域，国人一时迷惘，主张打倒一切，出现“将线装书扔茅厕里、废止汉字、全盘西化”等呼声[①]，致使“历史走错了房间”，形成了一种激进“反儒”的文化形态。幸而，随着马克思主义及社会主义思潮的广泛传播，先进的知识分子开始重新探索文化前进的方向。尤其是中国共产党诞生后，开始在文化领域，致力于创建中华民族的新文化，即无产阶级领导的新民主主义文化。“从斗争的开始就不拘泥于‘文化三结构’的逻辑顺序，直接以马克思主义精神文化为指导，从事变革社会制度的伟大事业。”[②] 在变革的伟大实践中，以马克思主义为指导的政治理念与各种社会思潮的争鸣、激荡与互动，中国共产党人的特有政治文化——革命文化正式出场。

从发生学的视角看，革命文化的出场既有其“源”又有“原”的成因。“源”即文化的思想渊源，“原”即经济关系、政治状况及其变革等社会要素。革命文化是“文化领域的救亡”，其适应救亡运动的发展需要而形成，其演进也适应革命实践经历了从精英文化向大众文化、从区域文化向主流文化转变的过程。在现代西方文化生态语境中，精英文化是以“少数派”为特征的文化样态，而大众文化是与工业社会相连的世俗性文化。西方法兰克福学派认为大众文化是使人丧失独立性的文化，它“把自己造就成蛊惑权威的化身”“制造各种扑朔迷离的现象”，从而使人丧失对世界的正确判断。因此，阿多诺主张用“文化工业”取代大众文化，用以批判其基于现代科技的复制性、文化产品的娱乐性及其制造虚假需求的欺骗性。而在中国共产党领导的革命战争年代所产生的精英文化和大众文化与现代西方语境下同一概念有所不同，它是同一文化在不同时期的存在形态，而非同时并存且性质不同的两种文化。党的创立初期，革命文化尚属于萌芽状态，接受马克思主义理论的主要是具有共产主义信仰、具有一定阅读能力和知识水平的先进知识分子，革命文化尚属于精英文化的范畴，也可以称为“知识分子文化”。随着知识精英占领报纸、杂志等文化宣传的主阵地，马克思主义思想及革命政治理念逐步为人民大众所接受。以人民为主体，在马克思主义理论指导下的革命文化必然要走向大众。在这一过程中革命文

① 钱穆. 民族与文化：新校本［M］. 北京：九州出版社，2012：31.
② 王先明. 中国近代社会文化史论［M］. 北京：人民出版社，2000：182.

化从精英蔓延至大众。革命文化的第二种发展演进是区域文化向主流文化的转化。国民革命、土地革命和抗战时期，革命文化主要是以革命阵地为中心的区域文化，苏区精神、延安精神、井冈山精神就是此种区域文化的精神表征。随着新民主主义革命的胜利，这种区域性的文化逐步演化并上升为主流文化形态并融入社会主义文化的话语叙述中。革命文化在演进中不断丰富着自身的内涵。

二、革命文化的内涵

革命文化与我们党的发展历程紧密相连，它的根本特征就是“红色”，区别于其他一切文化形式，主要表现为它是为中国人觉醒而呐喊的文化，为革命胜利而奔走的文化。

第一，它是为觉醒而呐喊的文化。鸦片战争开启了中华民族的灾难史，外国列强和本国封建势力的双重压迫使中国沦为半殖民地半封建社会，经济上沦为资本主义的附庸，同时，文化上也受到极大的冲击。外国列强通过传教、办校、设立其他文化宣传机构等方式在精神上奴役中国人，导致崇洋媚外、全盘西化等文化虚无主义现象的出现与蔓延。在此国情下，一批思想觉醒的中国人开始走上救亡图存的道路，带领中国人民开启长达百年的民族解放之路。辛亥革命和五四运动是我国人民开始觉醒的时期，人们逐渐认识到家国一体、命运相连。此时革命文化精髓之一的爱国主义应运而生。新民主主义革命时期，中国共产党人通过创办先进刊物、刊发革命文章、散发红色传单、开展文艺活动等来传播革命理念、弘扬革命文化，以培养民众独立意识、唤醒大众革命自觉、凝聚民族革命力量。民族意识的觉醒不仅仅促进群众对中国共产党的认同、推动革命的顺利进行，更塑造了一个有独立意识的、掌握科学理论的民族，为其未来长期独立发展奠定基础。可见，革命文化深深根植于中国革命和建设实践，在唤醒人们的革命自觉、独立意识方面发挥了不可磨灭的作用。

第二，它是为革命胜利而奔走的文化。革命时期的文化和精神总归是为革命而服务的。艰苦奋斗、开拓创新、英勇无畏、不怕牺牲的八一精神，是共产党人领导人们在八一南昌起义的革命实践中形成的。虽然八一起义最终失败了，但是八一精神使共产党人认识到武装革命的必要性。它提醒人们在四面白色包围中首次践行党的最高任务是武装夺取政权。后来毛泽东率领秋收起义的部队与朱德八一起义的余部在井冈山会师。在井冈山，我们党建成了第一个农村革命根据地，孕育了“坚定执着追理想，实事求是闯新路，艰苦奋斗攻难关，依靠群众求胜利”的井冈山精神。马克思主义的精髓就在于实事求是。在实事求是的基础上，共产党人另辟革命新路，最终为中国找到了一条适合国情的革命新道路，即农村包围城市的革命道路。在践行农村包围城市的道路过程中，我们党始终坚持依靠群众、联系群众，始终坚持党与群众水乳交融的鱼水关系。正是在革命实践中，井冈山精神最终孕育出来，带领人们英勇战斗，最终走向胜利。但是，井冈山精神的形成并不是一帆风顺的。由于反动势力四处散布不利于共产党的负面谣言，把共产党及其军队污蔑为杀人放火、无恶不作的组织，使老百姓对共产党多有误解，甚至是惧怕共产党人。对于这一情况，毛泽东深刻认识到文化宣传对动员群众和推进革命的重要性。他曾指出：“过去边界各县的党，太没有注意宣传工作，妄以为只要几支枪就可以打出一个天下，不知道共产党是要左手拿宣传单，右手拿枪弹，才可以打倒敌人的。”① 这句话强调宣传教育在巩固红色政权、争取群众、动员群众力量中的作用。井冈山根据地的条件极为艰苦，共产党人因地制宜，采用了形式多样的宣传方式，其中最主要的就是墙壁标语和口号。另外，宣传单、歌曲、宣讲、民谣、布告也是重要的文化宣传手段。有诸如《红米饭、南瓜汤》《反对帝国主义瓜分中国》《送郎当红军》《八角楼的灯光》《十送红军》等以当地民调改编而来的民谣，也有一些通俗易懂的对联展示了共产党和红军与军阀势力的不同，赢得了群众认可，鼓舞了群众斗志。苏区精神是对井冈山精神的延续和发展。中华苏维埃时期，领袖们为了呼唤工农团结一致干革命，同时强调从思想上建党。具体体现在从墙体刻字的特色标语到《红色中华》为代表的报刊，从鼓舞人心的口号到通俗易懂的歌曲，从理论宣传到深入群众等方面。赣南苏区形成了以“真心实意为群众谋利益，关心群

---

① 井冈山革命根据地党史资料征集编研协作小组．井冈山革命根据地：上［M］．北京：中共党史资料出版社，1987：192．

众生活，注意工作方法”[①] 的苏区精神。当然，后期经过长征精神的锤炼，走向延安精神的升华成熟。这些革命文化得以在革命实践中生成、演进，又作为一种独特的精神力量推动革命的发展与前进。

具体而言，“革命文化”广义上是指一切与革命相生相连的文化样态，而从狭义上来说，“革命文化”则是指中国共产党领导中国人民在革命战争年代所创造的反帝反封建的文化。与以往的文化不同，它是以马克思主义为指导、以人民为立场、以无产阶级为领导力量、以爱国主义为核心的特殊文化形态。包括革命政党文化、革命符号文化、革命制度文化、革命象征文化、革命仪式文化、革命审美文化、革命话语文化等。

当前，仍存在一种革命文化的价值认同危机氛围。少数人认为，革命文化精神形成于革命时期，与和平与发展成为时代主题的今天截然不同，是已经过时了的文化类型。他们认为，革命文化只能在历史上起作用，在和平与发展成为时代主题的今天，已经不需要经常性地回顾红色革命年代的文化和传统，应该更多地关注当今的文化和社会发展。造成这种革命文化价值认同危机的原因主要在于以下三点。首先，全球化思潮涌动。近年来，在全球化推动下，各种社会思潮涌动，既有先进的、积极的文化，又有消极的、腐朽的文化。我们国家作为一个兼容并蓄的对外开放国家，除了先进的思想文化，必然还有一些消极的思想文化涌入中国。这导致部分群体和民众对革命文化的价值和我们党倡导的主流价值观认同感不强甚至是持怀疑态度。其次，大众消费的享乐化。随着大众消费的崛起，消费文化迅速占领青年人的大脑，尤其是以发达国家的文化侵蚀为主，青年一代的生活方式、思维方式、行为方式越来越消费主义化。消费和娱乐过度不仅在思想上消解了人们的精神意志，也从生活诸多方面改变了人们的行为模式，导致人们政治观念模糊、价值取向迷茫与信仰缺失。消费主义的盛行带来的必然结果就是冲击了本民族的优秀文化，尤其是阻碍了人们对革命文化的认同过程，甚至导致了人们对革命文化的抵触。最后，革命文化传播形式过于行政化。当前，革命文化主要是以灌输的、自上而下的形式

① 中共江西省委宣传部，中共江西省委党史研究室．永远的旗帜：跨越时空的井冈山精神［M］．南昌：江西高校出版社，2016：65.

进行传播的，而不是自下而上的自觉接受。传播的手段过于行政化或是强制性，在红色老区，许多的学校和政府机关将革命文化的学习设置为业绩考核标准之一，虽取得了一定的效果，但从长远来说，效果是难以持续的。如果长期采用这种方式进行传播，必然导致心理上的逆反和抗拒。

总体而言，产生这种认同危机是不了解时代精神、光荣传统具有继承性、连续性的表现。只有承前才能启后，只有继往才能开来。不发扬优秀的革命文化传统，就意味着历史隔断，陷入历史虚无主义。这对于一个国家、一个民族而言都是有弊无利的。几千年来形成的中华传统文化没有过时，同样，几十年前、共产党人带领中华民族革命奋斗的文化也没有过时，值得我们认同。虽然时代不同，社会也在不断发展，可是光荣的传统、优良的作风、战争年代形成的革命精神，依然是我们的传家宝，仍然是时代的最强音，是我们行动的指南。发扬光荣的革命传统，通过革命文化入脑入心的熏陶，不断抑制损人利己、唯利是图、拜金主义、挥霍浪费、贪污腐化和奢靡之风等不良现象，为我国的文化建设、精神文明建设奠定良好的社会氛围。

第二节 革命文化的理论渊源

一、中国传统文化是革命文化形成的丰厚土壤

恩格斯指出，同任何新的学说一样，它必须首先从已有的思想材料出发。事实上，人类任何一种文化形态的产生都是继往开来、承上启下的结果。中华优秀传统文化博大精深、源远流长，深沉的民族忧患意识、民本思想、矛盾观念等是贯穿其发展始终的精髓，也为革命文化的萌芽提供了温厚土壤。其中“天下兴亡，匹夫有责”的民族忧患意识孕育了革命文化的民族责任感。面对帝国主义、封建主义和官僚资本主义的压迫，革命文化扛起民族解放的大旗，不仅助推了反对“三座大山”、争取民族独立与解放的政治革命，而且倡导了文化革命，推动了文化的民族性发展。中国传统的民本思想与马克思主义的群众史观相融合，在革命文化上表现为鲜明

的人民导向。革命文化将人民大众作为服务和动员的对象，强调人民的主体性地位。在动员和服务人民群众的过程中，革命文化才真正发挥着民族独立和解放的作用。

第一，民族忧患意识对革命文化的影响。在浩瀚的中华民族传统文化精神中，民族忧患意识是中国千百年来爱国知识分子所具有的优秀品质。孔子将忧患意识上升为解救社会苦难的责任感和使命感，强调“君子忧道不忧贫”。孟子也阐发过他“忧以天下”“忧民之忧”的情怀，“如欲平治天下，当今之世，舍我其谁也?”不仅儒家如此，墨家、道家、法家也都表现过对现实政治的关心和忧虑。正是在传统文化所蕴含的这种深沉忧患意识中，革命文化应运而生，并激励着中华儿女为民族独立而奋斗。在革命忧患意识的指引下，中国共产党和中国人民进行英勇的革命斗争，创造一个又一个革命奇迹。

第二，传统民本意识对革命文化的影响。孟子曾明确指出：“民为贵，社稷次之，君为轻。”“君有大过则谏，反覆之而不听，则易位。”重民本、诛暴君是孟子为后人提供的对待君臣关系的重要价值尺度。革命文化中“以人民为中心”“为人民服务”的人民情怀是对传统民本思想的深刻继承。井冈山斗争时期，毛泽东指出，“要得到群众的拥护吗？要群众拿出他们的全力放到战线上去吗？那末，就得和群众在一起，就得去发动群众的积极性，就得关心群众的痛痒，就得真心实意地为群众谋利益，解决群众的生产和生活的问题”[①]。边区党和政府的干部，忠实地代表最广大人民群众的利益，做到一切为了群众、一切依靠群众、一切为老百姓办事，时刻将群众的冷暖疾苦挂在心上，视人民群众为父母，与百姓同甘苦、共患难。这一传统一直延续至今，成为党的优良传统。

第三，古代军事辩证法对革命文化的影响。早在先秦，诸子百家中的兵家就是极为重要的一家。伴随军事指挥家和思想家的出现，中国古代也出现了大量的兵书。流传至今的《孙子兵法》就对毛泽东军事思想的形成具有重大的影响。毛泽东自己也曾说过：“我确实读过许多中国古时打仗的

---

① 毛泽东. 毛泽东选集：第一卷［M］. 2版. 北京：人民出版社，1991：138.

书，研究过《孙子兵法》之类的著作。”① 在毛泽东的著作中，多次引用孙子兵法中“知己知彼，百战不殆”这一话语，毛泽东认为，这句话包括“学习和使用两个阶段而说的，包括从认识客观实际中的发展规律，并按照这些规律去决定自己行动克服当前敌人而说的”②。毛泽东还用马克思主义的科学术语阐述了其中所包含的客观性、全面性、特殊性和普遍性。他强调：“战争不是神物，仍是世间的一种必然运动，因此，孙子的规律，‘知己知彼，百战不殆’，仍是科学的真理。”③ 毛泽东在《中国革命战争的战略问题》中还引证了孙子兵法中关于“避其锐气，击其惰归”和“示形”等论述。他指出，“避其锐气，击其惰归”就是使敌军疲劳沮丧，以求减杀其优势。他还强调在退却中不仅可以发现敌军的过失，而且我们还可以人为地造成他们的损失。《孙子兵法》中提出的“知己知彼，百战不殆”“我专而敌分”“以众击寡”“因敌而制胜”“避其锐气，击其惰归”等战争指导方略都成为毛泽东军事思想的组成部分。也就是说，古代传统军事智慧是现代革命理念和革命文化的重要思想渊源。

革命文化不仅有对传统文化的传承，更有对传统文化的借言赋意，即革命语境下的因袭、会通与再创造。其中最为典型的就是“实事求是”的旧词新意。“实事求是”源于《汉书·河间献王刘德传》中“修学好古、实事求是”这一语句。唐代史学大师将“实事求是”释意为“务得事实，每求真也”。其意为务必取得事实根据，逐一探求真实的结论。他实际上将实事求是诠释为一种严谨的治学态度和方法。然而，毛泽东在延安整风运动中所撰写的《改造我们的学习》中则对“实事求是”做了全新的辨析和诠释：“‘实事’就是客观存在着的一切事物，‘是’就是客观事物的内部联系，即规律性，‘求’就是我们去研究。我们要从国内外、省内外、县内外、区内外的实际情况出发，从其中引出其固有的而不是臆造的规律性，

① 吴黎平. 永远铭记毛主席关于战斗的唯物主义的教导［M］//毛泽东同志八十五诞辰纪念文选. 北京：人民出版社，1979：88.

② 毛泽东. 毛泽东选集：第一卷［M］. 2 版. 北京：人民出版社，1991：182.

③ 毛泽东. 毛泽东选集：第二卷［M］. 2 版. 北京：人民出版社，1991：490.

即找出周围事变的内部联系，作为我们行动的向导。”① 毛泽东借传统的“实事求是”这一话语赋予其经世致用之意，从而使其成为革命时期辩证唯物主义的革命理念之一。

二、马克思主义是革命文化的内在理论渊源

马克思主义于19世纪40年代产生之后，就迅速传播，遍及欧美乃至世界各地。特别是在俄国十月革命的影响下，五四运动促进了中国一批激进的资产阶级民主主义者向马克思主义者的转变。他们认为马克思主义不仅是救国救民的真理，也是一种高级的文化形态。只有在马克思主义指导下，无产阶级和劳动人民才能获得解放。在五四时期，毛泽东也成为十月革命的热烈拥护者和马克思主义的积极实践者。马克思主义经典作家依据唯物史观，揭示了文化的实质、功能以及产生、发展的规律。马克思主义认为：“物质生活的生产方式制约着整个社会生活、政治生活和精神生活的过程。不是人们的意识决定人们的存在，相反，是人们的社会存在决定人们的意识。”② “观念的东西不外是移入人的头脑并在人的头脑中改造过的物质的东西而已。”③ 列宁曾对如何建设和发展无产阶级文化做过论述。他认为：“只有确切地了解人类全部发展过程所创造的文化，只有对这种文化加以改造，才能建设无产阶级文化。”因为“无产阶级文化并不是从天上掉下来的”。而“应当是人类在资本主义社会、地主社会和官僚社会压迫下创造出来的全部知识合乎规律的发展”④。他反对简单地抛弃人类思想的成果和一切优秀的文化遗产，而是主张批判地吸收和改造“两千多年来人类思想和文化发展中一切有价值的东西”去发展真正无产阶级的文化。同时，列宁还指出无产阶级文化必须以马克思主义世界观为指导，“只有马克思主义的世界

① 毛泽东. 毛泽东选集：第三卷［M］. 2版. 北京：人民出版社，1991：801.

② 中共中央马克思恩格斯列宁斯大林著作编译局. 马克思恩格斯选集：第二卷［M］. 北京：人民出版社，2012：2.

③ 中共中央马克思恩格斯列宁斯大林著作编译局. 马克思恩格斯选集：第二卷［M］. 北京：人民出版社，2012：93.

④ 中共中央马克思恩格斯列宁斯大林著作编译局. 列宁选集：第四卷［M］. 北京：人民出版社，1972：348.

观才正确地反映了革命无产阶级的利益、观点和文化”。革命文化在继承马克思列宁主义的基础上，确立了文化的无产阶级领导取向、确立了共产主义的理想信念、确立了革命的文化的价值导向。毛泽东在延安时指出，“严肃地坚决地保持共产党员的共产主义的纯洁性，和保护社会经济中的有益的资本主义成分，并使其有一个适当的发展”①。共产主义事业是人类历史上空前伟大的事业，是共产党人理想和奋斗的最终目标。但是，要实现共产主义，还会遇到许多困难和阻力，绝不可一蹴而就，必须经过一个长期的、艰苦的奋斗过程。因此，革命文化强调，既要有共产主义的远大理想，又要有实事求是的精神，努力将共产主义的远大理想和革命所处的实际阶段联系起来，从而确立革命的阶段任务。革命文化始终将帮助党和人民树立坚定的革命信念作为目标之一，体现出了革命文化对马克思主义的坚持。

三、资产阶级民主主义文化是革命文化的有益养料

鸦片战争以后，随着帝国主义侵华，西学东渐，特别是经过维新变法运动和辛亥革命，学习西方文化、学习西方的民主主义成为大多数中国先进知识分子寻找救国之道的出路所在。在西方文化的冲击下，中国近代新兴资产阶级的代表们纷纷主张学习西方，掀起了中西方文化论争的高潮。以毛泽东为代表的共产党人首先受到的是严复、梁启超等知识分子的文化启蒙。他们在西方各种思潮的冲击下，对传统文化进行了深刻的反省，认为中国落后于西方，不单纯在物质成果方面，而且表现在中国传统文化中缺少竞争与进步、个性解放、注重科学的东西，中国传统文化如果不进行根本的改造，中国将没有出路。这些思想开阔了共产党人的眼界，也成为革命文化的重要思想资源。毛泽东在《论人民民主专政》中回忆青年时代追求西方文化的情形时说：“那时，求进步的中国人，只要是西方的新道理，什么书也看”，“努力学习西方。我自己在青年时期，学的也是这些东西。这些是西方资产阶级民主主义的文化，即所谓新学，包括那时的社会

① 毛泽东．毛泽东选集：第三卷［M］．2版．北京：人民出版社，1991：793.

学说和自然科学，和中国封建主义的文化即所谓旧学是对立的”。① 从毛泽东和斯诺的谈话中以及后来的回忆中，我们不难看出毛泽东学习过西方的社会学、政治学、经济学、哲学、伦理学、历史学、文学、自然科学等多种知识，接受过西方近代的唯心论、二元论、机械论、进化论、辩证法等各派的哲学观点，受到了西方近代资产阶级民主主义的社会历史观、人生观和宇宙观的深刻影响。

作为资产阶级革命派代表的孙中山，其对待中国传统文化和西方文化的辩证态度为共产党人的革命文化提供了许多借鉴。他在批判封建主义时并未走向全盘否定传统文化的极端，而是力求保留其合理的因素。他说，我们固有的东西，如果是好的，当然是要保存，不好的才可以放弃。例如，传统文化中的民族观念、爱国主义及大同理想都被他加以继承与发扬。同时对传统文化中落后、消极的部分，他主张要进行批判和改造。而对于外来文化既不排斥，又不盲从，而是主张在适于中国“民情国史”的基础上学习和吸收文明成果。他认为西方文化有“善果”，也有“恶果”，要避免其种种弊端，吸收其文明的精华。并且“欧美有欧美的社会，我们有我们的社会，彼此的人情风土各不相同”，只有从国情出发借鉴与吸收西方文化，“社会才可以改良，国家才可以进步”。孙中山的这些文化思想也被毛泽东吸收转化，成为革命文化的重要内容。

第三节　革命文化的性质及其生命力分析

一、革命文化的性质

（一）革命文化的大众性

毛泽东认为人民群众不仅是社会物质财富的创造者，而且是社会精神财富的创造者，是文化的创造者。“须知民众就是革命文化的无限丰富的源

① 毛泽东. 毛泽东选集：第四卷［M］. 2 版. 北京：人民出版社，1991：1469 - 1470.

泉”[①]。毛泽东将马克思主义的实践观与群众观紧密地联系在一起，将人民群众看作人类社会实践的主体，是文化创造的源泉动力。旧时代的统治者没有看到人民群众的历史作用，仅仅将人民群众看作奴役的对象，剥夺了劳动人民接受教育和创造文化的权利，至多只看到了人民群众是他们衣食住行的承担者，根本不愿承认人民群众也创造文化这一事实。以毛泽东为代表的中国共产党人把人民群众看作文化的创造主体，强调革命文化属于人民大众，革命事业才有活力与吸引力，人民才有信心和决心。

革命文化的大众化还表现为其服务于大众。“它应为全民族中百分之九十以上的工农劳苦民众服务，并逐渐成为他们的文化。”[②] 文化的大众化是由其创造主体决定的，更是中国革命的迫切需要。九一八事变后，日本帝国主义为了实现独占中国的目的，加紧建立奴化教育机构，试图在中国灌输奴化思想，使中华民族的文化遭遇到前所未有的危机。同时，中国传统社会半殖民地半封建的旧文化带有浓厚的买办性，对外妥协投降，对内尊孔复古。在这样的时代背景下，革命文化必须在文化领域对社会大众进行争夺。革命文化同封建主义文化、帝国主义文化是两条不同的文化战线，“不破不立，不塞不流，不止不行，它们之间的斗争是生死斗争。”[③] 革命文化的任务就是去争夺、占领反动文化的阵地，使革命文化成为人民大众的有力武器。因此，毛泽东强调，一切进步的文化工作者都应有自己的文化军队，这个军队就是人民大众。革命文化人不接近人民大众就是“无兵司令”，就打不倒敌人。

文化是一定社会的政治和经济的反映，又给予伟大影响和作用于一定社会的政治和经济。要取得革命的胜利，建立新社会和新国家，就必须用革命的理论去指导人民大众的革命行动，将革命文化变为人民大众的文化。革命文化如果离开人民大众这一物质力量，就会失去自己的阶级基础和社会依托。只有将革命文化这一精神力量和人民大众结合起来才能形成强大的革命力量，并最终实现革命的胜利。

革命文化的大众性还表现在形态的大众化。革命文化要想为人民大众

---

①② 毛泽东．毛泽东选集：第二卷［M］．2 版．北京：人民出版社，1991：708.

③ 毛泽东．毛泽东选集：第二卷［M］．2 版．北京：人民出版社，1991：695.

服务，变成他们的文化，就必须符合人民大众的实际，为人民大众所喜闻乐见。新民主主义革命时期，党进行语言文字改革、提高农民受教育机会就是革命文化大众化的路径选择。改革后的语言文字通俗易懂，更易被老百姓所接受，其所承载的文化观念才能进一步普及化、大众化。人民群众是文化的接受者，但不是消极的、被动的接受者，他们需要与自己的生活实践息息相关的文化。毛泽东基于这种现实需求，提出广大文艺工作者要把了解人、熟悉人的工作放在第一位，如果人不熟、语言不通，群众就会不买你的账。所以，革命文化要学习群众的语言、运用群众喜闻乐见的方式实现大众化。毛泽东号召全党办报纸，特别是直接面对群众的墙报；开设识字班；让群众学会打算盘、记账、写信、写路条；发展秧歌、春联、歌曲、年画等形式；普及卫生教育知识和科学常识。通过这些普及和提高的策略，丰富人民的精神生活，提高他们的革命热情。

除此以外，革命文化大众化也离不开文学艺术这一重要载体。毛泽东《在延安文艺座谈会上的讲话》《文艺工作者要同工农兵相结合》等一系列文章中，进一步总结了文化大众化的理论和实践。首先，毛泽东系统回答了文化或文艺为什么人服务的问题，提出我们的文化应当“为千千万万劳动人民服务”。那么，什么是人民大众呢？“最广大的人民，占全国人口百分之九十以上的人民，是工人、农民、兵士和城市小资产阶级。所以，我们的文艺，第一是为工人的，这是领导革命的阶级。第二是为农民的，他们是革命中最广大最坚决的同盟军。第三是为武装起来了的工人农民即八路军、新四军和其他人民武装队伍的，这是革命战争的主力。第四是为城市小资产阶级劳动群众和知识分子的，他们也是革命的同盟者，他们是能够长期地和我们合作的。这四种人，就是中华民族的最大部分，就是最广大的人民大众。”① 人民群众拥有独特的文化需求和独特的文化品位，他们是文艺作品的接受者。我们的文学艺术都是为人民大众的，首先是为工农兵的，为工农兵而创作，为工农兵所利用的。因此，我们的文艺要深入工农兵，始终坚持站在无产阶级的立场上。只有这样，革命的文艺才是真正

---

① 毛泽东. 毛泽东选集：第三卷［M］. 2 版. 北京：人民出版社，1991：855－856.

的人民的文艺。其次就是文艺如何为人民服务的问题。文艺要为广大人民群众服务，就要将形态大众化。文化若过于思辨，以“阳春白雪”的形态直接到群众中去宣传，往往欲速则不达，群众还是在分享“下里巴人”。只有“阳春白雪”与“下里巴人”相结合，才是文化服务于人民群众的必然途径。另外，文化形式也要注重政治性与艺术性的统一。文艺的政治性就是要求有利于团结、有利于革命，在政治性的真善基础上再追求艺术性的美。“又是政治标准，又是艺术标准，这两者的关系怎么样呢？政治并不等于艺术，一般的宇宙观也并不等于艺术创作和艺术批评的方法。我们不但否认抽象的绝对不变的政治标准，也否认抽象的绝对不变的艺术标准。”①毛泽东强调，为无产阶级和人民大众服务的艺术首先要有政治标准。这主要是针对当时存在的封建文艺、资产阶级文艺而言的。毛泽东说：“为着剥削者压迫者的文艺是有的。文艺是为地主阶级的，这是封建主义的文艺。中国封建时代统治阶级的文学艺术，就是这种东西。直到今天，这种文艺在中国还有颇大的势力。文艺是为资产阶级的，这是资产阶级的文艺。像鲁迅所批评的梁实秋一类人，他们虽然在口头上提出什么文艺是超阶级的，但是他们在实际上是主张资产阶级的文艺，反对无产阶级的文艺的。文艺是为帝国主义者的，周作人、张资平这批人就是这样，这叫做汉奸文艺。在我们，文艺不是为上述种种人，而是为人民的。”②

（二）革命文化的民族性

革命文化是中国共产党在反对帝国主义、封建主义，主张中华民族独立的革命理念与革命实践中产生的。革命文化中蕴含着民族尊严的底色。鸦片战争以来，西方列强对中国进行了野蛮的掠夺，为了配合其在政治和经济上的统治与半统治，维护其殖民主义利益，他们在文化上也开始对中国进行掠夺，培植各种奴役文化。因此，近代中国以来一大社会变迁的主题便是救亡图存，反映在文化领域便是维护中华民族的尊严和独立。中国共产党成立后，以民族独立、人民解放为目标开启了革命的伟大征程。与此相对应，革命文化也始终弘扬爱国主义、帮助人民提高反帝斗争的自觉

① 毛泽东．毛泽东选集：第三卷［M］．2版．北京：人民出版社，1991：869.

② 毛泽东．毛泽东选集：第三卷［M］．2版．北京：人民出版社，1991：855.

性和坚定性，增强民族的自尊心和自信力。毛泽东强调，为了加强反对帝国主义的文化力量，我们的革命文化应该“同一切别的民族的社会主义文化和新民主主义文化相联合，建立互相吸收和互相发展的关系，共同形成世界的新文化；但是决不能和任何别的民族的帝国主义反动文化相联合，因为我们的文化是革命的民族文化”①。毛泽东以世界性的眼光看待革命文化的民族性，从世界革命的维度出发，将新民主主义革命视为世界革命的一个分支，将新民主主义革命时期的革命文化视为世界革命文化阵线的一个重要组成部分。既提升了革命文化的世界意义，又进一步彰显了革命文化的民族性。

革命文化的民族性还体现在其形式的民族特色。“它是我们这个民族的，带有我们民族的特性。”② “中国文化应有自己的形式，这就是民族形式。民族的形式，新民主主义的内容——这就是我们今天的新文化。”③ 文化是人民的生活、思想和感情的表现，同民族习惯和语言有着密切的联系，没有民族特点的文化就难以走进人民群众之中，革命文化也不例外。只有正确地把握中华民族在革命时期的特点，使革命文化在表现形式上具有中国风格和中国气派，才能使革命文化的内容为中国人民所理解和接受。因此，毛泽东从不同的侧面反复强调“民族形式”“民族风格”“中国自己的有独特风格的东西”等。优秀的文化是标新立异的，但是却始终与千百年来的民族传统、风格、语言、审美情趣密切相连。外来文化也必须经过民族形式的转化才能真正被我们吸收。语言是民族形式中的重要因素。中国的汉语在几千年的历史演变中，也是不断地从其他民族的语言中吸收了新的词汇和语法成分来补充和丰富自己。“但是要从外国语言中吸收我们所需要的成分，我们不是硬搬或滥用外国语言，是要吸收外国语言中的好东西，于我国适用的东西……我们还要多多吸收外国的新鲜东西，不但要吸收他们的进步道理，而且要吸收他们的新鲜用语。”④ “一切外国的东西，如同我们对于食物一样，必须经过自己的口腔咀嚼和肠胃运动，送进唾液胃液肠

---

①② 毛泽东. 毛泽东选集：第二卷［M］. 2版. 北京：人民出版社，1991：706.
③ 毛泽东. 毛泽东选集：第二卷［M］. 2版. 北京：人民出版社，1991：707.
④ 毛泽东. 毛泽东选集：第三卷［M］. 2版. 北京：人民出版社，1991：837.

液，把它分解为精华和糟粕两部分，然后排泄其糟粕，吸收其精华，才能对我们的身体有益，决不能生吞活剥地毫无批判地吸收。”①

革命文化继承了民族优秀的传统文化。“中国的长期封建社会中，创造了灿烂的古代文化。清理古代文化的发展过程，剔除其封建性的糟粕，吸收其民主性的精华，是发展民族新文化提高民族自信心的必要条件。但是决不能无批判地兼收并蓄，必须将古代封建统治阶级的一切腐朽的东西和古代优秀的人民文化即多少带有民主性和革命性的东西区别开来。中国现时的新政治新经济是从古代的旧政治旧经济发展而来的，中国现时的新文化也是从古代的旧文化发展而来的，因此，我们必须尊重自己的历史，决不能割断历史。”② “我们是马克思主义的历史主义者，我们不应当割断历史。从孔夫子到孙中山，我们应当给以总结，承继这一份珍贵的遗产。这对于指导当前的伟大的运动，是有重要的帮助的。”③ 承继传统文化的优秀成分是革命文化的神圣使命，革命文艺中便有许多继承了传统文化的内容。例如毛泽东写的旧体诗、延安剧都是对传统文化的继承。毛泽东在延安文艺座谈会上阐释了文艺为什么人的问题。文艺为什么人的问题本来是马克思主义者特别是列宁早已解决了的。但是，在五四运动以后的中国，随着马克思列宁主义传入，文艺为什么人的问题并未在实践中解决。一些作家提出了平民文学的口号，后来更提出了文艺为工农大众的口号，反映了文艺工作者的认识的深化。但是最初所谓的“平民”“民众”还主要是指城市小资产阶级及其知识分子。文艺大众化也被很多人片面地理解为语言形式的通俗化。1941 年前后，延安文艺界暴露的许多问题，正是五四以来这些弱点在新的历史条件的展现。毛泽东强调必须彻底解决文艺为什么人的问题。毛泽东强调文艺是为农民、工人、人民武装队伍、城市小资产阶级和知识分子这四类人服务的，这四类人就是人民大众。凡是一切赞成、拥护、参加革命的个人或群体都是文艺服务的对象。可以说，为人民大众，这是

① 毛泽东．毛泽东选集：第二卷［M］．2 版．北京：人民出版社，1991：707.

② 毛泽东．毛泽东选集：第二卷［M］．2 版．北京：人民出版社，1991：707－708.

③ 毛泽东．毛泽东选集：第二卷［M］．2 版．北京：人民出版社，1991：534.

毛泽东考虑文化问题的一个基本出发点。早在1938年，毛泽东同志就讲，新文化应具有“新鲜活泼的、为中国老百姓所喜闻乐见的中国作风和中国气派”①。

（三）革命文化的科学性

革命文化的科学性在于其以马克思主义为指导，马克思主义是无产阶级的世界观和方法论。马克思主义理论为中国的革命和文化指明了方向，是人民大众进行革命的精神武器，也是革命文化发展壮大的理论指南。毛泽东强调，“在现时，毫无疑义，应该扩大共产主义思想的宣传，加紧马克思列宁主义的学习，没有这种宣传和学习，不但不能引导中国革命到将来的社会主义阶段上去，而且也不能指导现时的民主革命达到胜利”②。当然，学习马克思主义不应当只学习马克思主义的语词，更应该观察和学习他们分析问题、解决问题的方法。共产党人在革命中普遍深入地研究马克思主义，将其运用于中国革命实践，为革命文化的传播扩散进行了理论武装。首先，革命文化坚持了辩证唯物主义。例如，革命文化中的“实事求是”的认识方法就是坚持实践第一的唯物主义。马克思主义主张实践与认识的统一，既承认实践对认识的决定作用，又承认认识对实践的主导作用，“实事求是”就是对这一马克思主义基本原理的坚持。其次，革命文化在方法论上坚持了历史的辩证法，“我们必须尊重自己的历史，决不能割断历史。但是这种尊重，是给历史以一定的科学的地位，是尊重历史的辩证法的发展，而不是颂古非今，不是赞扬任何封建的毒素。对于人民群众和青年学生，主要地不是要引导他们向后看，而是要引导他们向前看”③。

二、革命文化的生命力溯源

（一）生命力之基：对马克思主义中国化的文化呈现

革命文化的出场演进的过程就是马克思主义传入中国、与中国革命相

① 毛泽东. 毛泽东选集：第二卷［M］. 2版. 北京：人民出版社，1991：534.
② 毛泽东. 毛泽东选集：第二卷［M］. 2版. 北京：人民出版社，1991：706.
③ 毛泽东. 毛泽东选集：第二卷［M］. 2版. 北京：人民出版社，1991：708.

结合的过程。可以说，革命文化是新民主主义革命时期马克思主义中国化的伟大文化成果。马克思主义中国化不仅有理论成果，也有其文化成果。毛泽东指出："自从中国人学会了马克思列宁主义以后，中国人在精神上就由被动转入主动。"① 在此以前，中国的文化以买办性和封建性为主要特征。其后中国的文化逐渐向具有重要革命性的革命文化为主体转变。革命文化的形成和发展始终离不开马克思主义的指导，例如，"为人民服务""立党为公""依靠群众"等体现党的群众立场的革命精神文化就是对马克思主义群众史观的继承，也是中国化的马克思主义群众观的文化呈现。延安时期形成的毛泽东思想是马克思主义中国化的第一个理论成果，而革命文化则是马克思主义中国化的文化成果。

马克思主义在传入中国之前，已有进化主义的思想在中国"中国化"，马克思主义中国化既包括实践层面的马克思主义中国化，又包括文化层面的马克思主义中国化。马克思主义进入中国的方式便是与中国革命理论相结合，成为中国革命的指导性思想。

首先，革命文化呈现了马克思主义与中国革命实际的深刻结合。马克思主义中国化的过程包括传入、传播和中国化三个阶段。井冈山时期，是马克思主义与中国革命实践初步结合的阶段。作为马克思主义与中国实际相结合的第一个理论成果——毛泽东思想是在井冈山斗争时期开始架构的。工农武装割据思想、军队建设思想、根据地建设思想、游击战争思想等都是这一时期形成的。这些思想都是毛泽东在总结中国革命的实际困难和现实挑战的背景下结合马克思主义的基本原则的基础上提出来的。"农村包围城市，武装夺取政权"的井冈山道路便是在马克思主义指导下形成的，有别于俄国的道路。井冈山道路的开辟是中国共产党人对马克思主义实践检验真理的思想继承。井冈山道路正是革命烈士用鲜血检验出来的真理。井冈山道路采取了与俄国不同的革命方式，即武装农民、开展游击战争、土地革命，在农村建立根据地，再进行农村包围城市的革命方略。这是对马克思主义的理论的丰富和发展。革命文艺便是马克思主义文艺思想尤其是

① 毛泽东．毛泽东选集：第四卷［M］．2 版．北京：人民出版社，1991：1516.

其“文化军队”建设思想在中国革命实践中的创新范式。延安时期，在知识分子和文艺界人士的共同推广下，秧歌、快板、版画、民歌等各民族的文艺形式百花齐放，营造了学习马克思主义的良好氛围，推动了马克思主义文艺理论中国化的发展。在共产党人领导革命推进的过程中形成的毛泽东思想正是在马克思主义与井冈山斗争的实际结合的产物。马克思曾指出，现实问题是左右一切时代、一切个人的时代声音。在革命年代，革命文化的出场演进成熟皆离不开革命实践的历程。中国革命使马克思主义中国化从可能性向现实性转化。马克思主义传入中国的过程中，如果没有革命实践的迫切需要与革命的考验，马克思主义就是停留在纸上的他者。19 世纪后期，中国人开始接触马克思主义，但此时的马克思主义与中国还是“互为他者”的存在，马克思主义直视中国却未能走进中国。十月革命后，中国的知识分子看到了马克思主义对俄国革命的真理力量，通过十月革命看到了马克思主义的科学真理性和革命实践性，因此，他们试图应用马克思主义的宇宙观观察中国的国家命运，将马克思主义作为拯救中国的革命理论。先进知识分子将马克思主义作为中国革命实践的指导理论，通过译介经典、成立社团等方式宣传马克思主义基本原理，从而使马克思主义中国化理论客体形成并传播开来。

革命文化的生成演化与马克思主义中国化的过程是同频共振的。革命文化记录和见证了党领导的革命斗争史，与革命时期的马克思主义中国化具有相同的内涵和意义。在革命文化拓展深化的过程中，马克思主义中国化也在不断地深化。在井冈山斗争的过程中产生了以井冈山精神为核心的革命文化，这是马克思主义中国化的启蒙时期。土地革命时期，马克思主义中国化的主要任务是探索新的革命道路、开展土地革命，形成了“武装割据”的思想，与此同时，革命文化中形成了井冈山精神和苏区精神。

其次，革命文化是马克思主义中国化的成果之一。马克思主义中国化不仅包括理论成果，还包括其他形式的成果，诸如：革命方法、原理、文化等。毛泽东思想是革命时期形成的马克思主义中国化的第一个理论成果。革命文化可以说是马克思主义与中国文化相结合的形成的第一个文化成果。传统文化是中国特色社会主义文化体系的基础性内容，而革命文化和社会主义先进文化则是中国共产党在马克思主义指导下创造的符合时代特征的中国特色社会主义文化体系的主体性内容。革命文化内生于伟大的新民主主义革命实践，契合于革命时代文化发展的主题，集中体现了中国共产党和中国人民的精神品格和价值力量。革命文化是共产党人在马克思主义指导下创造和孕育的文化形态。

中国共产党的诞生将马克思主义中国化的核心要素互动联系在了一起，即将理论客体与无产阶级主体联系起来，并将其融入中国文化系统之中。马克思主义中国化核心要素互动开启了马克思主义中国化从可能性到现实性的转变，开启了中国革命的新进程。马克思主义从掌握先进分子到掌握人民大众，马克思主义也从一种新思想转变为革命指导理论。在这一过程中，马克思主义的领袖主体和理论家主体也崭露头角。李大钊、陈独秀、毛泽东、李达、瞿秋白等都纷纷创作并发表马克思主义相关著述，李大钊的《史学理论》、陈独秀的《马克思学说》、李达的《现代社会学》、瞿秋白的《社会科学概论》等都从不同领域和不同视角运用和阐述了马克思主义理论，这些理论虽有不足之处，但是却形成了马克思主义初步中国化的理论形态。这些马克思主义中国化的客体理论以更加符合实际的方式成为革命文化的重要构成要素和呈现方式。陈独秀在《对于现在中国政治问题的我见》中运用马克思主义的分析方法将中国革命分为两个阶段，将资产阶级对封建军阀的斗争作为第一阶段，将无产阶级对资产阶级和官僚资本主义的斗争作为第二阶段。这种划分既是对中国革命规律的认识，也是对马克思主义中国化的文化总结。

在马克思主义的指导下，革命文化找到了中国革命的出路和力量，并指引着中国共产党和中华民族朝着胜利的道路前进。革命文化不再是革命理念的自然形态，而是在马克思主义指导下的中国共产党文化策略、政治理念的呈现。在马克思主义与中国革命实际的伟大结合中，中华文化也实现了由传统到现代的升级。传统文化在与外来文化、各种资本主义文化思潮、马克思主义文化之间的交织碰撞中构成了革命文化的最初图景。

（二）生命力之本：对革命生活样法的精辟提炼与升华

从最根本的规定性而言，文化是历史地凝结成的，在特定时代、特定地域、特定民族或特定人群中占主导地位的生存方式或生活图式。从本质上来讲，革命文化是革命生活实践中历史地凝结成的生存样态或生存方式，是革命中个体生存和社会运行的基本方式。胡适和梁漱溟就曾有“文化是生活的提炼”这一观点。胡适把文化界定为“人们生活的方式”，并指出，“第一，文明是一个民族应付他的环境的总成绩。第二，文化是一种文明所形成的生活的方式”①。梁漱溟也曾说“文化乃是人类生活的样法”。可见，无论何种文化，从最本质的规定性而言都是“生活的抽象样法”。嵌入历史特殊性的革命文化则是党和人民在革命生活中凝结的样法的反映。

革命生活的样法既包括人民群众的生活，又包括革命者的生活。井冈山时期，在艰苦卓绝的革命斗争环境中形成的、以“坚定信念、自力更生、艰苦奋斗、依靠群众”为代表的井冈山精神是土地革命时期最具代表性的革命文化之一。在引兵井冈、改造王袁部队、朱毛会师等凝聚革命队伍的革命实践中形成了党内坚定的核心意识文化。从疯狂“围剿”中衍生的“红旗到底打多久”的革命悲观情绪，到被实践证明的“边界红旗永不倒”的革命积极情绪的过程中，固铸了坚定的革命理想信念。在“红米饭、南瓜汤”“有盐同咸、无盐同淡”“缺衣少食”“缺弹少抢”的物质困难中生成了“艰苦奋斗、自力更生”的优良作风。在保卫黄洋界以少敌多的据险抵抗中生成了“依靠群众”苏区时期的价值取向，以毛泽东为代表的共产党人深入农村社会调查的实践在党内渲染出一股“求真务实”的工作好作风。“苏维埃政权属于工农兵及一切劳苦大众”和“消灭封建剥削及彻底改善农民生活”的生动实践则升华出最原初的“一心为民”执政理念；苏区政府廉洁建设和严惩贪腐的治理实践凝结成了载入史册的“苏区干部好作风”。根据苏区历史资料，“从1932年2月开始，在中央苏区开展了党的历史上第一次声势浩大的反贪污反浪费的斗争，对少数贪污腐败分子坚决查处，严惩不贷。据统计，仅在中央机关就严厉查办了贪污分子共42人……到1934年5月，苏区的贪污现象基本上得到了遏制和肃清”②。苏区群众倾其所有支援红军和革命战争的行为谱写的生动故事凝结成了“无私

---

① 胡适．胡适选集［M］．天津：天津人民出版社，1991：188.

② 张孝忠．赣南苏区史［M］．北京：中共党史出版社，2012：232.

奉献”的精神文化。“借谷运动”“捐献钱银”“妇女犁田”“购买公债”等都是无私奉献精神的真实写照。伟大的长征途中，在敌强我弱的局势下，红军以坚强的毅力斩关夺隘创造了一个又一个军事奇迹，也谱写出了“不怕牺牲，攻坚克难”的革命精神文化。爬雪山过草地时，革命红军战士间“生的希望留他人”“死也要把你抬出去”的同生死共患难的感人故事弥散成“团结一致”的长征革命精神文化。红军战士在艰苦的行军环境中，坚定理想，书写了一部无与伦比的英雄史诗，锻造了光辉千秋的长征精神。长征精神是中国革命文化的重要典范，是当代文化建设的重要文化来源。延安时期，“毛泽东脱帽致歉”“陈云讲真理不要面子”等党的领导人及各级党员的整风实践塑造了党内坚持真理、实事求是的精神风貌。在“站在最广大群众一面”“给人民看得见的物质福利”等的号召下和践行中探索出了“为人民服务”的宗旨意识和伟大服务精神。在南泥湾“屯田军垦”的大生产实践中形成了“自力更生、艰苦奋斗”的伟大创业精神。以“艰苦奋斗、坚定信念、依靠群众”为代表的井冈山精神、以“求真务实、清正廉洁、无私奉献”为代表的苏区精神、以“不怕牺牲、攻坚克难、坚定理想、团结一致”为代表的长征精神，以“实事求是、自力更生、艰苦奋斗、为民服务”为代表的延安精神等，都是革命文化的原生形态，见证了中国共产党带领人民群众走过的血与火交织的革命生活道路。

革命历史是党领导的革命活动的不断展开过程。而革命文化则是对革命生活的样法的提炼与升华。革命文化在革命时期成为占主导地位的文化模式，并成为民族心理的重要支撑。正是因为对革命生活的反映，才有井冈山精神、苏区精神、长征精神、延安精神等各具特色又本质相同的革命文化形态。可以说，革命文化对中国共产党领导的新民主主义革命进行了全景式的总结与提炼。中国革命的发生、发展、结果，中国人民在革命中的精神状态、道德状态，革命队伍的革命意志、革命精神等，都在革命文化的呈现范围内。这样的精辟提炼和呈现将中国共产党领导的正义革命战争与资本主义侵略战争、非正义反革命等区别开来。也正是由于革命文化的这一生命力特色，才使得革命文化具有大众化和自觉化的可能。在整个革命过程中，革命文化始终站在时代的风口浪尖与国民党反动文化、帝国主义奴化文化、买办文化对垒交锋，逐渐成长为具有强烈民族意识、深刻使命感、家国情怀的文化心理和文化图式。

（三）生命力之魂：对实现民族复兴的系统导引

一部新民主主义革命的斗争史就是一部追求中华民族伟大复兴的曲折斗争史。在这部革命斗争史的历史实践中，中国共产党以广阔的政治视野、深厚的家国情怀将民族复兴视为自身的使命。与此同时，革命文化也以其凝练的独特精神品格导引、助推着民族复兴使命的完成。革命文化中最具超越性和创造性的精神文化始终导引着民族复兴的实现。

新民主主义革命时期，中国共产党人始终以领导中华民族从沉沦走向复兴为己任，团结带领各族人民不懈抗争。与此同时，作为整个革命事业机器“螺丝钉”的革命文化也始终把握时代脉搏，积极承担着导引、助推民族复兴的重任。“民族复兴”话语不是现当代的产物，中国共产党人早在创业之初就深入思考民族复兴的途径。李大钊在新文化运动时期便提出“青春中国”“少年中国”“民族复活”等表征民族复兴愿景的话语。他在《晨钟报》发表的《〈晨钟〉之使命》一文疾呼“今后之问题，非新民族崛起之问题，乃旧民族复活之问题”[①]，并强调，民族复活的关键在于青年，基本动力是人民大众。陈独秀也将民族复兴的希望寄于“新鲜活泼的青年”，嘱咐青年“有以自觉而奋斗耳”[②]。毛泽东在1919年《民众的大联合》一文中强调，拯救“坏到极处”的国家、“黑暗到极点”的社会，必须依靠“民众的大联合”。周恩来以“为实现中华民族崛起而读书”和“愿相会于中华腾飞于世界之时”的话语鼓励了千万的革命志士。瞿秋白在《饿乡纪程》中发出中华民族“何时才能重兴”的忧虑与思考。恽代英在《怎样创造少年中国》一文中求解“求中国返老还童”的手段，并进而给予了“创造少年中国”的答案。正是由于早期中国共产党人的不懈探索，为中共二大制定反帝反封建的民主革命纲领，开启了民族复兴之路的闸门。可见，共产党人在很早就以民族复兴为己任，在后来的革命中也始终以民族复兴

① 李大钊. 李大钊全集：第二卷［M］. 北京：人民出版社，2006：364－369.

② 陈独秀. 陈独秀文章选编：上［M］. 北京：生活·读书·新知三联书店，1984：73－78.

为指引，进行革命斗争和文化建设。正是在中国共产党人的为民族复兴而奋斗的初心与传统指引下，党在后来的革命中创造的革命文化也始终以民族复兴为目标和指引。

革命文化对民族复兴的系统导引主要分为三个阶段。土地革命时期，井冈山和苏区的革命文化在国民党的文化“围剿”中奋勇抗争。国民党当时以“共产反动刊物煽惑民众”为借口，对革命文化进行打击，严查严控革命刊物。1934 年 2 月，上海《大美晚报》登载了 100 多种查禁刊物，《红旗》《创造月刊》《新中华报》等都在国民党查禁目录中。对党的进步刊物大肆查禁，对进步出版社查封，并压迫戏剧公演，封锁邮政。在这一系列的反动“围剿”中，革命文化传播、扩散、动员群众的压力极大。在反革命文化的围剿下，加之传统文化积淀中对安全感的渴望，大批群众产生了畏惧心理和游移态度。针对这一情况，共产党人开设各种识字班、教育学校，积极对农民进行启蒙教育，探索动员人民的文化进路。正如列宁所言，要想人民群众“理智地、自觉地、有效地投身于革命，就必须学习”[①]，打破精神的枷锁。在封建宗法思想和儒家复古思想的桎梏下，许多农民将土地革命中的土地所得视为非法无偿占有。为了更好地进行根据地建设，破除群众的守旧思想，提高人民群众的政治觉悟，党在文化启蒙、文化扫盲之余，还对人民进行文化宣传教育、文艺引导，提高人民的政治意识。在一系列文化启蒙和文化教育工作开展的过程中，革命文化逐渐在人民群众中传播开来，并成为党与群众共同的自觉文化选择。革命文化逐渐成长起来，成功发动群众参加革命、支援土地革命战争、“为自身的解放而斗争”，为后期夺取政权的斗争做准备。

抗日战争开始后，随着日本帝国主义的侵略逐渐加深，民族危机不断加深，延安革命文化则始终以自觉的担当发挥着感召民众、组织民众、动员民众的革命作用。以革命文化的典型代表——革命文艺为例，革命文艺在抗日战争时期发挥了巨大的团结同志、打击敌人的功用，导引着人民大众为民族独立、人民解放而奋斗。毛泽东在延安文艺座谈会上的讲话中沿用列宁关于文艺“齿轮与螺丝钉”的说法，指出，“革命文艺是整个革命事

---

① 列宁．列宁论国民教育［M］．北京：人民教育出版社，1958：269．

业的一部分，是齿轮和螺丝钉，与别的更重要的部分比较起来，自然有轻重缓急第一第二之分，但它是对于整个机器不可缺少的齿轮和螺丝钉，对于整个革命事业不可缺少的一部分"①。可以说，没有革命文化的导引，革命的胜利、民族独立就难以顺利实现，因为，哪怕缺失一颗螺丝钉，也有可能导致机器不能运转。毛泽东强调，革命文化在革命中的作用就是团结人民、打击敌人，帮助人民同心同德地与敌人作斗争。毛泽东认为，革命文艺必须从"亭子间"走出来，深入革命实践。丁玲作为"亭子间"的大作家走向延安的抗战实践中时，毛泽东非常高兴并为其填词，"纤笔一支谁与似，三千毛瑟精兵"②。毛泽东引用拿破仑的"笔与毛瑟枪"名言，实则有力地说明了革命文化或"文化军队"在革命时期的启迪、激扬、组织群众的重要意义。抗日战争胜利后，党继续以文化教育和宣传熏染的双重方式对人民进行动员，通过开展正规化教育、发展文艺事业、重建书报宣传机构等，帮助人民完成土改、支前、生产的目标，推动革命的顺利发展。虽然党办的报纸、期刊等一度遭遇封禁的命运，但是革命文化却以独特的吸引力在人民群众中传播开来。在革命文化的引领下，人民在多元选择的十字路口逐渐明确了自身的诉求，一股反对内战、主张和平的运动兴盛起来。革命文化在国民党的强烈镇压下，不但顽强地而且茁壮地发展了起来。革命文化则感召着人民群众，革命文化主要以肃清日伪旧文化、积极引导人民群众、树立民族自尊心和尊严感为目标。各个解放区都对知识分子进行"团结、改造、利用"，为解放区的治理和建设保存了力量，调动了人民的革命热情，推动了战争的胜利，也为新中国的成立、建立全国统一的人民政权奠定了文化基础。

在"救亡图存"的时代语境中孕育，经过土地革命在井冈山和苏区的探索，再到抗日战争和解放战争时期在延安的成熟，革命文化始终导引着民族独立和人民解放的"幸福而美好"的到来。无论是在土地革命时期，还是在抗日战争、解放战争时期，革命文化都以独特的爱国主义情怀和强烈的民族意识激扬着广大的人民群众为实现中华民族的复兴而斗争。正是

① 毛泽东. 毛泽东选集：第三卷［M］. 2版. 北京：人民出版社，1991：866.

② 陈微. 毛泽东与文化界名流［M］. 北京：中国社会科学出版社，1993：2.

在革命文化，而不是任何别样文化的引导下，中国革命取得了最终的胜利。革命文化在破除旧文化、改造国民性的基础上，服务于革命的新政治、新经济，引导中国革命走向胜利，书写中华民族的伟大复兴史。革命文化号召全体人民团结起来加入神圣的保卫中国领土和独立的民族革命战争。正是在救亡图存的时代需要之下，原初的怡情养性文化走出了个人生活的狭小领域，自觉面对时代的诉求，成长为“独当一面”的革命文化。革命文化在数次革命的战争中逐渐从反映“革命生活样法”的自在文化成长为“对民族复兴导引”的自觉文化。

在中国民族经历山河破碎、战乱频仍的岁月中，革命文化裹挟着历史的风尘、冲击着落后反动的文化、激扬着民族的热情，呼唤并带领自强的中国人民为实现民族复兴而奋斗。

第四节　革命文化传承与发展的当代价值

革命文化在当代具有超越时空的价值，不仅有助于社会主义的文化建设，提高民族文化自信，更是对学生进行教育的重要文化资源。其形式多种多样，具有丰富性；它生动直观、感染力强，具有趣味性；它与时俱进，始终永葆生机和活力，具有创新性。革命文化内涵深刻，是以马克思主义为指导的先进文化，是马克思主义中国化、大众化的直接成果，是致力于实现中华民族当家作主的先进文化，蕴含着建设中国特色社会主义的共同理想和坚定信念，是传统文化和国外文化优秀养分的有益吸取，是民族精神和时代精神的生动体现。它内在蕴含的厚重的革命文化内涵和革命精神，是其坚实文化基础的具体体现，这种红色文化的先进性，既被红色革命历史所验证，又为当代民众所认可和接纳。革命文化的丰富内涵、历史地位、精神价值，客观上为学生理想信念教育和爱国主义教育奠定了坚实的文化基础。

一、对激扬民族文化自信具有重要意义

我们党历来就十分重视文化建设。毛泽东早在《新民主主义论》中就对文化的重要性做了说明，他说：“我们不但要把一个政治上受压迫、经济

上受剥削的中国，变为一个政治上自由和经济上繁荣的中国，而且要把一个被旧文化统治因而愚昧落后的中国，变为一个被新文化统治因而文明先进的中国。”① “一定的文化（当作观念形态的文化）是一定社会的政治和经济的反映，又给予伟大影响和作用于一定社会的政治和经济。”② 文化对社会政治和经济都有重要的影响。革命文化当中许多的优良传统在当前仍然具有重要意义，例如，敢闯新路、团结一致、自力更生与习近平总书记讲的经济建设出路是创新、科技关键靠力量具有内在一致性。革命时期依靠群众、关心群众的需求与当前强调的倾听人民呼声、回应人民期待是统一的。文化的繁荣与兴盛与国家的富强息息相关。在新时代的今天，我们更要重视文化建设尤其是重视革命传统、革命精神的价值，将革命文化融入文化强国的建设之中。

革命文化不仅蕴含着中华民族浴血奋战的革命斗争史，而且也是民族精神、民族品质的体现。在革命年代，革命文化的宣传增强了人民对党的信任，增强了人民的理论信仰，也提高了全党全民对革命胜利的决心和信心。同时，革命文化的传播也极大地鼓舞了士气，增强了革命军队的战斗力。在现代社会，我们呼唤革命文化的价值回归。人民需要从那物质贫乏但却思想先进的年代里学习，发现生命的价值和意义；人民需要在消费主义盛行的时代里珍惜物质资源的来之不易；人民需要在社会思潮涌动的生活中找到统一的价值追求和信念。正如习近平总书记所说：“人民有信仰，民族有希望，国家有力量。实现中华民族伟大复兴的中国梦，物质财富要极大丰富，精神财富也要极大丰富。我们要继续锲而不舍、一以贯之抓好社会主义精神文明建设，为全国各族人民不断前进提供坚强的思想保证、强大的精神力量、丰润的道德滋养。”③ 不怕牺牲、敢为人先的八一精神，艰苦奋斗、敢闯新路的井冈山精神，依靠群众、注意方法的苏区精神就是

① 毛泽东. 毛泽东选集：第二卷［M］. 2 版. 北京：人民出版社，1991：663.

② 毛泽东. 毛泽东选集：第二卷［M］. 2 版. 北京：人民出版社，1991：663 - 664.

③ 习近平总书记在会见第四届全国文明城市、文明村镇、文明单位和未成年人思想道德建设工作先进代表时的讲话［EB/OL］.（2015 - 02 - 28）［2020 - 08 - 09］. http：//politics. people. com. cn/n/2015/0228/c70731 - 26614021. html？ from = timeline&isappinstalled = 0.

这样强大的精神力量和丰润的道德滋养。

“文化自信，是一个国家、一个民族、一个政党对自身文化价值的充分肯定，对自身文化生命力的坚定信念。”① 既包括对本民族文化历史的客观把握、对文化现状的科学判断，也包括对未来发展的坚定信念。当前谈及文化自信时常有对革命文化不自信的现象。有人在传统文化的基础上谈文化自信，而对革命文化忽视不谈；也有观点将革命文化看作是革命时期的特定文化形态，是“过去时”；也有部分人认为当今时代共产党已经成为执政党，不再需要革命文化。这类观点对文化自信的建立是不利的，容易陷入“西方主义”和“复古主义”的陷阱。之所以形成这类观点是因为他们片面地看待革命文化，忽略了革命文化滋养文化自信具有其必然性与合理性，而这种必然性与合理性是由革命历史的延续性与革命文化的传承性决定的。

社会历史的发展具有延续性。中国从20世纪的弱国到21世纪的强国，不是瞬间崛起的，而是在历史的艰苦斗争中逐步发展起来的。习近平总书记说：“不忘历史才能开辟未来，善于继承才能善于创新。”② 革命历史是中国历史发展的一部分，如果割断这一阶段的历史，就割断了历史的延续性。中国的“救亡图存”经历了农民运动、洋务运动、戊戌变法以及资产阶级民主主义者领导的新文化运动，最后是中国共产党领导的新民主主义革命。革命的发展历程是完整且符合历史发展规律的，同时各革命阶段间有继承与纠偏双重逻辑，即每一革命阶段都是对上一革命阶段的优势继承与局限性纠偏。以五四新文化运动为例，其局限性在于对传统文化的激进批判。但这一局限性被中国共产党领导的新民主主义革命较好地克服了，表现为共产党人适当地解决了马克思主义与中国实际相结合、与中国文化相融合的问题，建立了中华民族的新文化，也即新民主主义文化。毛泽东对新民主主义文化的内涵做了精辟的表述，他指出，“民族的科学的大众的文化，就是人民大众反帝反封建的文化，就是新民主主义的文化，就是中华民族

---

① 任仲文. 传承·开放·超越：文化自信十八讲［M］. 北京：人民出版社，2011：9.

② 习近平. 习近平谈治国理政：第二卷［M］. 北京：外文出版社，2017：313.

的新文化”①。“民族的、科学的、大众的”文化就是指这一文化具有民族传统的延续性的特点同时又带有科学的和大众的时代特性，这就在根本上克服了新文化运动的局限性，将中华民族的文化推向新的发展历程。在此之外，新民主主义革命又弘扬了新文化运动的先进性，表现为更加彻底、更加根本地反对帝国主义和封建主义。新民主主义革命对新文化运动的优势继承与局限性纠偏体现了革命历史的延续性发展。既然革命历史具有延续性，那就是说，中华文化的发展历程并没有被革命所割裂，而是经过革命的洗礼不断被赋予新的时代内涵，革命文化也就具有传承性。另外，中国的崛起与中国特色社会主义伟大事业的发展也不是瞬间完成的，是党和人民历经千辛万苦的结果，只有了解中国历史的延续性，坚持从历史走向未来，从延续中看待发展，才能明白中国文化发展的传承性与复杂性。正如习近平总书记所说：“中国共产党领导中国人民取得的伟大胜利，使具有5000多年文明历史的中华民族全面迈向现代化，让中华文明在现代化进程中焕发出新的蓬勃生机。”②

从革命历程的延续性看，革命文化并没有割断中华文化的传承演变，而是处于承前启后的历史地位。共产党带领人民在艰苦革命历程中形成的革命文化，是中华民族优秀传统文化的传承、延续与凝聚、升华。中国传统文化中对革命有深刻的阐释。《周易》中“天地革而四时成，汤武革命，顺乎天而应乎人”的思想，《孟子》中“民为贵，社稷次之，君为轻”的民本思想，都是革命文化的传统来源。传统文化、革命文化在发展的过程中又被社会主义核心价值观等先进文化吸收、凝练、转换为更具当代活力的文化形态。革命文化既承接传统文化又续启社会主义先进文化，具有承前启后的特征。正是由于革命文化这种承前启后的特性，才使其与中国传统文化、社会主义先进文化共同孕育着中华民族的独特精神标识，共同铸就了中华民族的文化自觉与文化自信。否则，文化自信就是不完整的、不全

---

① 毛泽东. 毛泽东选集：第二卷［M］. 2版. 北京：人民出版社，1991：708－709.

② 习近平. 在庆祝中国共产党成立95周年大会上的讲话［M］. 北京：人民出版社，2016：4.

面的自信，就是割断了革命历史、抛弃了革命精神的自信。

当前强调文化自信不是空洞的口号，不是一时的自我陶醉与自我沉迷，而是来自于中国共产党领导人民的伟大而长期的历史实践，又成长于当今中国的社会现实，是一种需要文化传承的、贯古又通今的自信。这种贯古通今的文化自信要在继承中创新，在创新中发展，不仅需要继承传统文化的自信，同时也应当吸收中国革命实践的伟大精神瑰宝——革命文化。革命文化作为革命实践的文化财富与精神瑰宝，“在革命前，是革命的思想准备；在革命中，是革命总战线中的一条必要和重要的战线”[①]。在革命后，是中国文化的重要思想结晶，是激励我们不懈奋斗的强大精神力量，为我们在新的历史条件下推进文化建设奠定了坚实基础，是我们文化发展的独特优势，理应倍加珍惜。历史和现实都表明，一个忘记自身历史的民族是很难发展起来的。重视、珍惜并弘扬具有承上启下地位的革命文化，以革命文化滋养文化自信具有其必然性与合理性。

中国共产党在艰苦卓绝的革命历程中带领中国人民取得一个又一个胜利，为中华民族的伟大复兴做出了伟大贡献。中国共产党人之所以能在革命中坚持战斗，在失败中坚持革命，在坚持中取得胜利，就是因为中国共产党人充满对革命的自信。在民主革命时期，中国共产党人探索出一条不同于苏联城市武装起义的道路，即农村包围城市的道路。当时革命根据地位置偏僻，并处于敌人的重重包围之中，但中国共产党没有失去信心，坚定而决绝地喊出“星星之火，可以燎原”的响亮口号，这充分体现了中国共产党对革命道路和革命前途的自信。在长征时期，前有阻击后有追兵，没有绝对的革命信心就难以走过草地、爬过雪山。毛泽东同志的诗词“红军不怕远征难，万水千山只等闲”便是共产党人不怕牺牲、对革命必胜的信心的真实写照。在抗日战争时期，日本帝国主义采用突袭战术占领东北，当时全国上下弥漫着亡国氛围。共产党人提振气势，坚决打出“抗战到底”的口号，点燃了中华民族的抗战火焰，毛泽东同志的《论持久战》就是党的抗战决心与信心的理论总结。可以说，党在革命时期形成了高度的自信

① 毛泽东．毛泽东选集：第二卷［M］．2版．北京：人民出版社，1991：708.

传统。这份中国共产党人在革命中表现出来的高度自信贯穿于革命文化之中，是革命文化的优良品格，给予广大革命工作者以强大的精神力量，使革命最终走向胜利，结束了近代中国饱受艰难、积贫积弱的局面，开启了中华民族走向伟大复兴的历史进程。新中国成立后，中国共产党又凭借这份革命自信传统开启社会主义大改造，将新中国从经济困难中拯救出来，通过生产资料的社会主义改造，顺利完成了新中国历史上的一次深刻社会变革。虽然新中国在发展过程中经历挫折与坎坷，但党的这份革命自信传统始终引领着中国共产党人克服困难、逆流而上，坚定信念开创新局面。这份革命自信品格传统已然融入了中华民族的血脉，并以文化基因的形式嵌入我们的精神血脉之中。当今时代，我们要注重传承党的革命自信品格传统，延续我们的精神血脉，使其成为引领中国文化自信的重要精神品质。

革命精神是革命文化的核心要素，是最能体现革命文化内涵和价值的精神性要素，是中国共产党领导中国人民在革命各个时期形成的伟大精神的总称。中国共产党在革命战争年代，不断结合时代和社会要求以及革命的需要，锻造了井冈山精神、延安精神、西柏坡精神、沂蒙精神等革命精神。这些精神从井冈山到西柏坡，构成一个前后接续、传承发展的精神体系。革命精神是共产党人不怕艰难、不畏牺牲、依靠群众、艰苦奋斗的写照，不仅是中国革命胜利的精神保证，而且在社会主义革命和建设时期以及改革开放的新时期仍然发挥着巨大的精神作用，具有超越时空的时代价值。邓小平同志尤其强调革命精神对精神文明建设的作用，他承续毛泽东同志所说的“人是要有一点精神的”。并指出，“学习和培养这些革命精神，并不需要多么好的物质条件”“从延安到新中国，除了靠正确的政治方向以外，不是靠这些宝贵的革命精神吸引了全国人民和国外友好人士吗?”① 他还指出，共产党员要将革命精神贯穿人生的始终，“如果一个共产党员没有这些精神，就决不能算是一个合格的共产党员”②。

当今时代，革命精神不但与精神文明建设息息相关，同时也是坚持文化自信、实现中国梦不可或缺的精神支柱。首先，弘扬超越时空的革命精

① 邓小平．邓小平文选：第二卷［M］．2 版．北京：人民出版社，1994：367.
② 邓小平．邓小平文选：第二卷［M］．2 版．北京：人民出版社，1994：368.

神能增强“文化自信”的底气。革命精神是在艰苦中成长起来的，承载着巨大的精神能量，有坚定而深刻的基础和底气。习近平总书记说重温党走过的伟大革命历程，心中就会增添许多正能量。这种心底的正能量就是我们坚定文化自信的底气。我们敢于“文化自信”是因为有血与火铸成的革命精神为支撑，在这种支撑下，我们有信心能培养全社会高度的文化自觉和文化自信，推动社会主义的文化大发展大繁荣。其次，弘扬超越时空的革命精神有助于人们坚定走中国特色社会主义文化发展之路。革命精神是凝聚中国共产党人理想、追求、行动的精神力量，如同一个巨大的磁场，吸引着千千万万的先进分子或普通大众为中国革命事业而付出。当前弘扬革命精神，使其作为一种精神因子，融入主流文化之中，融入大众文化之中，使革命精神的内核深入到社会主义核心价值体系中，更好地弘扬以爱国主义为核心的民族精神、以改革创新为核心的时代精神。它将引领人们坚定文化自信，走中国特色社会主义文化发展之路，建设社会主义文化强国。总而言之，继承和弘扬作为革命文化的核心要素的革命精神，我们将有足够的底气和自信坚定“文化自信”，走中国特色社会主义文化发展之路，实现社会主义文化的大发展大繁荣。

在发挥革命文化滋养文化自信功能的时候要注意推进革命文化的自觉与融合。著名学者费孝通先生曾指出：“文化自觉只是指生活在一定文化中的人对其文化有‘自知之明’，明白它的来历，形成过程，所具有的特色和它发展的趋向，不带任何‘文化回归’的意思。不是要复归，同时也不主张‘全盘西化’或‘全盘他化’。”① 对于革命文化也是如此，我们要知其从何而来，懂其有何内涵，不断提高推动革命文化向前发展的自觉力，也就是提高革命文化的适应力和融合力。自觉是一个艰巨的过程，首先要实现人们自觉尊重、认同、了解革命文化的发展过程、特征和价值。对于革命文化的理解，基本的共识还是有的，我们需要的是推进人们在思想行为中主动以红色精神为指南，例如在工作中艰苦奋斗、勇于开拓、敢于创新。其次要自觉传承革命传统和红色基因。在弘扬中华优秀文化过程中，我们

① 费孝通．文化与文化自觉［M］．北京：群言出版社，2016：195．

要将红色的优良传统和优良基因贯彻其中，将红色精神中的不屈不挠、艰苦奋斗、敢为人先的精神贯彻到不言放弃、开拓创新的两弹一星精神中，贯彻到开拓进取、团结协作、攻坚克难的载人航天精神中。

此外，将革命文化与传统文化、现代文化融合在一起，让三者在对话、沟通中能有效地实现革命文化价值的回归。诚然，费孝通先生所言的“各美其美、美美与共”是在谈及民族文化与外来文化的关系时提出的。但革命文化与传统文化的互融互听、革命文化与近现代文化的互融互通又何尝不是要既保持各自特色、又互通升华呢？实现三者的融合可通过政府引导和群众参与相结合的方式开展丰富多彩的文化活动来进行，并通过整合文化资源，形成全方位、多层次、多方面的文化格局。

革命文化是中华民族的优秀革命传统和优良精神品质的结晶，是中华文化和中国人民的精神血脉。任何企图否定、取消革命文化价值的言论或行为都是不理性的，都是对革命文化价值的消解。当前社会中存在的享乐主义和消费主义充分暗示了革命文化价值回归的必要性。通过提高革命文化的辐射力，推进革命文化的自觉性与融合力，创新革命文化产业引导革命文化价值的回归，从而坚定人们对本民族的文化自信和民族自豪感，抵抗外来的消极腐朽文化侵蚀，建设社会主义文化强国。

二、对培育学生群体崇高理想信念具有重要意义

革命文化是一种优质的教育资源，其内容涵盖了中国共产党人领导的中国革命和建设事业的全部历史过程，蕴含崇高的理想信念、高尚的品格。同时，这种文化载体具有形式上的丰富性以及情感上的感染力，使得内蕴其中的革命理想信念更加可亲可感，让学生在心理上更易于接受。因此，党和各级政府强调要开发和利用革命文化的当代价值。

学生群体是社会主义事业建设的中坚力量。通过信仰教育让学生具有坚定的马克思主义信仰是社会主义建设的关键一环。当前，学生群体中存在着理想信念不坚定的情况。主要是因为部分学生生活经历不足，对社会事物的驾驭感不足、耐挫力不够，面对复杂多变的社会环境和多样化的文化思潮，思想容易被环境和时代的变化动摇，不能坚定正确的文化方向。

革命文化内容丰富，以井冈山精神、苏区精神、长征精神、延安精神为主要代表。革命文化继承了光荣的革命历史，联系着辉煌的建设伟业，其中蕴含的坚定理想信念精神具有跨越时空的特性，是学生群体理想信念教育的重要资源和内容。

习近平指出，要实现中华民族伟大复兴，必须坚持和弘扬革命文化，传承红色基因。要将革命文化精神融入学生的理想信念中去，鼓舞他们为实现“中国梦”努力奋斗。首先，革命文化传承有助于学生树立马克思主义的理想信念。以延安精神进校园为例，学校在教学中加入延安精神的知识传播有助于学生们树立马克思主义理想。当下学生群体的马克思主义意识较弱，对中共党史以及中国革命与马克思之间关系的了解和认识都不够深刻，延安时期是马克思主义与中国革命具体实践结合并成功运用的重要时期，学生可以去延安实地考察和学习，了解中国近代的历史状况，加深对马克思主义中国化的切身感受与详细认知，学习延安精神，丰富自身理论水平与实践经验。中国近代以来的历史经验告诉我们，只有坚持马克思主义指导地位，才能使人民过上幸福安康的生活。延安时期毛泽东思想的成熟也标志着马克思主义中国化在革命时期走向成熟，当代学生理想信念在西方和中国封建残余思想的影响下有所动摇和迷茫，因此需要弘扬延安精神，用延安精神感召并铸牢理想信念教育成果，坚定学生正确的政治理想。其次，弘扬革命文化有助于培育学生优秀的精神品格。民族精神是一个民族在长期的历史发展过程中积淀形成的生活方式、民俗习惯、性格特征和精神风貌，是生生不息的民族魂。中华民族精神品格是中华五千年的历史文化所传承下来的优秀精神品质，是我们必须传承并发扬光大的精神财富。习近平在建党 95 周年大会上提出了“文化自信”，文化自信是更基础、更广泛、最深厚的自信，坚持和弘扬延安精神就是坚守我们的文化，只有对自己国家和民族的文化充满自信，才能坚定我们的理想信念，不放弃、不动摇。革命文化是马克思主义基本原理与中国革命实际相结合的产物，但革命文化不仅是对马克思主义的继承和发展，也是对我国传统文化的传承，是对儒家优秀思想的沿用，具有鲜明的民族品格。弘扬革命文化，是对中华民族精神品格的坚守，是对传统历史的承认与守护，对传统民俗文化中优秀部分的坚持和发展。学生群体在接受革命文化教育后会对民族文化充满自信，感受到民族的强大精神和生命力，并自愿为实现“中国梦”的理想信念努力奋斗，做坚守民族精神品格的代言人。

有效地开发和利用革命文化资源，对我国发展社会主义先进文化，努力改造落后文化，坚决抵制腐朽文化，具有重大而深远的意义。进行在校学生的理想信念教育，积极引导学生们抵制资本主义腐朽文化，就必须发挥革命文化的教育价值。首先，要以革命文化为内容，提升学生理想信念教育的效果。一直以来，我们在加强学生理想信念教育方面取得了相应成效，但还需不断发展和完善，用红色革命文化来提升理想信念培育效果的机制和科学体系还有待挖掘和创新。要用革命文化其独特性和历史特殊性所蕴含的文化特色为学生的理想信念补“钙”，以其集中体现“艰苦奋斗、坚定理想、团结一致”等精神推动着社会主义先进理论和意志形态的确立和发展。新民主主义时期的革命文化在发展过程中虽然出现过“左”的思想曲折，但整个发展过程是使中国革命更加成熟与稳定，加强了国民的文化意识形态，促进了民族大团结。与此相应，青年爱国主义学生运动从五四精神开始就从未间断，“一二·九”运动、“一二·一”运动、“五二〇”运动等学生运动在争取民族独立和解放的过程中为中国革命做出了重大贡献，毛泽东曾说，青年学生在中国革命中起着先锋队作用。在延安时期，从1937年开始青年知识分子就奔赴延安，在抗日民族统一战线的拉动和号召下，青年学生的爱国主义热情达到高潮，根据《胡乔木回忆毛泽东》书中介绍，学生数量增至4万多人规模，他们背负革命理想信念，为国牺牲，为民族独立克服艰难险阻，这一时期也形成了延安时期知识分子群体革命文化观，培育了一大批马克思主义爱国青年。相比于延安时期的青年知识分子，当代学生从生存环境、教育文化环境、物质生活水平、信息科技发展情况以及人员数量上都毫无疑问发生了质的变化，在和平与发展成为主题的时代，在中国经济飞速发展、国际地位明显提高的今天，学生们更要以延安时期的青年学生为学习榜样，树立崇高的理想，为中国的持续发展贡献力量。因此，以革命文化为教育内容，有助于加强学生理想信念培育效果。其次，要以学生理想信念培育为手段，加强革命文化传承力度。革命文化吸收中国传统文化、西方思想与马克思主义文化，其传承价值不可否认，对社会主义现代化建设的重大意义也不容置疑，我们需要不断将革命文化发扬光大并与时俱进，创新发展，为我国社会建设和文化繁荣服务。社会发展和文化繁荣需要人才，学生群体是未来的建设者与接班人，是社会中最拥有崇高的理想信念和科学的价值观的群体，这是个人成才和国家兴旺发达的重要保证。进行理想信念教育，同时也是对革命文化的继承和发扬。

三、对培育学生群体的爱国主义情怀具有重要意义

革命文化体现了中国共产党人为了民族独立和人民解放，实现国家繁荣富强和人民共同富裕不懈奋斗的革命史。革命红色人物的最典型的精神就是爱国主义精神，其在艰苦的革命战争环境中为了民族国家的未来而奋不顾身，这样的精神是当前开展爱国主义教育的重要资源。

爱国主义教育作为一种社会教育实践活动，不可能离开一定的社会环境孤立地进行，更不可能离开历史传承与文化传承。学生是爱国主义教育的对象，每个青年学生的成长都与社会密不可分，作为社会中的个体其思想和行为状况必然会受到社会环境的影响。学生群体成长在改革开放的新时期，我国的社会环境呈现出前所未有的开放性，各种社会思潮、价值观念纷至沓来，这其中不乏与爱国主义相悖的思想观点，而青年学生追求新鲜事物且辨别能力低，不可避免地会受到误导，影响着青年学生爱国主义教育的成效。首先，市场经济对学生爱国主义教育的冲击。社会主义市场经济的发展，一方面提高了我国人民的物质生活水平，另一方面也对人们的思想观念和行为产生了消极影响。人们对于自身利益的追逐，导致物欲膨胀、唯利是图，社会腐败、诚信缺失、食品药品安全等问题层出不穷。而学生群体尚未形成坚定完整的价值观，集体主义、国家民族利益至上的价值取向易受到动摇，拜金主义和个人主义伺机蔓延到了青年学生群体当中，产生盲目攀比、乐于享受、只讲索取不讲奉献、追求个人利益的不良风气，这自然对倡导集体主义的爱国主义教育造成了很大的冲击和挑战。其次，网络对学生爱国主义教育的冲击。网络的出现使得信息的传播不再

受时间和空间的限制，人们不仅能自由地获取信息，也能自由地发表言论，成为信息的缔造者。在互联网中充斥着五花八门的信息，尤其是暴力色情等低俗信息泛滥，严重腐蚀着学生的思想观念。同时，一些别有用心的人趁机利用网络向青年学生灌输不良思想，民粹主义、新自由主义等西方社会思潮纷纷进入学生群体的视野，而学生群体的好奇心强，很容易被这些信息所吸引，网络也成为他们破坏学生爱国主义情怀的工具。

针对这种情况，就要对学生们进行爱国主义教育，而革命文化对培育学生的爱国主义情怀具有重要意义。首先，革命文化为学生群体爱国主义精神培养提供了鲜活史料。学生爱国主义精神的培养不仅是一种宣传和引导，最需要学生对祖国的历史与文化的全面认知和深入了解，这种了解不仅是言语与行为上对祖国的热爱，更是对祖国发自肺腑的尊重。高尚的爱国主义精神需要学生考虑事情时能以祖国的利益为出发点，在关乎国家命运与荣誉的时候挺身而出，能为作为一名中华儿女而自豪，而这种爱国主义精神的建立需要有具体的历史事件与人物作为支撑。革命文化中展现的民族团结精神、为国忘我精神都有与之相对应的人物作为学生爱国主义精神培养的榜样，这些革命人物与精神是培养学生爱国主义精神的鲜活史料。如卢德铭，一个响亮的名字，一个值得我们永远铭记的名字。秋收起义后，受党指派担任起义部队总指挥，为了掩护部队撤退，卢德铭挺身而出，指挥官兵沉着应战，正当卢德铭打败敌人准备率队撤离的时候，一颗子弹夺去了他年仅22岁的生命。这样的例子数不胜数，为了国家民族的未来，不顾自身的生命，这样的爱国情怀是永不会消退的。坚定执着、实事求是的井冈山精神；勇往直前、百折不挠的长征精神；为国争光、为国分忧的大庆精神；还有无私奉献、自力更生的“两弹一星”精神等。这些形式多样、内容丰富的革命文化资源生动而鲜活，是开展学生爱国主义教育的首选素材。以历史遗存为载体，核实宣传相关人物事迹，整合挖掘开展爱国主义教育的案例素材，引导学生们重温革命奋斗历史，继承革命先烈的优秀革命传统，赓续红色血脉，坚定崇高的理想信念，立足实际，确立远大志向，在社会前进的浪潮中实现个人价值。鲜活的史料为学生的爱国主义精神培养提供了保障，只有在了解历史的基础上培养的爱国主义精神才能符合社会主义核心价值体系的要求，学生的爱国行为与爱国主义精神才能经得住考验。

其次，革命文化融于教育有助于增强学生们的情感体验。爱国主义的情感是理性化情感与感性化情感的统一，是一种最纯洁、最强烈、最真挚的情感，它的形成需要依靠一定环境的烘托，以及媒介的传递与感染。而作为爱国主义重要载体的革命文化资源，其多样的资源形态为爱国主义教育提供了更大的选择空间，有效增强了爱国主义教育的感染力。在利用革命文化开展爱国主义教育时可以借助实实在在、看得见、摸得着的历史遗存和遗址遗迹，加之其蕴含的深厚的历史内涵、高尚的爱国主义情操和无私无畏的革命情怀，其中每一件无声胜有声的遗物，每一处肃穆静寂的遗址，每一个生动感人的革命事迹都赐予了学生们以独特的方式重走历史的体验，当学生在革命烈士陵园缅怀时，在革命英雄遗物前瞻仰时，在观看红色影视作品时，在颂唱红色歌曲时都会被其中真实的历史故事与丰富的内涵深深打动，以真切地感受中国共产党人在革命、建设以及改革各个社会发展时期都坚守的顽强拼搏的奋斗精神、无私忘我的高尚道德品质以及热爱祖国、热爱民族的情怀，进一步增强了爱国主义的情感体验，使爱国主义教育更加的生动、鲜活、有说服力。

值得注意的是，革命文化要对学生群体发挥作用必须抵制媚俗文化的侵蚀。不可否认，我们的学生群体如今正受到网络文化和消费文化的侵蚀。当前许多通俗的文化看似为满足大众需要而出现，实际上是社会中某些经济利益体的表达和传播，它使人们丧失了理性判断和自我选择的能力，是对大众行为和习惯的异化。参差不齐的现代文化形式和文化产品包括网络虚拟文化和产品使个体沉溺于消费性的社会中，缺乏否定意识和批判精神，丧失了主体性，失去了选择更有意义生活方式的能力。越来越多的青年处于迷失和焦虑的状态，没有目标更没有统一正面的价值观。而我们社会的良序发展需要统一又具有正能量的价值观，显然，当前多元的价值观尤其是消极的价值观是社会良序发展的威胁。因此，提高革命文化的辐射力缓和这种不平衡性和不协调性是社会发展的必然要求。

如何提高革命文化的辐射力？首先，扩展革命文化的传播渠道。在革命时期，革命文化的传播主要依托口号标语、报纸条幅、办学说教、会议座谈的方式进行。中央苏区曾经为纪念五一而创办了红军学校、工农剧社、马克思共产主义学校进行教育和宣传工作。而在网络时代、信息爆炸的时代，面临新媒体的挑战，革命文化要取得最大程度上的价值认同，争取对本民族文化的信心，必须要运用更加合理的传播策略迎合文化受众的信息需求和利益价值。所以，革命文化的传播形式必须进行创新。要把积淀深厚的革命文化与高新技术有效地“嫁接”，使革命文化得到更广泛地传播。例如，高校的微信公众号平台、社会上的革命文化网站、新闻媒体的革命文化模块，这些都有利于提升人们对革命文化的认同。另外，主旋律的电影电视剧、报刊漫画等娱乐传播媒介，也具有提升域内文化的自豪感和文化自觉性的功能。其次，创新革命文化的内容。革命文化的发展既要继承革命传统和革命精神，又要立足于当前时代现状。满足现代社会中百姓的需求，倾听群众的呼声，使革命文化真正能够生生不息、源远流长。不仅要看到革命文化的工具价值，也要看到其目的价值，不能仅仅把人民群众看作是文化宣传的对象，也要看到人民群众是文化的主体，是文化的创造者和发扬者。在革命时期，共产党人认识到了这一点，将革命文化的传播与人民群众的需求紧密结合在一起，同时发动人民创造了丰富多彩的文化类型。因此，广大人民群众才接受了中国共产党。那么在新时期，革命文化能否发挥其工具性价值和目的性价值、能否被人民群众所认同，也同样取决于革命文化能否代表党和人民的情感共鸣。只有突破把革命文化仅仅看成是政治意识形态产物的狭隘认识，使其内容更加丰富，形式更加多样，将革命文化的严肃性质与生动活泼的文化形式对接，将红色精神教育与人们的生活需求结合起来，才能使人民尤其是学生群体真正接受这一文化，并把它看成是人民的、大众的文化。

要注意打造革命文化教育的内容体系，主要包括：一是中国革命道路的丰富内涵。中国现代史波澜壮阔的革命运动，深刻揭示了马克思主义普遍真理与中国革命具体实践相结合的科学性和必要性，充分体现了人民当家作主的来之不易，使人们更深入地认同改革开放，更加自觉地走中国特色社会主义道路，坚定中国特色社会主义的理想和信念。二是红色革命文化的丰富形态。伴随着革命建设事业，革命文化也蓬勃发展，涌现出了一大批优秀的文化作品，如革命历史题材的影视剧、诗歌、小说、戏剧、歌曲等等，这些优秀的文化作品，思想性、艺术性结合较好，是教育人、鼓舞人、感染人、激励人的先进文化的优秀代表。三是红色革命的丰富精神。在革命斗争史上，党和人民血肉相连，推翻了“三座大山”，实现了新民主主义革命的胜利，中华民族昂然屹立于世界民族之林。在艰辛的革命事业过程中，凝练形成的井冈山精神、苏区精神、长征精神、延安精神、抗战精神、沂蒙精神、西柏坡精神等，是我党宝贵的精神财富，是培育民族精神的重要资源，是革命文化教育内容的重要组成部分。

实践证明，革命文化所蕴藏的精神力量是新时代滋养中华民族的沃土，是培育新时代学子的源头活水。大、中、小学校要积极响应习近平总书记的号召，将革命文化的传承和发展纳入学生成长成才的教育体系中，激发学生做红色传人的自觉意识，努力成为党和国家的积极建设者和文化事业的接班人。

第二章 革命文化传承与发展的学校阵地和影响因素

革命文化是历史阶段性的产物，承载着中国共产党和人民的抗争历史，刻写着中国共产党和人民的集体记忆，凝聚着中国共产党和人民的精神血脉，是党和人民砥砺前行必不可少的文化支撑与精神养料。习近平总书记指出："在5000多年文明发展中孕育的中华优秀传统文化，在党和人民伟大斗争中孕育的革命文化和社会主义先进文化，积淀着中华民族最深层的精神追求，代表着中华民族独特的精神标识。"① 革命文化成为中华民族独特的精神标识，既是党和人民文化自觉和文化自信的充分体现，同时也是中国特色社会主义的文化内容。在"什么是中国特色社会主义，怎样建设中国特色社会主义"的时代之问下，明晰中国特色社会主义文化、建设中国特色社会主义文化、树立中国特色社会主义文化自信成为题中应有之义，因此，传承与发展革命文化成为回答这一时代之问的关键议题。革命文化是中国革命历史记忆的传承，是无数革命前辈留给我们的宝贵精神财富。革命文化具有政治象征、历史叙事、集体记忆的文化功能，拥有丰富的革命文化物质表现，是文化发展与创新、培育社会主义核心价值观的有效载体。今天，全面建成小康社会，向着全面建成社会主义现代化强国第二个

① 习近平．在庆祝中国共产党成立95周年大会上的讲话［M］．北京：人民出版社，2016：13.

百年奋斗目标迈进的重大历史关头，更要把握好革命文化的传承与发展，为新征程提供精神的动力、强化初心的指引、凝聚人心的力量。

学校是文化传承与文化发展的主阵地，通过教育来传承优秀文化成果、培育文化继承人和促进文化的繁荣与发展。革命文化的传承与发展也离不开学校这一主阵地，一方面，革命文化是革命战争年代特定的文化产物，因此需要通过学校教育、引导的方式去进行革命文化的学习、传承与发展；另一方面，革命文化是我国主导意识形态的重要内容，需要有正面的引导、系统的学习与有力的组织去实现其传承与发展。由此看来，革命文化传承与发展的学校阵地建设在当代具有重要意义。

第一节　革命文化进校园的必要性

革命文化是在革命历史发展的进程中生成的一种特殊的文化形态，在中国共产党继承中华优秀传统文化与实现马克思主义中国化的过程中形成。革命文化作为中国共产党的象征性文化，发挥着政治话语、精神教育和价值培育的功能。革命文化进校园既是革命文化自身传承与发展的内在需求，也是中国特色社会主义学校教育的应有之义，二者相互影响、相互制约。学校对革命文化的发展具有重要作用，同时，革命文化为学校的文化建设提供了丰富的资源，所以，革命文化进校园的必要性可以从革命文化之于学校的意义和学校之于革命文化的意义两个角度来考察。

一、革命文化是学校教育的有机组成部分

革命文化是学校教育的有机组成部分，可通过革命文化精神与德育的契合，融入学校教育、校园文化建设之中。

（一）革命文化是学校德育的重要内容

德育是学校教育的重要内容，“德育的内涵有广义德育和狭义德育之分。广义的德育指所有有目的、有计划地对社会成员在政治、思想与道德等方面施加影响的活动，包括社会德育、学校德育和家庭德育等方面。狭义的德育专指学校德育。学校德育是指教育者按照一定的社会或阶级要求，

有目的、有计划、有系统地对受教育者施加影响，并通过受教育者积极的认识、体验与践行，以使其形成一定社会与阶级所需要的品德的教育活动，即教育者有目的地培养受教育者品德的活动”[①]。德育工作是学校育人工作的核心和灵魂，统摄着一所学校的精神、文化和内在气质。学校德育的首要工作就是培育“有理想、有道德、有文化、有纪律”的四有新人，培育新时代中国特色社会主义的时代新人。在这一宏观的学校德育目标指导下，革命文化成为了学校德育的重要内容，革命文化就贯穿在中小学的日常德育工作和高校思想政治教育工作中，以民族历史、革命英雄事迹、革命精神和文学艺术作品等形式呈现，不断为学校德育提供精神养分和文化资源。

首先，革命精神与学校德育的内容相契合。革命精神是革命文化的核心组成部分，在中国共产党的革命历史中孕育，从上海到广州、广州到井冈山、井冈山到瑞金、瑞金到遵义、遵义到延安、延安到西柏坡、西柏坡到北平，革命精神不断地形成、丰富和发展。“因此，就有了以这些地名命名的井冈山精神、长征精神、延安精神、西柏坡精神、红岩精神、抗战精神、沂蒙精神、太行精神、地道战精神……其中尤以井冈山精神、长征精神、延安精神、西柏坡精神为代表，它们无愧为中国革命传统的浓缩和精华。”[②] 革命精神在革命斗争的实践中形成，来源于人民的日常生活和革命者的斗争实践，既留有传统的中华民族优秀文化，又有为共产主义而奋斗的崇高理想信念。革命精神具有强大的包容性和发展性，能够随着时代的发展需求不断地丰富和发展自身，形成了当代具有革命精神传统的时代精神。抗震救灾精神、抗洪精神、伟大抗疫精神等，与革命精神一脉相承，不断彰显着中华民族的精神和力量。

革命文化是中国人民精神道德的重要来源与体现，成为当代思想与道德教育和精神教化的重要内容。学校德育要真正起到实效性，涵养人的品格发展和道德成长，避免空洞的说教，需要回到具体的历史故事、英雄事迹和文化作品等之中，革命文化能够实现德育的历史回溯、故事再现、现

---

① 周凤林. 学校德育顶层设计论［M］. 上海：华东师范大学出版社，2017：10.

② 张爱芹，王以第. 红色文化与道德建设研究［M］. 北京：中国海洋大学出版社，2008：25.

实情境和未来展望，不断提高学校德育的厚度与效能。学校德育的内容是根据社会需要而不断发展变化的，在社会主义市场经济开放发展的今天，仍然不能忘记“初心”，不能丢掉革命先烈留给我们的精神文化遗产，学校德育与革命精神仍然是相契合的。

其次，革命文化为学校德育提供了丰富的内容和载体。小学、中学、高校的德育内容分为若干个子项目，具体表述有所不同，但是无疑都包含有爱国主义教育、集体主义教育、社会主义教育、道德教育等内容，革命文化为这些教育提供了丰富的内容、形式和载体。革命文化可以分为物态文化、制度文化、行为文化、心态文化，具体包括革命遗址、革命事迹、革命先烈、革命精神等。例如，革命事迹、革命历史、革命故事进教材，为德育提供了叙述话语，实现德育中事实与价值的连通。革命遗址、革命老区等进教材，为德育提供了历史教材，实现德育中历史与生活的链接。革命文化理论、革命精神等进教材，为德育提供了理论与思想，实现德育中理论素养与思想的教育。革命英雄、革命先烈等的追思活动进校园，为德育提供了榜样人物，提供了榜样与模范的力量。革命文学、革命文艺作品等进校园，为德育提供了艺术诠释的视角，实现情感升华。所以，革命文化为学校德育提供了丰富的内容。

此外，与革命文化相关的仪式、活动等，为德育提供了行为载体。例如，与革命文化相关的节日，七一建党节、八一建军节、十一国庆节，还有党、团日活动等，通过节日的形式重温历史记忆、强化集体记忆、激发爱国情感。与革命文化相关的仪式，如入队仪式、入团仪式、入党仪式等，通过仪式进行行为规范、身份认同、情感激发。与革命文化相关的遗址、文物，如革命英雄浮雕、故居、战争遗址等，通过对物态的瞻仰与凭吊，再现情境、创造对话、启发思想。革命文化丰富了学校德育的载体，扩宽了学校德育的路径，提高了学校德育的实效性。

（二）革命文化是中国特色社会主义学校的特色文化

新时代教育要求“把马克思主义作为中国特色社会主义教育最鲜亮的底色”，革命文化作为马克思主义发展的重要文化成果，彰显了马克思主义，成为具有鲜亮底色的文化形态。

首先，革命文化进校园有力回击了历史虚无主义思潮。一方面，随着我国改革开放的不断深入，对外开放实现了从经济向政治、文化等领域的扩张，我国的学校教育也深受此影响。“社会主义市场经济的发展、对外开放的深入和多样多元文化的交流碰撞，对青少年思想意识、价值观念、道德观念产生的影响也是非常明显的。社会阶层深刻分化，利益格局深刻调整，利益群体多样，利益来源复杂，利益享受存在差别，思想观念多样，这些都会导致青少年价值选择的困惑迷茫、价值取向的功利化、躲避崇高、远离经典。”① 学生的思想观念发生了深刻的变化，此外，在外来教育模式、办学理念等的冲击下，我国学校的办学理念、模式等受到了一定质疑和挑战，学校理念、文化、精神的选择何去何从，各方利益如何权衡等影响着学校的发展和走向。另一方面，受到历史虚无主义思潮的影响，历史事件、历史人物被娱乐化和妖魔化，篡改为历史虚无主义的象征符号如“‘溜崖’的狼牙山五壮士”“违背生理常识的黄继光、邱少云”等，成为蛊惑人心的话题符号。“受这种思潮的影响，一些被改编的红色经典作品为了吸引受众，对革命人物去神圣化、去英雄化，还有的对革命人物进行恶搞和调侃，如在由样板戏《沙家浜》改编的小说《沙家浜》中，抗日英雄阿庆嫂被描写成风流成性的‘潘金莲式’人物，胡传魁成为具有一股义气和豪气的民间英雄，人们集体记忆中的英雄人物形象被颠覆得面目全非。”② 面对历史虚无主义对青少年群体的蚕食，需要通过学校教育进行强有力的引导与回击，做出正面的发声。革命文化进校园能够为革命历史、革命英雄等正言，对历史虚无主义思潮进行有力的回击，实现对革命历史与文化的尊重和传承。

其次，革命文化进校园是中国特色社会主义学校育人目标的要求。习近平总书记在多次讲话中强调历史、英雄、红色基因等，“党的十八大以来，以习近平同志为核心的党中央高度重视传承和弘扬革命文化，革命文

① 马静. 红色文化教育理论与实践研究［M］. 天津：南开大学出版社，2015：202.

② 马静. 红色文化教育理论与实践研究［M］. 天津：南开大学出版社，2015：168－169.

化已经被提到政党建设、治国理政、民族振兴的重要政治力量的高度”①。对革命文化的正确认识与高度认同成为学校育人目标的评价标准之一，革命文化通过进教材、进课堂、进学校活动等形式，在师生的交流与学习中、在学校环境的熏陶中、在丰富的实践活动中影响和塑造着人们的精神和行为。例如，通过历史课程的学习与考核，考查学生对革命文化相关知识的认知水平；通过政治课程的学习与考核，帮助学生树立对革命文化的正确认知与认同；通过舞台剧、大合唱等文艺形式的表演与展现，激发学生的爱国情感；等等。通过学校教育的顶层设计，革命文化以定期、定量与灵活性相结合的方式，贯穿于教育系统之中，使得革命文化融入学生的学习、精神与生活世界中。

革命文化因其自身所具有的精神性、价值性、历史性、时代性等特征，能够给予人以精神性的支撑和价值性的引导，影响着他们的思想和价值观，从而强化红色基因，传承红色记忆，培育民族品格与文化气质。通过培养精神文化气质和道德品格，不断地外化为行动，践行社会主义核心价值观。例如，校园中的好人好事、志愿服务活动、榜样示范、纪念活动等，通过对革命文化的核心东西不断内化和加以时代性的解读，以适应现代社会的不断发展和对革命文化的需求，最终通过行动不断彰显社会主义的红色基因。

二、学校是革命文化传承与发展的主要阵地

革命文化在当代的传承与发展离不开教育，红色家风的传承、红色经典的传唱、红色故事的流传等都需要一代又一代人用实际行动来实现。革命文化的教育工程包括三个子系统，分别是家庭教育、学校教育和社会教育。家庭教育是起点与基础，社会教育是重要的影响因素，学校教育是关键与重心，因为人的一生中关键的时期都在学校度过，特别是在世界观、人生观、价值观形成的关键时期，学校教育起到了非常重要的作用，它影响人们世界观、人生观和价值观的形成。结合革命文化对于学校教育的意

① 许慎．革命文化的出场、演进和生命力的内在逻辑［J］．贵州社会科学，2018（4）：37.

义与革命文化对人们世界观、人生观、价值观影响的特殊性，学校成为革命文化教育的主要阵地，而这对革命文化的传承与发展也具有重要意义。

（一）学校是革命文化的传承地

革命文化的演进给我们对革命文化的传承与发展有很大的启示。起初，毛泽东在《新民主主义论》中强调“革命文化，对于人民大众，是革命的有力武器。革命文化，在革命前，是革命的思想准备；在革命中，是革命总战线中的一条必要和重要的战线。而革命的文化工作者，就是这个文化战线上的各级指挥员”①。可以看出，毛泽东非常重视革命文化的力量，同时也强调了文化工作者对革命文化创作与传播的重要性。此外，对于马克思主义的大众化和革命文化的宣传，有学者总结出了当时三种普遍的做法，其中之一就是加强革命文化教育。“发展教育事业，帮助革命群众提高文化素质、懂得党的主张，体认党的好政策。比如开展识字教育、马克思主义培训班等。这些文化成果将群众的切实利益与革命的崇高目标联系在一起，不仅承担着马克思主义思想的宣传、学习作用，这种理念还重视服务群众在物质、精神领域的需要，逐渐获得广大人民群众的认可，成为新的文化发展方向，不仅渗透到革命群众的思想和生活中去，还为凝聚革命理想、激扬革命斗志起到积极作用。”② 所以，在革命年代的特殊时期，革命文化与教育是分不开的，甚至可以说当时的教育就是以革命文化教育为主，例如为革命而建立的农民运动讲习所、黄埔军校等，这些都证明了革命文化与学校的密切关联。

首先，革命文化是我们的文化源头之一，红色基因是我们的文化基因之一，学校对革命文化的传承功能是党和国家的要求，已经提升到意识形态工作的高度。其次，学校是文化的汇集地、传承地，汇集着人类优秀的文明成果和知识，汇集着各学科和教育的人才，同时也汇集着发展中的学生，学校的教育、人才和软硬件设施等，为革命文化的传承提供了人才、场所、设施等。最后，学校是一个系统的教育工程，有体系化的课程学习、

---

① 毛泽东. 毛泽东选集：第二卷［M］. 2版. 北京：人民出版社，1991：708.

② 许慎. 革命文化的出场、演进和生命力的内在逻辑［J］. 贵州社会科学，2018（4）：40.

丰富的实践活动、专业的课堂教学和高素质的人才队伍，才能吸纳革命文化进入到教学体系中，促进革命文化传承的系统化、专业化。所以，革命文化能够依托学校进行传承与发展，同时学校也为革命文化的传承与发展提供了主要场所、传承主体等，成为革命文化传承与发展的主要阵地。

（二）学校是革命文化的创新地

革命文化的传承与创新是一体两面的关系，革命文化要在传承中创新，在创新中传承，从而获得强大的生命力与发展空间。在传统文化的传承与发展中强调创造性转换和创新性发展，同理，革命文化也要注重它的时代转化和创新发展。因为革命文化是特殊年代和特殊历史条件下的时代产物，要想不断地传承与发展就得进行革命文化的创新。革命文化的创新需要依托一定的软、硬件实力，学校是人才的汇集地和思想交流的活跃地带，为思想、文化的创新提供了条件。

首先，现代学校的素质教育转型，打破了传统应试教育的困境，为文化创新提供了良好的环境。以往的应试教育强调分数、成绩和考试，固化了人们的知识面，弱化了人们的综合素质和能力，缺乏创造和创新活力，虽然对知识的学习与传承具有一定的作用，但是这种死板、僵化和固守并不能真正起到文化传承与发展的作用。所以，今天的教育努力往素质教育转型，强调人的全面发展，强调人的综合素质和能力，在这样的教育背景下，人的创造性和积极性得到激发，为革命文化的创新发展注入了新鲜血液和活力。

其次，现代学校丰富的校园文化活动，为革命文化的创新打开了切入口。革命文化为校园文化活动提供了丰富的内容和载体，反过来革命文化也在此基础上得到了创新和发展。例如，对于革命精神的当代解读，同学们不断用行动去诠释，再加上校园文化活动如榜样之星等对此的宣传，丰富了革命精神的当代内容。还有以革命文化为主题的征文活动、舞台剧表演等，在师生们的创作下不断被赋予新的内容和时代精神，实现了创新性的发展。党的十九大报告中也强调“要繁荣文艺创作，坚持思想精神、艺术精湛、制作精良相统一，加强现实题材创作，不断推出讴歌党、讴歌祖国、讴歌人民、讴歌英雄的精品力作”①。校园文化活动为革命文化创新提供了展现的舞台，也为人们对革命文化的创新提供了平台。

最后，学校对革命文化的专题研究是革命文化创新的前沿阵地。其中，尤其以高校科研为主，“据统计，以红色文化资源或红色资源为题名的著作，从21世纪初的每年只有几部发展到现今每年20~30部。论文也从每年几篇发展到现今每年发表数百篇……以红色文化资源或红色资源为主题的硕士和博士学位论文，近三年间每年有200多篇，并仍呈增长趋势。国家社科基金立项资助的研究项目中，以红色文化资源或红色资源、红色文化、红色基因等为主题的有40余项，省部级的科学研究项目有300余项，大量的研究成果对于拓展和深化高校红色文化资源育人起了积极的推动作用。”②革命文化的专题研究，对革命文化的传承与创新具有重要意义，使学校成为革命文化的创新地。

三、革命文化是培育社会主义核心价值观的有效载体

革命文化发展到今天已经成为一种符号性的文化，从皮尔斯符号语法学的角度来看，革命文化是革命历史、革命精神的再现体，具有符号的三分构造，“再现体是三元关系的一个主体。该三元关系的第二位被称其为对象，第三位被称其为解释项”③。革命文化的三元关系分别是革命文化再现体、革命文化对象以及革命文化解释项，这三者的相互关系形成了革命文化的生成机制，能够为社会主义核心价值观的培育提供物质载体，使社会主义核心价值观具象化，促进对社会主义核心价值观的认同，因此革命文化对培育社会主义核心价值观具有重要意义。

（一）革命文化的符号体系

革命文化是革命历史形成的实践中创制的文化符号，这些符号渗透到

---

① 习近平．决胜全面建成小康社会　夺取新时代中国特色社会主义伟大胜利［M］．北京：人民出版社，2017：43.

② 王炳林，张泰城．高校红色文化资源育人发展报告（2016）［M］．北京：人民出版社，2017：7.

③ 皮尔斯．皮尔斯：论符号（李斯卡：皮尔斯符号学导论）［M］．赵星植，译．成都：四川大学出版社，2014：32.

革命文化的各个方面，能够承载革命文化内容和营造革命文化意境。例如，党徽是中国共产党的象征，承载着中国共产党的政治文化，彰显着中国共产党的宗旨与精神，同时，佩戴党徽也成为党员身份的象征。革命文化的符号体系是革命精神的标识，具有“物质品质”和“革命品格”。革命文化符号体系作为一种呈现载体，具有现实的物质基础。红色遗址、红色建筑、红色经典、红色纪念馆等都是革命文化的当代存在方式。

此外，革命文化符号具有显著的革命品格，形成了鲜明的文化符号形态。革命品格是中国共产党的先进性、广大人民群众的价值追求和核心价值观的具体表现。例如勤劳、勇敢、平等、自由等价值品格，是革命品格的生动体现。革命符号经过不同历史的发展，文化意义得到彰显。在革命战争年代，受到国民党反动统治的压迫和帝国主义强国的入侵，这一时期的革命文化符号具有强烈的政治色彩，如宣传标语、政策、漫画等，是无产阶级意识形态的宣传。在和平年代，具有政治对抗性的革命符号逐渐转变为政治宣传性的符号，实现主流意识形态的宣传，巩固新政权的合法地位。改革开放以后，革命文化符号充分实现其文化价值，融入时代发展和市场经济的大潮中。通过发展红色旅游、进行红色经典的再创作实现革命文化的传承与创新，革命文化符号体系成为一种文化基因、文化传统与文化资源的再现体。革命文化符号显性的文化形式与隐性的政治内容，使革命文化的意识形态功能和价值观教育依然发挥着强大的作用，为社会主义核心价值观的培育提供现实载体。

革命文化的发生、发展与演变依赖于历史发展，革命文化对象就是革命历史流变中的人物、事件、物件和精神，它既是革命文化生成的发生物质，也是革命文化意义的具体指向载体。

首先，革命文化对象是历史发生的原型，是革命历史中的存在形态。中国仁人志士救亡图存与中国共产党领导革命斗争和建设的历史是革命历史，在这一历史过程中，革命文化对象不断涌现与流逝，如革命先烈、历史事件、红色遗迹等。革命文化的对象形成了一个紧密相连不可分割的逻辑整体，是由时间、地点、人物、事件与意义串联成的，具有线索叙事和整体叙事的功能，是革命文化生成的基本前提。

其次，革命历史的对象是革命文化意义指向的实体，成为革命文化构建的基础。革命精神、革命文化总是要依托于一定的载体之中，革命文化意义指向的具体对象既有历史遗留的革命遗址、建筑、器物、文献、文艺作品、精神等，也有当代再构造的具有红色纪念意义的纪念碑、纪念馆、纪念基地等。革命文化构建的对象既是历史原型也是再现历史的对象。革命文化本身是一种抽象的表达，但是革命文化的对象使革命文化获得清晰意指与意义聚焦，具有明显的现实指向性和对象性，使革命文化符号成为具象的呈现。

（二）革命文化的传承与发展有利于培育社会主义核心价值观

文化是意义的载体，文化的内核是它的解释项即意义的赋予，是人们对符号的认知和解读，决定着文化的性质、功能和发展。革命符号作为革命文化的一种形态，其解释项在革命文化的框架下构建，具有特定的意义指向。革命符号解释项在符号规则和符号习惯中发生，是一个循环无限的过程，也是一个社会化的过程，既由历史上人们形成的价值共识所赋予，也是今天历史发展对价值的一种内在需求的表达，是一种政治解释、价值解释和文化解释。今天红色符号的解释项在继承传统的基础上与时俱进，不断发展红色符号的内核。如红船精神，“红船，见证了中国历史上开天辟地的大事变，成为中国革命源头的象征”①，代表着中国共产党人敢为人先、坚定理想、百折不挠的精神。

当代革命符号的解释项包含着革命文化的历史解读、价值导向和当代意义，能够在人们的心灵中引起特定的思想和观念，具有重要的育人功能。革命文化与社会主义核心价值观有密切的联系，“因此，在内容上，红色文化天然地具有无产阶级意识形态的本质特征，内在地包含着社会主义核心价值体系的内容，即马克思主义指导思想、中国特色社会主义共同理想、以爱国主义为核心的民族精神和以改革创新为核心的时代精神以及社会主义荣辱观”②。革命符号的解释项天然地蕴含着无产阶级的意识形态，包含

① 习近平. 弘扬“红船精神”走在时代前列［N］. 光明日报，2005－06－21.

② 王中强. 社会主义核心价值体系建设视域中的红色文化传承与创新［J］. 山东社会科学，2010（10）：135.

着社会主义核心价值观，成为中国共产党的政治象征、意识形态话语和价值观载体。

革命符号的解释项作用于人们的心灵，是革命文化意义认同的结果，对革命文化符号解释项的认同为社会主义核心价值观认同奠定基础。革命文化的历史对象和意指对象与社会主义核心价值观的历史对象和呈现载体具有一致性。社会主义核心价值观的形成不仅是汲取中国优秀传统文化而形成的，更是以中国共产党为核心的实现复兴的过程中所追求的理想信念和价值形成的。这一历史阶段的精神、文化最终凝结成为历史符号与内化为人们的价值观。革命文化符号能够为社会主义核心价值观呈现具体的对象，充实社会主义核心价值观的内容和载体，使社会主义核心价值观具象化。

四、革命文化进校园的教育意义

革命文化进校园无论是对学校发展还是对革命文化的传承与发展都具有重要的意义，这是一个双向互动的发展机制。革命文化作为中国特色社会主义先进文化的一种形态，它通过学校融入国民教育当中去实现其传承与发展对人民、党和国家具有更特殊的意义。

（一）有利于人们形成正确的价值观，具有“初心”教育意义

习近平总书记在庆祝中国共产党成立 95 周年大会上指出，我们要永远保持建党时中国共产党人的奋斗精神，永远保持对人民的赤子之心。一切向前走，都不能忘记走过的路；走得再远、走到再光辉的未来，也不能忘记走过的过去，不能忘记为什么出发。面向未来，面对挑战，全党同志一定要不忘初心、继续前进。在中国快速发展的今天，我们更要强调“不忘初心”，这个“初心”可以理解为共产主义崇高的理想信念、为人民服务的宗旨、实现中华民族伟大复兴的中国梦等，而能够提醒我们回到初心、不忘初心、涵养初心最好的文化资源就是革命文化。革命年代是初心彰显的年代，一辈又一辈的人为之奋斗甚至是牺牲，而这一切都是为了人们心中崇高的信仰和理想信念。所以，革命文化凝聚着党和人民的价值信念，体现着党和人民的价值初心。革命文化进校园把学习党史国史、革命精神等

提高到了事关国民教育、党和国家未来发展的高度，将革命文化作为我们的精神食粮和安身立命之本，有利于帮助人们树立正确的价值观，继承红色基因，不忘初心砥砺前行。

在学校学习阶段，是学生个体从幼稚走向成熟的过渡时期，也是个人成长的关键时期，在该时期，他们的生理和心理逐渐发展成熟，特别是在心理方面往往具有很强的可塑性，他们的认知水平、情感体验和自我调控能力都得到快速的发展，能够自觉树立起坚定的理想和信念并为之而奋斗，这一时期他们的人生观、价值观和世界观处于不断塑造和定型的阶段，这为他们今后转变角色、踏上社会奠定基础。

（二）有利于培养学生的国家意识，增强认同感

在2016年中共中央颁布的“十三五”规划纲要中就提到了，要用中国梦和社会主义核心价值观凝聚全国人民共识、汇聚全社会力量，增强国家意识、法治意识、道德意识、社会责任意识、生态文明意识。[①] 把增强国家意识放在了首要位置。培养学生国家意识不仅仅是对祖国产生向心力、归属感和认同感，还包括这个身份认同，认同国家与民族传承下来的优秀文化成果，增强个人的民族、国家认同感；也只有让学生树立对国家的认同感和归属感，才能使其自觉把实现人生价值同国家前途命运相结合，才能够学会与国家荣辱与共。

革命文化的传承与发展有利于培养学生的家国观念，热爱祖国河山、传承和发展中华优良传统；继承中华传统优秀文化，并使其发扬光大；热爱本国的国家体制，坚决拥护执政党的领导；努力维护民族团结、社会稳定，坚决捍卫国家领土主权完整；追求国家利益至上；自觉抵御西方资本主义腐朽思想的侵蚀；培养相应的经济常识、政治常识，提高分析与解决社会经济生活、政治生活问题的能力等。

（三）有利于培育中国特色社会主义的文化自信，传承红色基因

党的十九大报告明确了“中国特色社会主义文化，源自于中华民族五千多年文明历史所孕育的中华优秀传统文化，熔铸于党领导人民在革命、

① 国家发改委. 中华人民共和国国民经济和社会发展第十三个五年规划纲要[N]. 人民日报，2016-03-18（1）.

建设、改革中创造的革命文化和社会主义先进文化，根植于中国特色社会主义伟大实践。”① 革命文化是中国特色社会主义文化的重要组成部分，要实现中国特色社会主义文化自信，必然要求实现对革命文化的自信。“文化是一个国家、一个民族的灵魂。历史和现实都表明，一个抛弃了或者背叛了自己历史文化的民族，不仅不可能发展起来，而且很可能上演一幕幕历史悲剧。”② 对革命文化的深刻认识、情感共鸣也是不断体验自身红色基因的过程，革命文化的发展与创新是对红色基因的重组排列和优化组合。

革命文化进校园有利于革命文化的传承、革命历史的铭记和革命记忆的修复，促进对中国特色社会主义文化的认知与认同。革命文化进校园能够促进人们形成对革命文化的正确认知，在不断认知学习、感受的过程中不断体悟党和人民精神血脉中的红色基因，形成对我国革命历史和文化的自豪感和自信心，从而形成革命文化自信，在革命文化自信的基础上自觉地传承红色基因，进行革命文化的传播与弘扬。

（四）有利于培养时代新人，建设与发展中国特色社会主义事业

面对各个时代社会环境、时代之问、使命担当的不同，时代对人的要求就有所区别，党的十九大报告做出了“中国特色社会主义进入新时代”这一论断，那么新时代中国特色社会主义的发展相应的需要培育时代新人。“要以培养担当民族复兴大任的时代新人为着眼点，强化教育引导、实践养成、制度保障，发挥社会主义核心价值观对国民教育、精神文明创建、精神文化产品创作生产传播的引领作用，把社会主义核心价值观融入社会发展各个方面，转化为人们的情感认同和行为习惯。”③ 革命文化在时代新人的培育中无疑起到了很大的作用，例如提供精神食粮、文化载体、革命传统、革命精神等，这些都是时代新人该有的民族品格和文化气质。革命文化进校园有利于锻造青少年群体的信念和毅力，树立建设社会主义的共同

① 习近平. 决胜全面建成小康社会 夺取新时代中国特色社会主义伟大胜利［M］. 北京：人民出版社，2017：41.

② 习近平. 习近平谈治国理政：第二卷［M］. 北京：外文出版社，2017：349.

③ 习近平. 决胜全面建成小康社会 夺取新时代中国特色社会主义伟大胜利［M］. 北京：人民出版社，2017：42.

理想目标。

现阶段，党和国家高度重视红色文化育人工作，强调对革命先烈的瞻仰、革命英烈的缅怀、革命老区的发展、革命精神的锻造，围绕红色文化资源不断开发其育人的作用。革命文化、革命精神是上一辈人留给我们的精神财富，革命文化进校园是对革命先辈的信仰与目标的接力，能够不断培养出社会主义的接班人，不断发展和壮大建设中国特色社会主义的人才队伍，为共同的价值追求和实现“两个一百年”的目标而努力奋斗。

第二节　学校阵地和革命文化传承与发展

革命文化的传承与发展具有丰富多样的途径，包括革命文化专题研究、革命老区旅游、纪念仪式、纪念活动、实践调研等，因而革命遗址、革命根据地、革命老区、学校、文化局、资料馆、博物馆、纪念馆、档案馆、文化馆、影视基地等成为革命文化传承与发展的阵地，其中学校教育是革命文化传承与发展的最基础的途径，学校是革命文化传承与发展的重要阵地。那么，学校阵地何以成为革命文化传承与发展的基础和重要途径？革命文化传承与发展的学校阵地与其他途径相比较具有哪些特殊之处？这些都由学校阵地所具有的育人特性、文化特性、发展特性等来决定。

第一，学校是教育与受教育相统一的阵地，教育与受教育的统一能够提高革命文化的影响力，有利于提升革命文化的育人功效。第二，学校是知识传播与立德树人相结合的阵地，知识与道德并重，有利于革命文化的传播与革命精神的外化践行。第三，学校是文化传承与文化发展相融合的阵地，革命文化的传承有利于修复集体记忆，激发集体情感，实现历史认同与国家认同；革命文化的发展，能够与时俱进为人们提供精神、文化支撑，繁荣社会主义文化。

一、学校是一种具有双向互动机制的阵地

学校是教书育人的场所，是求知与成长的地方，但是身处其中的每一个人可拥有多种角色，例如，学生并不仅仅局限于受教育者的地位，相反，

有时候学生也是一个教育者，如朋辈之间的教育、学生对教师的启发等。学校的功能也不仅仅局限于知识的传授，更重要的是培养人的问题。学校中的角色、功能、效果等都存在着一个双向互动的趋势，成为集多种角色、功能、效用于一身的阵地，具有互动性、灵活性、可塑性和发展性，这使得革命文化传承与发展的学校阵地有别于其他阵地，凸显出学校阵地自身的地位与作用。

（一）教育与受教育的双向互动

学校中存在教育与受教育两种形态的活动，教师所进行的课堂讲授、传播知识、生活辅导等是主要的教育活动，教师是教育的主体；而学生作为受教育的主体，主要是进行学习活动。关于教育与受教育这二者的主体、任务、目标是明确的，但是随着社会的发展、教育的改革，打破了以往过分强调“师”与“生”的区分，转而强调把“师”与“生”相统一的平等、开放理念，教育者与受教育者的角色互换、任务互动、目标一致等，使得教育者与受教育者的界限不再那么分明，教育与受教育也逐渐实现了有效的双向互动。所谓教育与受教育的双向互动就是同时占有教育者与受教育者两种角色并且在二者之间进行自由的切换，能够既从事教育活动也接受受教育行为，这既是个体活动的转换也是个体之间互动的结果。

教育与受教育的双向互动是现代学校改革的一个目标和成果，“教和学的研究主要围绕着教师如何系统地教和学生如何在教师的主导下的学来进行的。结果导致在教育教学中，对学生的地位和学生的学习研究不够。这在一定程度上，限制了学生发展的积极性，使学生的学习成为一种被动的学习。在学校教学中，不重视对学生学习的研究，不仅增加了教师教育教学的负担，也影响了学生的发展。如何使学生成为学习中的主人，已成为当今中国学校教育改革的重要内容之一。”① 目前，学校的课程改革、教学改革等回归学生主体地位，为教育与受教育双向互动提供环境。文化的传承不是一个机构或者特殊群体的事情，而是要落实到每一个个体身上。所以，学校在革命文化传承与发展方面提供了教育与受教育相统一的双向互

① 郭法奇．文化视野中的学校教育：历史与比较［M］．北京：中国社会科学出版社，2016：53．

动机制。

对于革命文化的教育，要避免单向地灌输与传播，因为革命文化自身是具有吸引力、感召力、渗透力和影响力的，如果只注重对革命文化的识记与背诵，不结合时代背景、历史条件、人物情感等去开发与教育，只能起到事倍功半的效果。所以，革命文化教育更注重的是一种理想信念的贯通和集体情感的传递，此时对于每一个人来说都是教育与受教育的角色。学校阵地能够很好地提供教育与受教育双向互动的学习教育机制，包括师生之间的相互启发与学习、生生之间的朋辈教育等，改变革命文化传承的固定群体和权威渠道，个体能够既是革命文化的受教育者，同时也是革命文化的教育者，提高了革命文化传承的可能性。

（二）知识传播与立德树人的双向互动

学校的日常活动是靠知识和文化维系起来的，围绕着知识的传播、思维的启发、智慧的培育等进行，在一定意义上没有知识的传播就没有学校。但是，如果将学校仅仅看作知识传播的场所又难免将学校片面化和工具化了，学校除了担负有人类文明传播的重任，还有一个最重要的任务就是培育人。习近平总书记在五四青年节和北京大学建校 120 周年校庆日来临之际的讲话中指出："要把立德树人的成效作为检验学校一切工作的根本标准，真正做到以文化人、以德育人，不断提高学生思想水平、政治觉悟、道德品质、文化素养，做到明大德、守公德、严私德。要把立德树人内化到大学建设和管理各领域、各方面、各环节，做到以树人为核心，以立德为根本。"① 强调了立德树人与学校教育的关系，即要将立德树人贯穿于学校教育的各个方面，将学校知识传播与立德树人的功能一起发挥出来。在学校改革的发展历程中，不断强调立德树人的重要性，不断探索建立和完善知识传播与立德树人的双向互动机制。"在当代中国，所谓立德树人显然是要树立社会主义道德、培育社会主义新人。坚持社会主义的正确办学方向也就意味着在社会主义社会的教育系统中所要培养出来的人才，必然要把服务于社会主义社会和民族国家作为合格人才的道德律令，必然要使之坚守

① 习近平. 在北京大学师生座谈会上的讲话［N］. 光明日报，2018－05－03（2）.

社会主义的政治道德、社会公德、思想品德和价值正德。”① 革命文化所蕴含的核心内容是时代所立之德的重要内容，对于学校来说革命文化既是所传播的知识，也是培育人的资源。

革命文化的内容丰富多样，一方面，由于革命文化是特殊历史时期形成的，革命文化呈现为历史知识性的文化，需要作为知识的形态出场，以便于人们更好地学习、了解、还原史实。另一方面，革命文化核心的内容是其精神性的东西，这就超越了知识层面，成为深层次的涵养人们精神、文化的资源。有学者在谈及红色文化资源是优质教育资源时就提出：“这种多样的形态有利于拓展教育载体，可以让教育者在施教时能够根据不同载体的特点进行选择，以适应不同的教育内容和教育对象，让教育者从感性与理想、内容与形式、讲授与体验并重的原则出发，将崇高的理想信念、厚重的先进文化、丰富的革命精神和高尚的人格魅力融入教育教学实践，并体现出直观、生动、形象、感染力强等教育特点，使历史转化为课程、史料转化为教材、现场转化为课堂，较好地实现知、信、行相统一。”② 所以，革命文化本身就包含着知识与价值的二重性，而学校又具有知识传播与立德树人的双向互动机制，使得学校成为革命文化传承与发展的重要基础阵地。

（三）文化传承与文化发展的双向互动

“自人类有了社会以来，凡是有人类生存和活动的地方，就一定有从事创造、传递和继承这种文化的教育职能的存在。在人类社会的早期，由于生活、生产技术的简单和低下，在日常生活中人们主要是通过教育的模仿获得文化的传递和继承。以后随着社会的不断发展，单靠非正规的教育传递已经不够时，具有一定形式的教育机构——学校出现了。”③ 学校作为人类文化传承的机构为人类文明的向前发展做出了很大的贡献。学校教育经

---

① 宇文利. 教育之本在于立德树人［N］. 中国教育报，2018－05－10（5）.

② 王炳林，张泰城. 高校红色文化资源育人发展报告（2016）［M］. 北京：人民出版社，2017：8.

③ 郭法奇. 文化视野中的学校教育：历史与比较［M］. 北京：中国社会科学出版社，2016：1.

历漫长的发展过程，中西方古代都出现了较系统、较完备的文化传承体系，有些思想、理念和形式等还沿用至今，不断实现着文化传承的功能。

首先，学校通过学科设置、课程目标和课程内容的设定，规划了文化传承的内容，并通过不同阶段的教学实现文化传承。学校教育就是文化传承活动，而这一文化传承活动是具有全局性、系统性的，能够规范人们的行为活动，为人们进入社会提供文化准备。其次，学校通过学业成绩水平测试、道德观察考核等各种评价形式，检验文化传承与育人的成效。学校教育需要具有一系列测评和反馈机制，以便检验文化教育成果和反馈，进行目标、过程的再规划。最后，学校实现文化传承功能能够为文化创新做好准备，促进文化创新的实现。人类文明成果的重大发现都是在前人和现有的基础上实现的，做好文化传承工作在一定程度上就是做好文化创新工作。因为文化在不同个体身上可能会发生不同的化学反应，每一时代的文化接受都是一个时代与文化的再融合、再批判和再选择过程，而在这一传承过程中所引发的思考、疑问与新奇有利于文化创新的产生。而事实也证明，对人民和国家有利的重大发现和文明成果创新，大多数发生在学校和科研高地，所以学校文化传承与文化创新是相互促进、双向互动的。

革命文化的传承也要求革命文化的发展，即革命文化的时代化、大众化，充分考虑当代人对革命文化的接受程度，“教育对象的特点、接受能力也是红色资源转化的重要因素。以青少年为例，由于他们大都没有经历过浴血奋战的革命年代，对于过去的历史缺乏感性认识，因此，在开发和利用红色资源时，要根据当代青少年不同的年龄层次、心理发展规律和认识特点，选择他们易理解、易于接受的‘红色因素’加以提炼升华，并不断创新其形式，制作更多更好的适合青少年特点的电视、广播节目和电影产品，创作编辑更多更好的小说、歌曲、报刊、图书和电子出版物，各方配合，形成合力，努力构建内容丰富、形式活泼、独具地方特色的红色资源体系，营造红色资源育人的浓厚氛围。”① 这一过程既是革命文化的传承过程也是革命文化的发展过程，而学校就是能提供这一过程的重要阵地。

---

① 肖发生．定位与提升：“红色资源”的再认识［J］．井冈山学院学报，2009（1）：23.

二、学校处于中心位置能够链接其他阵地

革命文化传承与发展的阵地从类型来划分可以分为旅游阵地、学校阵地、影视阵地、企业阵地等，每个阵地都发挥着各自的优势各司其职，共同形成革命文化传承与发展的合力。例如近年来，旅游成为单位外出学习和人们休闲放松的选择之一，大量的革命题材影视作品不断推出并受到人们的热衷追求，纪念品、纪念活动策划的公司也开拓了大量的市场，学校在校园文化建设、课外实践活动的设置上也更多地融入了革命文化的相关内容等，有力地促进了革命文化的传承与发展。在革命文化传承与发展的众多阵地中，学校阵地处于中心地带，能与其他阵地进行良性互动，发挥着更为特殊和重要的作用。

（一）学校阵地代表着党和国家事业全局的高度

在革命文化传承与发展的众多阵地中，例如旅游、影视阵地等，这些是具有私人、企业发展性质的，而学校代表着党和国家培养人的目标和方向，“百年大计，教育为本”，学校代表着党和国家事业全局的高度，为革命文化的传承与发展发声。充分利用我国改革发展的伟大成就、重大历史事件纪念活动、爱国主义教育基地、国家公祭仪式等组织主题教育，弘扬以爱国主义为核心的民族精神和以改革创新为核心的时代精神，引导广大师生深刻认识到，爱国主义是具体的、现实的，中国共产党的领导和中国社会主义制度必须长期坚持，不可动摇；中国共产党和中国人民开辟的中国特色社会主义必须长期坚持，不可动摇；中国共产党和中国人民扎根中国大地、借鉴人类文明优秀成果、独立自主实现国家发展的大政方针必须长期坚持，不可动摇。由此可以看出，对革命文化和社会主义先进文化的教育已经提高到党和国家事业全局的战略性高度，所以学校对这方面的教育担负着重大的责任，这是其他阵地所不具备的优势。

首先，学校阵地必须坚持马克思主义主导意识形态的指导，做好革命文化教育的工作。这是事关意识形态工作、社会主义核心价值观培育的工作，因为革命文化是马克思主义中国化、大众化的成果，而且社会主义核心价值观与党在革命和建设时期建构的价值观一脉相承，革命文化教育就

是马克思主义传播与社会主义核心价值观培育的内容之一。

其次，学校阵地必须坚持将革命文化传承和发展的社会效益放在第一位，而革命老区的发展、红色文化旅游、红色纪念品等产业阵地除了考虑社会效益还要考虑经济效益，受市场经济的影响较大，这是学校阵地的运行要求。革命文化的传承与发展阵地既强调育人功能，同时也注重经济功能等其他功能，而学校阵地必须以育人功能为主，坚守好教育阵地，坚守好革命文化传承与发展的目标。

最后，学校阵地对要传承与发展的革命文化的选择、解读与实践更能够代表党和国家，能够以准确、严谨、官方的一面呈现出来，区别于其他阵地形式的观赏性、体验性和休闲性，以学校阵地为主，其他阵地为辅，使得各个阵地取长补短、各具特色、各有所长。

（二）学校处于革命文化传承与发展的阵地中心

革命文化传承与发展的阵地中心由学校来统摄，“2013 年 7 月，为了整合高校资源，建设革命精神研究教育宣传的阵地和红色文化资源开发利用的智库，教育部与中央党史研究室合作共建高等学校中国共产党革命精神与文化资源研究中心（以下简称‘研究中心’）。经过评审，在复旦大学、嘉兴学院、湘潭大学、井冈山大学、赣南师范学院、遵义师范学院、延安大学、河北师范大学 8 所高校设立首批研究基地，并将其纳入教育部人文社会科学重点研究基地建设计划，共同组成中国共产党革命精神与文化资源的研究联盟，秘书处设在教育部高等学校社会科学发展研究中心。研究中心自成立以来，通过基地年度重大项目和中国特色社会主义理论体系研究专项，引导各研究基地发挥地域优势和研究特色，结合国家和地方经济社会发展需要，深入开展中共党史、革命精神和红色文化资源相关问题研究，形成一批有特色、有影响的研究成果。”① 学校拥有高水平的人才队伍、丰富的历史资料，凭借其教育与科研成果、教育教学影响力与宣传辐射力成为阵地中心。

首先，学校是革命文化传承与发展的成果研究中心，其他阵地要依托

① 王炳林，张泰城．高校红色文化资源育人发展报告（2016）［M］．北京：人民出版社，2017：5.

学校获取革命文化的资源。革命老区的发展、红色旅游产业、纪念馆、博物馆、旧居旧址等的布置与宣传，需要依托于大量的史料以便还原历史事实，还需要学术队伍对已有文化资料研究而得出的结论来进行，这样才能保证革命文化展示与宣传的真实性和可靠性。此外，一些精神性、全局性、核心的东西也需要依托学校将其凝练出来，例如教育部与中央党史研究室合作共建高等学校中国共产党革命精神与文化资源研究中心编写的《井冈山精神》《苏区精神》《长征精神》等，这就为其他阵地注入了精神和力量。

其次，学校的教育影响与宣传辐射。学校对革命文化的教育教学，能够明确革命文化的重要性，树立人们学习、认同革命文化的意识，在这种"有意识"的影响下，其他阵地才能更好地发挥其效用。例如，关于革命文化的电视剧，如果人们对革命文化有一定的了解和有意识地去观看，就能够比较好地发挥革命题材电视剧的作用；相反，如果没有前期的影响，这种类型的电视剧也只能成为大众娱乐、消遣的东西。所以，学校教育能够在人们的意识、精神层面起到很大的影响作用，让人们从思想上重视它、在行动中落实它，能对其他阵地功能的发挥产生很大影响。此外，学校宣传通过学生能够辐射到家庭、社区和社会中，能够引起以学校为中心的革命文化宣传共振圈。所以，以学校为中心形成了革命文化传承与发展阵地的大布局。

（三）学校通过开展实践活动链接其他阵地

学校对革命文化的教育已经超越教材、走出课堂，改革以往只重视教材知识传授、课堂教育为主、考试分数评价的模式，真正注重知、情、意、信、行对革命文化育人、传承与发展的作用。所以，学校通过开展一系列的实践活动，通过表达话语与营造空间，呈现集体记忆、触发情感认同，并提供仪式与生活的实践形态，为革命文化的传承与发展提供呈现载体、认同方式和实践形态，将学校阵地与其他阵地进行有效对接，形成了以学校阵地为中心的革命文化传承阵地图。

首先，学校通过开展参观学习活动，进行与革命文化相关的博物馆、展览馆的对接。学校与展览阵地的对接要求有一定的区位优势，比如广州、江西、湖南等地区由于历史条件的原因，就有很多与革命主体相关的博物馆和展览馆。例如广州的中共三大会址、农民运动讲习所等。博物馆、展览馆很好地补充了课堂教学的实物展示、事例展示，进行文化与物质载体的对接、理论与现实的对接、历史与现实的对接，从而提高革命文化传承的说服力。

其次，学校通过开展纪念活动和红色仪式，进行与革命纪念地、纪念馆的对接。在特殊的节日开展纪念活动，例如清明节组织学校师生给革命先烈扫墓，组织师生到革命英雄纪念碑前缅怀革命先烈等。此外，还要强化仪式感，规范、系统、严肃地举行红色仪式。“红色”仪式包括入党宣誓仪式、祭扫烈士陵园仪式、阅兵仪式和红色纪念节日的庆典仪式等，此外，还包括遗址建筑的空间仪式，是无声的心灵上的仪式。近年来红色文化旅游增加了仪式的部分，如重温入党誓词，参加红军训练营体验军队仪式等，增加了红色旅游的文化厚度和精神高度。“红色”仪式能够通过营造氛围、规范行为、激发情感，能够唤醒集体记忆，对人们进行理想信念教育，在人们的心中树立信仰，培养集体的价值观。通过仪式规范人们的行为、强化人们的精神认同、激发人们的情感，最终实现人们对革命文化的自觉性。

最后，学校通过开展体验活动，进行与革命地区的对接。教学中重视情境教学，而革命老区的旅游开发无疑为此提供了很好的场所，重游长征路、回到井冈山革命根据地、体验苏区生活等。回到革命旧址体验当时革命的艰辛、吃当时革命的粮食体会今天幸福生活的来之不易，通过体验将人们带入情境，从而更好地激发我们的情感，从实实在在的物质实践中生成我们的认知和情感，坚定我们的理想信念。此外，学校阵地与革命老区的对接能够实现教育与经济的共同发展，振兴革命老区，传承和保护革命文化。所以，实践是链接各个阵地的有效环节，学校阵地能够有效利用实践活动统领和链接，充分利用各个阵地的优势，从而形成各个阵地的良性互动、共同发展。

三、学校建构的校园文化能够进行文化识别

每一个学校都具有独特的学校文化，有些学校的文化能够成为一个学

校光鲜亮丽的名片，有些学校虽然没有成文的、系统的学校文化，但是学校所形成的氛围、师生的言谈举止中无不体现着一个学校的文化气息。校园文化是社会组织文化中的一种，其面向的群体是师生，校园文化对他们的成长、成人、成才的影响是不可忽视的，所以，学校文化能够进行文化识别，具有一定的影响力和推广力，将革命文化融汇其中，能够很好地进行革命文化的传承与发展。

（一）学校文化是一个识别系统

关于学校文化的概念，在学术界众说纷纭，包括文化氛围说、文化要素复合说、启蒙说、精英说、活动说、意识形态说、物质精神总和说等。“学校文化实际上是学校作为一种特殊的社会组织存在和运行的表现形态。它在外观上表现为环境文化和行为文化，而这二者反映的是作为学校文化内核的理念文化体系的要求。就像一个人有其外观气质，说话、行为也都表现出一定的风格，而形成他的这些气质和说话、行为风格的根源却在他的内心，是他内心的思维方式、思想、品格、价值追求、人生观、世界观等决定着他的气质和说话、行为风格，其外观的有形表现和内心的无形运行是一个有机的整体。学校文化也是这样一个外观与内核相统一的有机整体，其构成涉及表层、中层、内核的各个事项系统，涉及从物质到精神、从行为到环境等方方面面的要素。”① 总体上将校园文化作为社会文化的一种，从纵向，包括学校历史、学校传统的传承、学校发展等过程中所体现、形成的学校独特的价值观、理念和行为；从横向，包括学校物质文化、精神文化、制度文化、行为文化等。

在学校文化理论中，SIS 理论应用较广，从市场经济的角度凸显其识别功能，为我们分析校园文化提供了理论视角。SIS（school identity system）理论，即学校文化识别系统理论，它是从企业的 CIS（corporate identity system）理论中延伸出来的。学校文化识别系统，是学校使用宏观传播系统，运用多种传播手段，将学校制度、教育、行为、文化等方面蕴含的价值理念传播出去，获得社会上对学校办学和校园文化的认可，尤其是学生

① 张光义．学校文化建构与践行［M］．重庆：西南师范大学出版社，2015：77.

和家长，塑造出他们满意的学校形象，提高学校名气。学校文化识别系统包括：理念识别，一个学校的思想层面、精神层面、理念价值等；行为识别，学校的制度与在校人员的行为，有教育、管理、组织、活动等方面的制度与行为；视觉识别，是外化的部分，是一种感官上的表现；环境识别，主要是空间建设，其中有生活、办公、活动等的环境。以上四个方面的识别系统建设，使学校能够被特色的文化区分开来，从而成为学校有分量的一张名片。

在当今中国社会改革和时代发展的环境中，要求建成具有社会主义特点、时代特征、学校特色的校园文化，需要将社会主义核心价值观、中国优秀传统文化、革命文化、社会主义先进文化融入学校文化的理念、行为、视觉、环境四个识别系统中，最终建设成以它们为识别系统的学校。所以，革命文化能够通过融入学校文化的识别系统中，来实现建设具有中国特色的社会主义特点的校园文化，打造具有文化品牌的学校。

（二）学校文化具有包容性和建构性

学校文化会随着时代的变化而变化，具有包容性和建构性。

首先，学校文化具有包容性，能够容纳多种形态的文化共同发展。学校文化本身就是一种综合性的文化，从其组成主体来看，是一种学生文化、教师文化、管理者文化等的综合；从其时间性来源来看，是一种历史文化和现代文化的综合；从其结构性来源来看，是一种家庭文化、校园文化、社区文化等的综合；从其文化性质来看，是主流文化和青年亚文化的综合等。

从学校文化的包容性来看，学校文化是一种主流文化和青年亚文化碰撞的产物。因为学校代表党和国家事业全局的高度，是主流文化传播、主流文化发声的地方，在课堂教学、课外活动中必须贯穿的是主流文化。而在主流文化发声的地方，其所面对的学生群体同时又被青年亚文化所包围和影响着，青年亚文化通过学生群体的影响力不断与学校中的主流文化发生碰撞，例如近年来在丰富的校园文化活动中，动漫、cosplay（角色扮演）等元素大量融入，呈现出一种新的、由青年主导的学校文化景观。学校文化的包容性对革命文化的传承与发展具有重要意义，革命文化能够以显性或隐性的形式融入其中传承下来，同时通过与青年亚文化的交流和碰撞焕发出新的生命力。

其次，学校文化具有建构性。一所学校的学校文化既是历史中无意识形成的，也是人为建构的结果。"学校文化是一种可以有意安排或引导发展方向的文化，是一种存在于学校的既成事实。这种事实可以分为两类，一是自然形成的文化，二是教育工作人员有意安排所形成的文化。一方面，在本质上，学校文化可以有意安排，具有可塑性。另一方面，无论是自然形成的文化或有意安排所形成的文化，都可能不完全符合教育的需求，而应加以改变。"①

例如在某市的社会主义核心价值观融入校园文化的实践中，有的学校以"兰"文化为核心，"兰"的品质是文人志士共同认可和追求的高尚品质，是核心价值观题中之意所包含的优秀传统文化的根基之一，"兰花"君子的品行与核心价值观中公民个人层面的要求具有内在一致性；有的学校文化以"国学"为轴心，通过对中华优秀传统文化的挖掘来找寻核心价值观的中华文化根基。通过以核心价值理念为引领，深入挖掘其包含的精神与内涵来凝练出校园文化理念。有的学校直接运用核心价值观中的某一个价值观如"和谐"文化，以生态为切入，深挖和谐、友善的价值观内涵，从而融入校园文化当中。通过将和谐价值观、生态文明理念融入校园文化，传播了符合时代追求的绿色意识，传递了时代的精神追求。所以，学校文化的灵活性、包容性和可建构性，为革命文化的融入提供了条件，要充分利用学校文化的特性，结合区位优势，不断开发以革命文化为品牌的学校文化。

（三）学校文化建构的作用和影响力

校园的文化建设发挥着它独特的功能，具有辅助学校教书育人的作用。校园文化具有教育功能，校园文化是教育的重要载体，对在校师生起着潜移默化的影响。如果一个学校的校园文化建设得出色，其影响力必然会辐射到周围的社区，辐射到家长、家庭身上。校园文化的各个要素总是贯穿

---

① 张光义．学校文化建构与践行［M］．重庆：西南师范大学出版社，2015：10.

一定的教育理念、教育方针，体现着一定的观念和文化，传播着特定的知识和信息，通过文字、制度约束、学习氛围、绿化环境等影响着学生。

校园文化具有凝聚共识的功能，校园文化是一个学校内师生的思想共识和精神家园，通过对校园文化建设的参与，达到校园文化的认同从而凝聚师生，形成合力。校园文化具有启发思考的功能，校园文化的建设具有延续性，从纵向来看，一所学校的历史差异会带来思考，思考碰撞出的火花有利于创新；从横向来看，学校与学校的文化差异，塑造不一样的校风、学风、教风，进而影响师生人格塑造与成长，横向对比校园文化建设，能够从对比中获得启发。校园文化具有愉悦身心的功能，校园文化建设外显于校园物质文化的建设。校园物质文化建设的改善，包括教学设施、教学楼、校舍、绿化环境等，师生在优美、充满知识氛围的环境中工作和学习，能够愉悦身心、提高效率。学校文化是学校的精神和内核，是学校得以生生不息的内在动力，我国基础教育、高等教育、职业技术教育等大、中、小各类学校在教育部顶层设计和市场经济的驱使下，不断开发、建构着独具特色的学校文化。学校文化的建构对在校人员、学校发展甚至是学校周围的社区、社会环境等能够产生潜移默化的作用，成为一股强劲的文化力量。

首先，学校文化具有渗透性，能够对在校人员的成长和发展产生潜移默化的作用。学校文化并不是一种强势的灌输文化，而是一种滋润型文化，通过学校环境、校训、学校目标、学校理念、师生行为等不断对人产生潜移默化的影响。而且学校文化主要是一种为人处世、精神道德方面的教育文化，对人们的自我认知、成长和发展具有积极意义，有些甚至是一些人信奉一生的价值理念。例如我国各大高校都有校训，寄托着学校育人的价值和信念，如中山大学的“博学、审问、慎思、明辨、笃行”，北京大学的“爱国、进步、民主、科学”，清华大学的“厚德载物、自强不息”，上海交通大学的“饮水思源、爱国荣校”，南京大学的“诚朴雄伟、励学敦行”，复旦大学的“博学而笃志、切问而近思”等，不断影响着一代又一代的青年学子，成为一个个时代青年人才的价值信念和标准。

其次，学校文化具有凝聚力，形成独特的学校标识。“学校是一个具有清晰边界的特定时空，与外界相对分隔，生活在其中的人感到安全舒适。群体具有相似性，同质性极高。人们喜欢在思想和感受上与自己相似的人，相似性是产生相互吸引的原因之一。好的学校生活散发温暖、生机勃勃。同质性作为团结的纽带容易让成员之间做到互助和信任，关系紧密。”① 学校文化是学校精神内核、价值灵魂，是在校人员共同维系、共同占有，师生在这样的校园理念下，获得校园归属感，实现了理念凝聚人心，齐力发展的效果，形成凝聚力和独特标识。

最后，学校文化具有辐射力，能够形成以学校为中心的良好的文化生态。学校文化对学校周边的社区、家庭等能够产生一定的影响，因其共同处于一个相似的地理位置而且共同生活着同一批人，统一范围的社区文化、学校文化、家庭文化是相互影响和具有相似性的。“因此，学校文化建设不能局限于学校范围内思考问题，而应该关注社会文化环境对学校文化建设的作用，建立起社会文化与学校文化之间的良性互动关系。”② 学校文化是具有影响力、穿透力和辐射力的，在家庭、学校和社区之间形成了关系互动场，并逐渐成为社会上的一种不可忽视的文化力量。例如在全社会宣传培育和践行核心价值观的大背景下，各个地方加大宣传力度，让城市中各事业单位与社会组织都加入进来，尽可能使用城市当中所有的宣传手段，最大限度进行相关宣传。学校、公共交通系统、城市道路、城市宣传栏、液晶显示屏、LED 显示屏等都是传播的可用载体。学校是城市中重要的组织单位，学校对核心价值观的宣传面向广大的师生群体，把握住了对学生的宣传与教育，就解决了宣传对象的一大主体。学校宣传资源丰富、形式多样，并且具有教育意义，是城市中核心价值观宣传的重要阵地。通过融入建设的这一过程，学校对核心价值观的宣传能够很好地配合城市的宣传，学校的宣传是城市宣传的一部分，能够对城市宣传起到补充和扩展的效果。因此，由于革命文化的文化特色和育人特性，能够起到提升学校文化的作用，同时也能够依托学校文化的影响力发展自身。

综上所述，革命文化传承与发展的学校阵地具有双向互动、中心链接

---

① 张东娇. 学校文化团结发生机制与实现策略［J］. 教育研究，2016（9）：61.

② 王定华. 试论新形势下学校文化建设［J］. 教育研究，2012（1）：7.

和文化识别的特色，学校阵地的双向互动机制为革命文化传承与发展提供了内在的交流与循环动力，学校阵地的中心链接功能为革命文化传承发展提供了外部的互动与发展网络，学校阵地的文化识别功能为革命文化传承发展提供了有力的依靠与载体。总的来说，学校阵地能够为革命文化传承与发展提供内在的互动机制、外在的关系网络和外部的区别标识，成为革命文化传承发展的特色的、基础的、重要的阵地。学校阵地能够坚持不懈地进行革命文化的传承与发展，从时间延续性上保证革命文化传承与发展的连续性，并且在革命文化传承与发展的内容上能够保持革命文化的系统性、整体性，从而确保了革命文化传承与发展的整体性、连续性和有效性，有利于革命文化传承与发展的事业顺利进行。

第三节　广东学校革命文化传承与发展的影响因素

广东学校革命文化的传承与发展是受到多方面因素影响的，可以从国家、社会和个人三个层面进行分析。如国家对“革命”一词的议题设置，使得革命由政治意义转向文化意义；社会思潮中的历史虚无主义对革命文化的消解；学校师资队伍的建设与协同育人机制等，从宏观、中观、微观三个维度试图进行比较全面的分析。要传承与发展革命文化必须要了解它的影响因素，从而才能更好地掌握革命文化传承与发展的规律以及方法。而其中是否拥有革命历史和文化、是否具备传承革命文化的组织和条件、革命文化的传承与发展是否得到支持等，从本体存在、发展环境与动力支撑等角度探讨了影响因素。广东学校能够作为革命文化传承与发展的重要阵地，源于其丰富的革命历史、独特的地理条件、优越的区位优势以及文化教育因素等，这些都影响着广东学校革命文化的传承与发展，成为广东学校革命文化传承与发展的影响因素。

一、历史因素：广东是具有革命历史和革命传统的地区

中国共产党在领导中国人民“站起来”的过程中，形成了以中国化马克思主义为灵魂的革命文化，革命文化是对传统文化的超越和马克思主义

的中国化，是中国共产党意识形态的表达，发挥了意识形态的功能。广东省是我国的经济大省，也是改革开放的前沿阵地，拥有广州、珠海、深圳、佛山、汕头等许多现代化城市。同时，广东也是具有悠久历史和传统的地区，尤其是革命历史与革命传统。这些历史与传统为广东学校传承与发展革命文化提供了天然的优势。

（一）广东的近代史也是一部革命史

在中国古代时期，广东虽然远离王权中心腹地，但是其沿海的优越地理位置也造福了一方百姓的生活，广东成为经济贸易发达的地区和岭南文化中心。其成熟的生活条件和丰厚的文化底蕴为其成为革命的地区做好了准备。“首先，1839 年，林则徐在广州领导的禁烟运动，揭露了英帝国主义侵略中国的丑恶面目，开始唤起了民族的觉醒。其次，广州花县（现为花都区）人洪秀全不畏封建压迫，领导了席卷大半个中国的太平天国运动，颁布了《天朝田亩制度》，严厉打击了封建势力和帝国主义，动摇了封建统治的基础。第三，以南海康有为、新会梁启超为代表的维新派和以香山孙中山为代表的革命派，他们的理论和实践使广东成为中国资产阶级革命的策源地和国内第一次革命战争的大本营。第四，在中国共产党十一届三中全会召开后，广东以深圳、珠海、汕头三个经济特区建设为契机，在全国率先实行改革开放，取得了巨大的社会经济成就，为我国实现现代化积累了丰富的改革经验。”① 纵观近代以来，广东革命历史的几个关键点，从推翻封建王朝的革命到新民主主义社会和社会主义社会的革命时期再到今天的改革开放，广东是许多革命历史的发生地，广东近代以来的历史可以用一条革命主线去贯穿，故称广东的近代史也是一部革命史。而正是这样的革命历史与革命传统，孕育了广东地区丰富的历史文化，充实了广东地区的革命历史文化资源。

在这一天然的、优越的历史文化条件下，广东学校自然就承担了革命文化传承与发展的责任，这也是历史发展、地区文化孕育、人文环境化育的先天优势。广东深厚的革命历史与革命传统是融入当地城市发展、居民

---

① 钟林海．广东革命文化的思想政治教育价值研究［D］．广州：华南理工大学，2015.

生活之中的，无论文化如何传播和影响，都不及历史文化发源地给人们潜移默化的影响和无声无息的传承有效，所以，广东学校具有革命文化传承的天然的、得天独厚的历史文化资源。

历史因素首先影响到的是革命文化的研究。广东学校在当地革命历史与传统的资源中，对于革命文化与当地特色的结合研究，历史事件、人物细节的研究更具有优势，能够充分占有第一手资料，从而结合广东特色去传承革命文化。这样，它便能成为革命文化传承与发展的一个支流，最终汇聚到革命文化发展的长河中。广东深厚的革命历史和革命传统有利于革命文化的地域性和特色研究，丰富革命文化的内容。历史因素对红色基因的传承也具有非常重要的影响。历史是必然性与偶然性的结合，广东革命历史的发生、发展有其历史必然的规律性，其发生、发展会深深地影响到当地人的生活和精神状态。广东素来是具有革命精神的地区，其经济发达、文化包容、思想开放，传承下来的红色基因也经历了重组与进化，这为红色基因的研究与传承也提供了丰富的资源。所以，历史因素决定了革命文化传承的天然优势，影响到革命文化传承与发展的基础。

（二）深厚的革命历史与传统为革命文化传承提供了资源

广东地区的革命历史与传统在当代都可以呈现为一个个革命文化的符号，每一个革命文化符号的解释项决定了革命文化符号所携带的信息和意义，从而能够成为革命文化载体和表达。革命文化的载体和意义的表达，能够再现革命历史、革命精神、革命情境，是革命文化的话语表达形式与空间营造物质，为今天革命文化的传承与发展提供话语与空间，是革命文化传承与发展的呈现载体。

首先，广东的革命历史与革命传统留下的物质载体能够成为一种话语形式，这既是政治话语也是文化与生活的话语。革命文物是当代中国共产党的话语载体和文化象征，是政治性的话语表达，象征着中国共产党的执政地位和马克思主义意识形态的主导地位。如烈士陵园、人民英雄纪念碑、长征旧址等象征着中国共产党为建立自由民主的新中国不怕牺牲、英勇奋斗的精神品质，是拥护中国共产党和坚定理想信念的符号话语表达，成为革命文化的来源呈现与主导性说明。此外，广东革命历史与革命传统还是一种文化话语和生活话语，能够呈现出革命文化丰富的内涵与价值意义。例如，红歌就是民间传统文艺与革命叙事的结合，红歌歌词简单、贴近生活，红歌曲调易于哼唱，成为文化发展的新形态，展现了人们的价值追求，而这融入了人们的生活话语的同时也成了一种文化形态。此外，红色经典作为一种文学、艺术的发展成果，是人民群众创造的一种话语形式，是革命文化的生动呈现。革命文化符号也作为一种生活话语散见于人们的生活中，如解放鞋、雷锋帽、中山装和印有特殊符号与文字的生活用品等，象征着一个时代的生活与价值追求，将我们的价值理念渗透在生活中，通过大众化、生活化的方式充分展现革命文化的价值意义。

其次，广东的革命历史与革命传统留下的是空间形式，是具体空间与抽象空间的呈现。作为革命文化的具体空间形式有红色遗址、人物故居、红色纪念馆、红色之乡等，是现存的物质空间形态。具体空间形态是历史的选择与遗留，延安、江西、湖南、贵州、广州等地区有大量的红色资源，如贵州的遵义会议旧址、延安革命圣地、江西的井冈山革命根据地、广西百色起义纪念馆等，这些革命文化的空间原型能够提供回忆的空间，革命文化的抽象空间是指由符号所引起的联想和呈现的文化意境，是符号触发的想象空间与氛围。例如，瞻仰革命先烈纪念碑会让人联想到抛头颅、洒热血的战争场面，联想到共产党员为共产主义理想信念而牺牲的震人心魄的场面。这些抽象空间是情感触发与记忆调动的结果，是内心对革命精神认知的再现，革命文化的具体空间具有触发空间想象与意境营造的功能。所以，广东地区深厚的革命历史与传统为革命文化传承提供了丰富的话语与空间资源。

二、地理因素：广东具有革命文化传承与发展的区位优势

广东的革命历史留下了许多关于革命的印迹，“习惯上，人们将广东分为珠三角、粤东、粤西、粤北四大区域，因此，广东革命文化也基本上由珠三角地区的革命文化、粤东地区的革命文化、粤西地区的革命文化、粤

北地区的革命文化四个单元组成。”① 在拥有悠久的革命历史与革命传统、丰富的革命文化与红色资源的地区，广东学校传承与发展革命文化具有了区位优势。

（一）革命老区提供了生动的教材

广州、中山、佛山、海陆丰、江门等地方有许多革命老区，包括会议会址、伟人故居、战争地址、革命遗址、博物馆、纪念馆等。如广州起义纪念馆、广州起义烈士陵园、广州近代史博物馆、农民运动讲习所、中共三大会议旧址、国民党一大旧址、万木草堂、黄花岗公园、何香凝纪念馆、中共广东区委旧址、十九路军淞沪抗日阵亡将士陵园等；中山市的中山革命烈士陵园等；佛山的佛山博物馆、顺德博物馆、南海博物馆，以及铁军公园、粤中纵队纪念馆等；韶关的中共广东省委粤北省委旧址（历史陈列馆）、梅岭旅游景区、韶关烈士陵园、南雄烈士陵园、南雄水口战役遗址、瑶坑村中共广东省委旧址、乐昌红七军烈士纪念园；梅州的“八一”起义军三河坝战役烈士纪念园、叶剑英纪念园、平远县红军纪念园、梅州学宫之朱德研究旧址、红四军军部旧址；湛江和茂名的湛江赤坎区寸金桥公园革命烈士陵园、徐闻革命烈士陵园、霞山区录塘革命烈士陵园、遂溪公园革命烈士陵园、南柳村革命烈士陵园、茂名革命烈士陵园等；还有汕尾的海丰红宫红场旧址、彭湃烈士故居、汕头博物馆、潮汕革命文物展览等。这些众多的革命文化根据地，是广东学校传承与发展革命文化的区位优势，所以，地理因素对革命文化传承与发展的影响直接决定着体验效果、情感认同，学校能够与这些文化根据地对接，充分利用地理区位优势传承革命文化。

革命文化的教育具有特殊性，既属于历史教育也属于文化教育，广东学校在地理区位优势的影响下，拥有了丰富的革命文化教育载体。“多样的载体形式也有利于创新教育方式，既可以让课堂讲授式教学、案例式教学、讨论式教学等相互配合，使教育对象在较短时间内获得较丰富的内容，也可以将情景模拟、实物展示、现场体验、社会实践等教学方法结合起来，

① 钟林海．广东革命文化的思想政治教育价值研究［D］．广州：华南理工大学，2015.

综合运用语言文字、音乐影响、事物实景等作为教学媒介，突出教育对象的主体地位，充分发挥参与体验和现场感悟的优势，把‘看、听、思、悟、行’融为一体，引导学生亲身去感受、主动去思考，使受教育者多层次、全方位地受到感染和冲击，从而构建出寓教于思、寓教于悟、寓教于行的新型教育模式。”① 地理因素主要是革命文化发源地、根据地、纪念地等影响因素的总称，通过影响革命文化教育资源的种类、载体与呈现形式，从而影响革命文化教育、革命文化保护与革命文化传承的效果。广东占有革命文化的区位优势，广东学校占有优越的革命文化传承的地理区位优势，为教学提供了现实、生动、历史的教材，这决定了广东学校传承与发展革命文化的必然性和可能性。

（二）革命文化融入当地的生活与仪式中

广东地区所具有的革命历史与革命传统对当地的生活与仪式产生了影响。革命文化中的仪式与生活形态是一种社会行为、生活方式和风俗习惯，革命精神熔铸于这些实践形态中，是价值观“内化于心，外化于行”的重要实践载体。

在红色文化中，特定的仪式是“红色”象征体系或“红色”符号系统，是革命文化的一种行为形态。“红色”仪式具有时间和空间的属性，既是一种历时性的行为，也是一种共时性的心理。“红色”仪式包括入党宣誓仪式、祭扫烈士陵园仪式、阅兵仪式和红色纪念节日的庆典仪式等，此外，还包括遗址建筑的空间仪式，是无声的心态仪式。近年来红色文化旅游增加了仪式的部分，如重温入党誓词，参加红军训练营体验军队仪式等，增加了红色旅游的文化厚度和精神高度。“红色”仪式通过营造氛围、规范行为、激发情感，能够唤醒集体记忆，对人们进行理想信念教育，在人们的心中树立信仰，培养集体的价值观。“同时，这种仪式也宣扬了群体性的价值观，以塑造出一种群体性的精神。”② 革命文化的仪式载体，“以其深厚的

① 王炳林，张泰城．高校红色文化资源育人发展报告（2016）［M］．北京：人民出版社，2017：8．

② 王海洲．合法性的争夺：政治记忆的多重刻写［M］．南京：江苏人民出版社，2008：185．

价值承载、宏阔的仪式展演、强大的精神力量”①，促使人们认同革命文化、践行革命精神，实现国家行为与个人行为的统一与双向互动。

在日常生活方面，中国共产党成立之后所影响到的地方人民生活以及建立政权后人民的生活，形成了具有鲜明特征的生活样态，成为革命文化的一种标签。例如，延安时期的大生产运动，“发展经济，保障供给”全员投入生产，精诚团结、丰衣足食的生活，形成了“南泥湾精神”；红色货币、红色邮票、红色宣传栏等构成人们生活的元素，形成了特殊时期的生活图景。生活中的革命元素能够在人民群众日常生活中形成具有时代特色的集体共识，成为价值观的基础与逻辑。今天一系列生活情境体验活动，是红色符号承载生活样态的重现，如重走长征路、井冈山革命教育基地、延安生活体验等，实现在生活体验中重温历史、形成一种特殊的革命情怀。革命文化浸润到人们的生活当中，以生活形态为基础发挥革命文化的育人功能，从而形成人们的生活态度、生活方式和价值观。同时，也为革命文化提供了日常生活样态，实现革命文化与生活逻辑的对接，从而能够更好地传承与弘扬革命文化。

三、文化因素：广东学校拥有丰富的革命文化资源

广东在具有革命历史、地理区位优势等的基础上，能够将天然的、历史遗留的革命文化资源进行创作和加工，形成了具有地域特色和旗帜鲜明的文化资源。这是革命文化与本土文化、地域文化的融合，是革命文化与社会主义先进文化的交汇，是文化创新的新形式和新成果。所以，一种文化的传承与发展能力，一种文化的生命力，需要看它与其他文化的互动能力还有包容发展能力，文化自身的传承与发展同时也受到文化因素的影响。

（一）广东具有深厚的文化底蕴

广东省是人口和经济大省，同时广东省也是文化大省，其城市的包容性与开放性造就了深厚的文化底蕴。广东深厚的文化底蕴与革命文化具有密不可分的关系。

---

① 杨宏伟. 国家仪式：传播社会主义核心价值观的有效载体［J］. 思想理论教育导刊，2015（5）：80.

首先，广东深厚的文化底蕴孕育着革命文化的形成与发展。“从文化的内涵上看，由于广东处于特殊的地理方位，北接湖湘，东连闽越，西引八桂，南凭巨洋，处于便于多元文化交流交融的有利区位，因而既有中原农耕文明的影响，又有百越多个民族的文化基因，更有中原文明所缺乏的海洋文明的滋养浸润，这就使广东在我国的文化版图上最早显示出蓝色文明的影响。”① 正是由于广东地区特殊的地理位置和优越的文化位置，形成丰富、深厚和包容的文化底蕴，才能在近代以来救国救民的境况面前，能够展现中国强劲的优秀传统文化基因，同时吸收西方先进文化思想，不断影响、带动中国社会思潮的涌动和社会运动的发展，促进革命文化的形成与发展。

其次，广东文化的开放性与包容性有利于革命文化的创新。广东是改革开放的前沿阵地，是思想开放、活跃的土壤，其城市人口的包容性也促进了文化的包容发展。正是这一地区文化的开放与包容，能够促进思想的交流与碰撞，促进文化的创新与融合，从而不断给这一地区的文化发展注入新鲜的活力。革命文化的传承与发展不是一成不变的传承，也不是舍本逐末的发展，而是在坚持优秀革命传统与核心的基础上，不断适应时代与其他思想和文化的交流碰撞，从而在继承中发展。所以，文化因素是影响革命文化传承与发展的基础因素，也是影响革命文化创新发展的最重要的因素。革命文化是新民主主义和社会主义革命与建设的历史叙事和集体记忆的载体，革命文化的话语叙事能够形成与唤醒集体记忆，进而形成情感认同，促进对革命文化的认同。

革命文化是集体记忆的表征，也是新的集体记忆形成的载体。革命文化是红色记忆的线索、载体和记忆再生产的起点，对政治和社会发展具有重要作用。“红色记忆是指革命亲历者或者非革命亲历者对于中国共产党革命建政历史事件的心理构图，这种心理构图既潜藏着新旧政权交替的历史图景，也彰显了当下的政治叙事与政治诉求。”② 革命文化是中国共产党建

---

① 张效民. 广东的历史文化资源［J］. 深圳职业技术学院学报，2010（6）：40.

② 梁银湘. 红色记忆与巩固中国共产党执政基础研究［J］. 广西社会科学，2015（7）：2.

政历史的文化，再现了中国共产党带领人民当家作主的集体记忆与核心价值观形成的历史记忆，展现了当代中国发展新征程的价值诉求，革命记忆在和平建设年代对于稳固政权与凝聚价值共识具有积极意义。随着历史的推进，革命亲历者和红色原迹逐渐流逝，革命文化成为集体记忆再生产的起点与原型，不断对我国社会主义核心价值观的原初记忆进行唤醒、建构、强化和再生产，为我国社会主义核心价值观的认同保留集体记忆。

（二）广东文化的多样性促进学校革命文化的发展

广东学校在拥有丰富多样的文化资源的基础上，能够利用各种文化形式、载体，对革命文化进行创造性转换和创新性发展，形成革命文化传承与创新不可忽视的一支力量。党的十九大报告中强调，“要繁荣文艺创作，坚持思想精深、艺术精湛、制作精良相统一，加强现实题材创作，不断推出讴歌党、讴歌祖国、讴歌人民、讴歌英雄的精品力作”①。而这些精品力作离不开革命文化的历史题材和革命精神的号召，同时也离不开丰富多样的文化载体。

革命文化在唤醒集体记忆的基础上形成集体情感，是革命文化认同的前提。对革命文化各种载体、形式的认知就是符号解释项作用于心灵的过程，革命文化已经成为中国特色社会主义主导文化形态的组成部分，是中国特色社会主义先进文化的代表，人们对革命文化形成了稳定的认知与情感，获得了广泛的认同基础。革命文化所触发的集体情感，如爱国、激情、自豪等，能够深化对革命文化的感性认识，在记忆与情感的基础上实现认同。例如，近年来拍摄的《建党伟业》《建国大业》《血战湘江》等红色电影，对旧题材进行新创作，获得了高票房和好评，这是一种集体记忆的再现和集体情感的激发，在社会价值多样的环境下，寻找到集体与归属感，有利于形成历史认同与价值认同。“情感因素的介入使价值规范更具亲近性、指引性，因为情感和心理上的信任更容易取得认同，一旦形成，更有

---

① 习近平. 决胜全面建成小康社会　夺取新时代中国特色社会主义伟大胜利［M］. 北京：人民出版社，2017：43.

利于人民群众将其内化为自己的需要，作为自我的精神导向和行为指南。”①革命文化通过集体记忆的获得和集体情感的激发，满足人们的心理归属，增进民族历史、文化自信，形成对革命文化的情感认同。学校能够充分利用多样的文化载体与革命文化内容对接，进行革命文化的再创作。

教育局等上级组织重视革命文化传承活动的开展，定期举办与革命文化有关的比赛、文化活动等，例如“童谣唱响革命精神”活动，师生齐力创作童谣，共同演绎革命精神的当代重现；还有相关主题的合唱比赛、红歌比赛，革命题材的微电影制作比赛、舞蹈书画比赛等，为师生学习和展现对革命文化的认识与情感提供了平台。各学校也重视关于革命文化校园文化活动的开展，通过活动来学习、实践，例如，相关的板报评比、演讲、小品、公益等活动。各学校重视多样的文化载体与革命文化的对接，能够为革命文化、革命精神外化为行为实践提供活动转化载体，促进师生对革命文化、革命精神的认知与内化，用实际行动来践行，以师生的言行举止来促进革命文化的传承与发展。

四、教育因素：广东学校拥有丰富的教育资源

文化的传承与发展离不开教育，同理，革命文化的传承与发展也受到教育因素的影响。学校教育能够通过专业的、系统的、有组织的教育组织人们进行传承，能够极大地影响文化的传承与发展。广东学校革命文化的传承与发展与学校发展相关，学校是否能主动担起革命文化传承与发展的责任，是否具备革命文化传承与发展相匹配的师资队伍，能否将革命文化传承发展与学生实际成长需要相结合等，都成为学校传承与发展革命文化的影响因素。在现阶段的基础教育中，学校建设的各个方面容易受到应试教育的影响，特别是受到一定程度教育行为、教育环境的影响。追求分数、应试教育的观念会造成对校园文化建设的忽略，从而使学校成为应试的工具，忽略了学校的文化传承和育人功能。反之，积极利用教育，破解工具主义的教育难题，全面推行素质教育，将有利于文化的传承与发展。

---

① 陆树程，杨倩．论培育和践行社会主义核心价值观的内在机制［J］．毛泽东邓小平理论研究，2014（8）：54．

（一）广东学校教育资源优厚教育体系完备

广东省近年来对教育发展进行了顶层设计，分步骤、分阶段地提出改革发展目标，并获得了阶段性成果。《广东省中长期教育改革和发展规划纲要（2010—2020年）》中提出广东要率先基本实现教育现代化，2013年2月广东教育“创强争先建高地”动员部署会暨2013年度工作会议更明确提出了广东将于2018年率先基本实现教育现代化。2015年2月发布的《广东省人民政府关于深化教育领域综合改革的实施意见》提出教育领域综合改革的目标，到2018年，我省教育事业在重要领域和关键环节改革上取得决定性成果，全面完成中央和省委提出的深化教育领域综合改革各项任务，形成充满活力、富有效率、更加开放、有利于科学发展的教育体制机制，全省教育进一步适应经济社会发展需要，人才培养更符合人的认知成长规律、教育教学规律和经济社会发展规律；教育公平、教育质量和办学水平明显提升。初步形成以珠三角地区为核心，粤港澳紧密合作，教育现代化、国际化发展水平高，在国内有较大影响力的南方教育高地，走出一条具有广东特色的教育发展路子。

回望近年来广东学校教育的发展，取得了很大的实效，走在全国教育水平的前列，这将为革命文化的传承与发展提供扎实的基础。首先，广东学校为革命文化传承与发展提供了优秀的教师人才队伍。相较于欠发达地区而言，广东各级学校的教师科研团队从整体上说呈现出学历较高、科研素质较好的优势。同时，广东学校优厚的教育资源有利于更好地保证学生对革命文化知识与信息的全方位掌握，能够在教材知识基础上引导学生正确地拓展知识视野、完善和优化知识体系，从而推动革命文化的良性传承与发展。

从系统论的角度看，优厚的教育资源既由各部分要素的状况良好，也由整个组织系统运行状况来决定，广东学校对于革命文化的传承具有完备的系统。

首先，是教育主体分工协作，使得教育系统能够进行良好的运行。发挥教育局对这一传承过程的统筹协调作用，继续发挥组织领导、监督检查的职能，让革命文化的传承能够有组织、有纪律、有目的、有规划地发起，实现传承第一大主体顶层设计。结合市里的宣传，从总体上进行规划，明确各学校的工作，加强与其他职能部门如市党委、广电、新闻、宣传的联系，调动社会上各部分资源，组织相关活动开展、理论研究、人才培养等工作，把关传播的科学性。其次，广大的教职工群体是第二大主体，直接深入传播过程接触受众进行实践。教职工通过学校的管理、教育活动，保持与受众的密切联系，继续发挥主要的作用。实现统筹协调，发挥两大主体的作用。

其次，要将革命文化传承中各个环节、阶段所要传播的内容做出规划和设计，由浅入深地进行教育。学生价值观的养成具有“从他律走向自律、认知方式具有场景性、群体性与个体性的统一、稳定性和发展性统一的特点”①，所以，在革命文化的教育中，受到引导方向、培育方法、价值内容的影响，传播中传播者是否注意到对传播受众的引导、传播媒介的选择、传播内容的精选与重组，都影响着传播过程。所以，要提高革命文化传承的有效性，还要从学生价值观养成特点的出发，针对不同阶段学生的价值观养成内容，进行系统的内容安排。比如在初级阶段，可以着重培养学生的爱国情感；在中、高级阶段，可以逐渐开拓学生的眼界，培养社会、国家层面的核心价值观。形成分阶段、有步骤的网络型的教育，遵循认知规律，分阶段传承好革命文化。通过完备的教育系统，能够实现革命文化传承，所以，教育因素是决定革命文化传承与发展有效性的决定性因素。

（二）革命文化传承发展与学生成长需求相结合

学校革命文化的传承与发展面向的是学生群体，革命文化的传承与发展要与学生的价值发展目标与要求相一致，从而培养出符合社会正确价值的行为准则与道德品质，为他们明确成长目标和发展道路、约束行为、培养正确的“三观”。学生自身的思想道德养成、看待世界的观点塑造和人生发展能力培养内在的需要革命文化的滋养。在学校学习阶段，学生在这一时期自我意识得到发展，处于一个自我进行社会化转化中，发展了对自己的概念、评价与体验。但是，他们自己不能从宏观的角度，用发展的眼光

① 阳学文. 小学生人际交往中正确价值观的培养［J］. 教学与管理. 2017（2）：18.

来看待自己的需求，由于自身的局限性使得他们不了解革命文化对自己成长发展的意义，缺乏对自身成长需求的了解，这就影响到了整个革命文化融入校园的过程。

首先，学生不了解自己的需求，不能结合自己的实际情况对革命文化的价值理念、思想精神进行内化与外化，没有最大地实现它的功效。其次，学生不能够有效表达出自己的需求，传播者不能根据受众的正确需求来适当地控制与调整传播过程，其效果难以提升。而革命文化进校园这一融入过程，最终目的就是让学生认同革命文化、传承与发展革命文化，学生是这一过程中关键性的因素，处于内因的地位，所以，学生缺乏对自身成长需求的了解，就会使得整个融入过程变得盲目，不能实现建设、传播的效果，这是影响因素中起着关键性、决定性作用的因素。所以，学校能够将革命文化传承与发展和学生成长需求相结合，从传承者、继承人的角度，来实现学校对革命文化的传承与发展。根据文化对人影响的特点，在学校学习的这一阶段，学习革命文化不应该只停留在表面琐碎的学习，而是不间断用心去学习，也只有学会用心去感悟革命文化与革命精神，才能产生文化自觉与文化自信，这有利于增强他们的国家意识。为此学校在设置课程上，开设了有关革命文化学习的课程，并把该课程的考核纳入教学评价体系中的一部分，通过学校自主开发特色的本校教材，融入解读、教学故事，实现革命文化进教材。此外还鼓励学生开展与革命文化有关的课外实践活动，例如举行革命文化文艺活动、开展革命文化小研究、以革命文化为主题的歌曲、童谣、礼仪操、书画、摄影、微电影、心理剧、微课的创作活动和学习等，使得人们能够记诵进而理解认同，让革命文化贴近学生，贴近他们的校园生活，拉近学生与革命文化的距离，让师生能够认识、体验、感受到革命文化就在我们的身边。

五、政治因素：国家号召传承与发展革命文化

红色基因既是政治刻写的产物，也是人民文化自觉、文化自信的生动体现，是意识形态稳定发展的重要原因，发挥促进文化认同、凝聚社会价值的功能。革命文化成为我国主导意识形态符号基因是中国共产党建政历

史的结果，也是集体记忆和集体情感作用的结果。近年来，革命文化作为一种文化形态几度掀起文化热潮，这既是国家议题设置的结果，也是人民面对改革开放的文化大潮进行选择的表现。中国共产党经历百年的风雨历程，传承红色基因，继承红色文化是“不忘初心、牢记使命”的生动体现。所以，学校对革命文化的传承与发展受到政治因素的影响，具体体现在政策、资金、人才等的支持上。

（一）国家实现对革命文化传承与发展的议题设置

经过历史的发展，革命文化已经形成庞大的体系，在哲学、文学、艺术等领域成为重要的形态。在哲学方面，马克思主义传入中国，中国学者和革命家在结合中国实际的情况下，形成了具有中国特色的哲学思想，并逐渐形成国家层面的思想，象征性的有毛泽东的《实践论》《矛盾论》，艾思奇的《大众哲学》等。在文学方面，红色小说、红色散文、红色诗歌、红色史记和红色人物传记等，形成了反映革命历史时期的标志性象征。在艺术方面，革命场景浮雕、人物塑像、红歌、红色民谣和建筑遗址等，成为人们心中神圣的革命象征。设置国家议题、选择合适的载体作为符号、扩大宣传是革命文化的形成过程。

首先，设置革命文化传承与发展的国家议题，从国家层面对革命文化传承与发展的价值共识进行设计，将革命文化、革命精神的内涵与解读形成国家议题，组织起革命文化的内容，最终确立革命文化的国家议题，并使其成为一种政治号召。

其次，选择合适的形式承载革命文化议题，选择革命文化的再现载体即物质形式，实现内容与形式的结合，构建起革命文化传承与发展的体系。革命文化载体为我们提供了选择载体的经验与基础，如民谣、年画、木刻、皮影戏和典型人物等，可以选择人物树立榜样或者选择文学艺术创造经典，这些生动形象的载体既能够承载革命文化的内容，又有利于促进人们对革命文化的认知和认同。一方面，革命文化可以直接成为价值观的符号，其中要注意对革命文化内容的时代解读；另一方面，革命文化可以利用符号载体的生动形象、活灵活现和贴近群众等经验进行新的创作，如利用高科技产品和互联网载体等新时代的符号载体，建立起革命文化传承与发展的符号体系。

最后，通过政治肯定与宣传手段实现符号化，发挥革命文化的功能。革命文化的传承与发展完成内容与形式的设置后，还需要实现文化对人们的作用即文化的宣传，只有在文化能够作用于人们思想观念的情况下，文化才能发挥其功能。“文艺作品中反映出来的生活却可以而且应该比普通的实际生活更高，更强烈，更有集中性，更典型，更理想，因此就更带普遍性。”① 革命文化就是在集中性、典型性与普遍性的基础上塑造出来的。所以，要通过会议、媒体进行典型、模范宣传，使革命文化能够作用于人们的思想观念中，最终实现象征政治的地位。

（二）在国家号召下学校对革命文化进行传播

学校对革命文化的传承与发展也是革命文化利用学校这一载体进行传播的过程。对传播过程的每一个环节把握得越好，革命文化的传播就越有效。目前，利用学校传播革命文化的传播主体是教师，传播内容即革命文化，传播媒介就是学校，传播受众主要是学生，传播效果主要由传播受众的价值观、价值选择和价值行为来判断。从拉斯韦尔的“5W”理论来看，学校对革命文化的传承与发展过程也是利用学校这一阵地来传播革命文化的过程，所以，能够从五个方面来把握与分析。在学校传播主体上要统筹协调，发挥两大主体作用。

首先，巩固教育局对这一传播过程的统筹协调作用，继续发挥组织领导、监督检查的职能，让革命文化的传播能够有组织、有纪律、有目的、有规划地发起，实现传播第一大主体顶层设计。结合市里的宣传，从总体上进行规划，明确各学校的工作，加强与其他职能部门如市党委、广电、新闻、宣传的联系调动社会上各部分资源，组织相关活动开展、理论研究、人才培养等工作，把关传播的科学性。

其次，广大的教职工群体是第二大主体，直接深入传播过程接触受众进行实践。教职工通过学校的管理、教育活动，保持与受众的密切联系，继续发挥主要的作用。实现统筹协调，发挥两大主体的作用。要实现传播

① 毛泽东．毛泽东选集：第三卷［M］．2 版．北京：人民出版社，1991：861.

主体多元化，还要将社会、社区、家庭的主体纳入这一过程的传播主体。比如，邀请这一领域的研究者进校园开展活动、演讲和讲座，邀请革命老兵、道德楷模和典型示范进行榜样教育，联合社区开展培育与践行活动，与家庭教育一起学习和传播革命文化等。汇聚力量，实现主体多元化，各主体在各自的领域发挥作用，就能扩大革命文化传播的场域，形成传播合力。

在传播内容方面，传播内容要实现网络化，首先要对革命文化与校园文化进行理论研究，找到建设校园文化的优秀文化载体，围绕这一载体来进行辐射，从而达到融入目的。在革命文化建设中，首先要实现人们对革命文化的正确认知。而它的认知，可以依托文化载体，其中依托的优秀文化载体要与它具有内在一致性，链接人们的认知与革命文化。通过文化载体的链接，以优秀文化载体为中心，构建认知网络，能够对革命文化进行深入了解，进而达到认同、践行的目的。此外，在传播媒介上，不仅要充分利用校园传统与网络媒介、校园文化的视觉与环境媒介、校园活动的行为媒介，还要将各种媒介有机地组合起来发挥作用，拓宽传播渠道。

在移动互联网时代，“互联网 +”成为常态具有无限可能，“互联网 +”媒介更是促进了媒介融合，极大地扩展了媒介的功能。校园传统与网络媒介的结合，传播革命文化的媒介包括学校的广播、电视台，宣传栏、板报，校园活动展览，校报、校刊等，学校注意到了校园传统媒介的运用，并且运用得比较成熟。在此基础上，进行校园传统媒介与网络媒介的结合，比如为校园广播、电视台创建网络平台，将板报、展览制成电子版放到网络上，能够极大地增强传播效果。学校定期进行革命文化传播效果的检查，通过组织管理完善监督、考核机制。教育局要定期开展相关工作汇报会议，并且建立考核小组下到各个学校进行革命文化建设检查，对各学校革命文化传承与发展情况建立档案。

六、受众因素：学生群体对文化学习的困境与应对

学生群体活跃在时代潮流的前端，深受科技与互联网发展带来的全新图像时代的影响。图像不仅仅作为人类的一种创造物，同时它也反过来作

用于人们，影响着人们的思维习惯和行为方式，正如海德格尔所说的，“所以，从本质上看来，世界图像并非意指一幅关于世界的图像，而是指世界被把握为图像了”①。学校对革命文化的传承与发展要充分考虑到革命文化受众自身的文化学习特点，受众因素主要就是学生群体对文化学习的现状影响。图像时代产生的图像大数据、图像观感、基于图像的交往等，都在一定程度上影响着学生群体对革命文化的学习，影响着革命文化的传承与发展。

（一）学生群体文化学习的图像时代困境

革命文化的学习依赖于革命文化自身的发展、传播与实践，以及革命文化的学习环境、相关的文化思维习得和文化实践应用。而学生群体的理论场域正在被图像大数据侵入和影响。图像大数据是在影视技术、互联网和媒体尤其是自媒体繁荣发展下而形成的，今天的图像不局限于在生活中营造景观社会，而是实现了图像的大数据并在生活中无孔不入。

以前的图像对应的感觉器官是眼睛，是一种视觉的作用，而今图像感官被极大地扩展了，形成了以图像为基础，综合人体的视觉、听觉和时空感觉等，打造出了全新的图像观感。图像观感的发展尤其体现在电影产业、网络游戏等的发展历史过程中。例如电影产业的发展，图像视觉效果从黑白到彩色再到如今的3D技术，是图像观感效果的飞跃式发展。图像观感已经不仅仅再局限于视觉的范围之中，而是影响到了人们许多身体器官的快感，心理学上称之为“力比多”，正如利奥塔所言我们正处于一个力比多经济的系统当中。而学生群体是这一经济系统中的主体，深受图像观感带来的影响。学生群体拥有了极大的感官追求和感性体验，但是却缺失了理性思考和分析的能力。并且图像表现的碎片化，使得学生难以通过抽象思维获得对世界客观的、宏观的认识，以至于文化学习动机不强，难以形成良好的文化素养。所以，图像观感带来的快感与欲望致使图像观感具有沉迷性、迷惑性和满足感，减弱了学生学习革命文化的动机。

此外，当代的学生群体是数字原住民，互联网、自媒体等已经成为这

---

① 海德格尔．林中路［M］．孙周兴，译．上海：上海译文出版社，2014：91．

一群体的日常生活要素。学生群体在信息和网络技术日益发达和普及的情况下，建构起了基于图像的交往世界。基于图像的交往经历了 QQ 表情、照片、表情包和短视频 APP 这几个大的阶段，而今在学生群体的交往中更是突出了图像这一交往媒介。由此，基于图像的交往将“主体—主体”的交往模式转化为了“主体—图像—主体”的模式。而在这一交往模式中，图像对世界再现的能力使现实割裂了。在这种交往世界中，学生群体本身认识的世界可能就是一个系统再现的世界，而非现实世界，那么学生群体自身的理论自觉面对的就是一个虚幻的世界，在这种基础上生成的理论只能是海市蜃楼。

所以，基于图像交往建立的三元主体模式在学生理论素养形成的过程中会造成理论与现实的割裂，主要体现在基于图像的交往拒斥理论交流，从而造成学生群体与现实文化的疏远，还有基于图像的交往在理论与现实中架设了图像媒介，将“理论—现实”的直接连通转化为“理论—图像—现实”的模式，图像这一中介架空了理论与现实，对于以图像交往为主的学生群体来说可能会形成对于理论、文化的错误认知，这就极大地影响了革命文化对于学生群体的魅力和真实性，理论与现实的割裂不利于学生群体形成对革命文化的认同与传承发展。

（二）图像时代革命文化传承与发展的应对

革命文化的传承与发展可以诉诸图像话语，来实现革命文化的图像化表达，迎合图像时代学生群体的图像认知思维和接收话语的特征，以期提升学生革命文化学习的实效。在课堂教学中，通过 PPT 等方式将图文与思维运作的过程结合放映来进行理论教学，将革命文化通过图像再现事实和模拟过程，既能够吸引学生的注意力，也能够更好、更全面地教授理论。此外，通过动画、电影等演示革命文化形成的时间与空间过程，从而同时占有感性与理性材料，进行认识的飞跃。文化学习不是在书斋中就能够实现的，而是需要不断地实践，通过“实践—认识—再实践—再认识”而实现的。所以，学生群体对革命文化的学习必须利用图像营造实践场景与实践空间，包括利用图像通过虚拟空间的情境营造和实景情境的理论学习，不断强化青年的理论素养和理论创新能力。例如，对马克思主义中国化理论的学习，可以去到井冈山、延安等革命根据地遗址，亲身体会当时中国共产党在中国革命危急关头所做出的理论创新，通过实践与空间仪式进行理论素养的培育。

其次，革命文化价值导向对学生群体学习革命文化无疑具有风向标和助推器的作用，社会对学生群体的价值导向能够形成良好的社会风气，通过社会大的导向打造出学生群体学习革命文化的大环境；学校是育人的主阵地，学生文化素养是学校育人的一个重要方面，学校对青年文化素养的培育是青年学习革命文化最直接、最基础的因素，所以，学校的理论价值导向能够直接影响学生价值、文化素养的形成。

最后，对于学生的教育改变了以往以传统的权威教育模式为主导的教育方式，而是呈现出多元化、去中心化的教育趋势。学生更乐于接受平等的、对话式的和朋辈之间的教育方式。因此，社会上和学校里的各种以兴趣为导向的社团组织，成为学生业余扩展视野和学习的主要方式。目前，革命文化的传承与发展也正在选择以社团组织为单位的模式，部分学校成立了关于革命文化的学习型社团，围绕这一社团相应地开展了革命文化学习与实践的活动，为学生群体提供了交流与学习的组织和平台。“兴趣 + 社团”模式是依靠学生群体自身的力量而实现的文化自觉与对图像时代各种诱惑的抵制方式之一。社团对话机制能够打破图像带来的单向解读思维，通过社团中师生的对话、学生之间的对话，创设理论对话情境、激发对话，在对话中实现对革命文化的学习与传承。社团的对话机制，对学生群体的生活来说创造了更多的对话机会，并促进对话双方生成新的知识与价值。

第三章 革命文化传承与发展的现状、模式和个案

广东是中国改革开放的先行地，是经济社会发展的排头兵，全省的各级各类学校能够依靠强大的经济实力来办好教育、搞好教学，包括做好传承和发展革命文化的工作。

第一节　革命文化传承与发展的现状分析

中国共产党的革命文化发端于建党初期和大革命时期，形成于土地革命战争时期、抗日战争时期和解放战争时期。这种文化通过新中国学校教育等途径，一直延续到现在，并随着时代的前进而被常学常新，已成为当代中国文化的重要组成部分和各族人民共建精神家园的重要支柱。广东学校素有重视革命文化教育的传统，传承和发展革命文化一直是学校教育的重要内容。但是，因为广东是改革开放的前沿，受市场经济的洗礼最早、最深，市场经济的负面因素在学校的教育教学中也有明显反映，特别是时不时地弥漫着去意识形态的倾向，导致革命文化教育有所削弱。自从党的十八大明确提出："要牢牢掌握意识形态工作领导权和主导权，坚持正确导向，提高引导能力，壮大主流思想舆论"和习近平党的十九大报告中强调"要不断增强意识形态领域主导权和话语权，推动中华优秀传统文化创造性转化、创新性发展，继承革命文化，发展社会主义先进文化"以来，广东学校的革命文化教育有了新的可喜变化。

一、思想上高度重视和政策上充分体现

广东省各级领导在思想上相当重视革命文化的传承和发展，尤其重视抓好学校的革命文化教育。从各级领导在各种公开场合的相关讲话中会很清楚地看出这一趋势，在其他相关场合也能或强或弱地感受到这一变化。在革命老区较多的梅州，近年来，各级党政部门都非常重视做大做强革命文化，各地的学校领导更是抓住机会和结合本地的红色文化资源，积极部署和开展革命文化教育。以有代表性的梅南中学来说，该校领导充分利用本地得天独厚的红色资源，大力弘扬红色文化，打造具有老区特色校园，使梅南中学校园文化建设表现出鲜明的革命文化特色——以弘扬革命传统和培养老区时代新人为办学宗旨，将革命传统教育作为学校德育工作的核心内容，使梅南中学从校园到课堂都充满浓厚的革命文化氛围。在经济发达的珠三角地区，红色文化教育同样受到各级领导的高度重视。如近些年来，佛山市南海区每年都会例行下发相关文件支持各级各类学校进行红色文化教育。2019 年 4 月，佛山南海区文明办和南海区教育局联合下发了《关于开展“我们的节日 · 清明”祭英烈活动的通知》，要求各学校深入开展“扣好人生第一粒扣子”主题教育实践活动，培育并引导未成年人践行社会主义核心价值观，传承红色基因；规定在清明节期间，以“慎终追远、缅怀先烈”为主题，组织广大中小学生开展“我们的节日 · 清明”祭英烈活动，引导人们尊重英雄、歌颂英雄、怀念英雄，在全社会树立崇尚英雄、缅怀先烈的良好风尚。

为了搞好学校的革命文化教育。广东省各级党政部门很注重从政策上支持学校的革命文化教育工作。有关政策规定，从 2019 年起连续五年统筹安排 85 亿元，同时引导社会资本多元化投入，助力广东实施红色革命遗址保护；利用九大行动计划，支持加强红色资源保护利用，扩大保护范围。省财政统筹安排支持全省红色革命遗址保护利用的资金主要包括：一是从 2019 年起五年内安排专项资金 15 亿元，重点支持“红色遗址保护建设”和“红色遗址展陈提升”两大行动，保障全省具有较大历史价值、影响较大的

128处省级以上级别的红色革命遗址与纪念设施的保护建设和改陈布展、中央和省委部署的重大项目建设等。二是统筹相关资金70亿元，支持红色遗址管理提升和免费开放、红色文化传播、红色教育基地打造、红色志愿服务行动等。其中，统筹安排57.5亿元，支持市县开展红色革命遗址历史挖掘整理、管理提升、免费开放、红色文化传播、红色教育基地打造等，按照“大专项+任务清单”的方式，安排给经济欠发达地区市县统筹使用；统筹安排1亿元，用于全省烈士纪念设施维修改造、烈士墓地建设与维护等红色革命遗址和纪念设施建设；统筹安排11.5亿元，扶持60个“红色村”新农村示范建设，打造一批广东党员红色教育基地，开辟固定教育场所。在加大财政投入力度的同时，广东省将综合运用政府和社会资本合作、股权投资等多元化投入方式，建立常态化的红色资源保护利用经费保障机制，形成财政政策支持引导、各方共同参与的管理模式，推动红色资源有效利用和传承发展。①

与此同时，广东省各级党政部门不但从政策上为各级各类学校独立自主开展革命文化教育提供支持，还根据有关政策规定，先后主动成立了广东省老区建设促进会、广东省红色旅游文化促进会、广东省红色文化教育促进会和广州市黄埔红色文化教育培训中心等，为学校的革命文化教育提供资源和社会支持。

二、人财物方面的安排落实到日常工作

党的十八大以来，广东各地都普遍加大了对革命文化教育的支持力度。在省会广州，近年来主要依托中共三大会址纪念馆、广州农民运动讲习所旧址（简称“农讲所”）、第一次全国劳动大会旧址（简称“一劳大”）、中共广东区委员会旧址等红色革命遗址，开办了“新时代红色文化讲习所”，通过情景式、体验式、互动式的宣讲教育，将红色革命遗址打造成为习近平新时代中国特色社会主义思想的宣传阵地。通过邀请专家现场讲学，安

① 广东财政5年85亿元支持红色革命遗址保护［EB/OL］.（2018-05-17）［2020-08-20］. http://www.gov.cn/xinwen/2018-05/17/content_5291650.htm.

排精品课程菜单选学，以及开展文艺展演活动，将精品课程、文艺展演贯穿现场宣讲，打造学习宣讲新模式。实现将线下教育、线上展播有机结合起来，形成学习宣讲新常态。

目前，广州正在努力完善和发挥好“新时代红色讲习所”的社会教育功能，把红色讲习所打造成习近平新时代中国特色社会主义思想的宣讲平台，建设成弘扬革命精神、传承红色基因的百姓课堂。同为珠三角的惠州市，同样高度重视对学校革命文化教育的大力支持。惠东县东北部的高潭镇是全国最早建立区级苏维埃政权的地区之一，被誉为“东江红都”，境内保留了丰富的红色遗迹遗址。近年来，惠州注重把保护、利用红色革命遗址作为加强党的建设、加快革命老区发展的重要举措，切实加强对高潭革命旧址的保护开发利用，加大对革命老区的民生投入，全力打造红色文旅小镇。2016 年 8 月启动“建设三个基地、办好十件实事”以来，已投入 8 亿元，加强文物修缮，提升陈列布展，重点建设完善高潭革命历史陈列馆，新建甘溪五个党员纪念园，改造“马列街”等一批红色项目，走出了一条“红色为基，红绿相融”的高质量发展之路。2017 年，高潭镇共接待游客超过 30 万人次，实现旅游总收入约 1.2 亿元；2018 年一季度共接待游客 20 余万人（仅春节期间就超过 7 万人），实现旅游收入 9 000 多万元。2017 年，高潭全镇地区生产总值为 6 亿元，同比增长 10.6%；农村居民人均纯收入是19 389元，同比增长 25.4%。

海陆丰革命老区是全国 13 个红色革命根据地之一，也是我国第一个县级苏维埃政权诞生地。近年来，汕尾以“四大抓手”为着力点，擦亮红色品牌，传承红色基因。一是以红色文化名片为抓手，提升红色文化引领力。联合省社科联等举办了“广东省社科专家话城市文化名片”活动，评选出彭湃、红宫红场等 12 张具有汕尾特色的文化名片。二是以红色文艺创作为抓手，提升红色文化感染力。积极组织全市文艺工作者进行红色文艺创作，打造一批如《奔向海陆丰》《渔民心向共产党》《彭湃》等红色题材的歌曲、戏剧、影视等艺术作品，进行巡回演出。三是以红色文化教育为抓手，提升红色文化向心力。依托 18 个爱国主义教育基地和 9 个国防教育基地，深入开展爱国主义教育和革命传统教育，每年接待参观干部群众近200多万人次。四是以红色主题活动为抓手，提升红色文化凝聚力。策划举办“不忘初心，牢记使命，共铸新时代革命老区新辉煌”系列活动，在海丰县红宫红场联合举办“不忘为民初心 决胜全面小康 大爱有声·唱响海陆丰——2018大爱有声大型公益主题传播活动”等。

在革命老区韶关，最近几年各地按照中央和省的要求，结合本地红色文化发展现状，先后制定实施建设红色教育基地工作方案、红色革命遗址修缮保护工作方案，编制红色旅游发展规划，从挖掘梳理、修缮保护、线路规划、产品打造、资金投入及宣传推广等方面，做好顶层谋划，明确任务清单，压实具体责任。围绕“北伐之旅”“会师之旅”“长征之旅”“抗战之旅”等4条主题游线，谋划31个重要红色景区景点、3个红色小镇、6个红色村的建设项目。目前，12个重要景点、2个红色小镇和所有红色村已完成规划设计和项目立项，正在建设过程中。河源市既重视红色遗址的保护利用工作，又注重利用和发挥新媒体的传播优势，创作了一批红色网络精品。2017年纪念紫金“四二六”武装暴动90周年微视频，总点击量突破170万，在全国广受好评。目前正在策划制作讲述系列红色遗址故事的《峥嵘岁月　红色基因》系列微视频、红色精品广播剧《赤炮风雷》，正在创作河源红色故事系列漫画。同时组织开展“红色宣讲轻骑兵活动”，由党员、烈士后代、先进模范、人民教师、企业家、扶贫干部、两代表一委员、文艺工作者、志愿者、红色文化工作者等十路百姓宣讲轻骑兵，开展红色文化宣讲主题活动，充分发挥红色文化在引领时代主流和社会新风尚等方面的导向作用，讲好红色故事，厚植红色基因，赓续红色文脉。①

需要特别指出的是，无论是思想和政策上的重视，还是人力物力财力的支持，最后都得落实到各级各类学校的日常教育工作中去。目前，广东的各级各类学校都能结合实际将革命文化教育纳入各自日常工作，在日常

---

① 李强．推动红色文化建设　汇聚强大精神力量［N］．南方日报，2018-05-04(A05)．

的教育教学工作中对革命文化教育有具体的安排和落实。这方面做得好的典型有韶关市仁化县的董塘中学。仁化县是大革命时期最早的革命发源地。在这片红色的土地上，留下了朱德、陈毅、阮啸仙等许多革命前辈和无数无名英烈的足迹。在革命年代，董塘人民与反动势力开展了一次次英勇的革命斗争，如董塘阻击战、华阳寨保卫战、浙溪山游击战、河富抗日战争以及解放初期的剿匪战斗，在仁化革命斗争史上留下了光辉的一页。可以说，作为全域属革命老区的董塘镇，村村都有动听的革命故事。为了让革命文化教育得到深入开展和常态化进行，使学生牢记革命精神，树立正确的革命历史观。董塘中学开展了“十二个一”的革命文化教育活动：（1）每周唱一首红色歌曲；（2）学校每月组织一次以“弘扬红色文化”为主题的国旗下的讲话；（3）每月举行一次班级红色文化主题教育活动；（4）每月举行一次红色班级文化评比与交流活动；（5）每学期举行一次全校师生红歌赛（或大型文艺会演）；（6）每学期举行一次全校师生“革命英雄在我心中”的红色故事演讲；（7）每学期举行一次全校师生红色文化征文比赛；（8）每学期上一堂红色教育课，邀请革命老前辈到校举行宣讲报告，对学生进行榜样和励志教育；（9）每学期读一本红色革命书籍；（10）每月看一部红色革命电影；（11）班级每季度出一期红色革命教育手抄报，举办手抄报比赛；（12）在校园固定位置开辟“历史（党史）上的今天”栏目，每周宣传一位红色革命人物或大事件。此外，董塘中学还结合清明节、五一、七一、八一、十一、九一八等重大纪念日或节日，举办红色历史讲座，开展红色诗词朗诵、红色故事演讲、红色文化征文、红歌演唱比赛、红色图片展览、红色实践活动、红色影片展播等丰富多彩的与学校特色建设相关的红色文化教育活动，通过各种蕴含红色文化的竞赛活动的开展和作品的展示丰富红色校园文化的内涵。①

---

① 仁化县董塘中学：聚焦打造红色校园文化，深入开展“大阅读课”活动［EB/OL］.（2018－10－14）［2021－11－6］. https://mp.weixin.qq.com/s/rMJZN_mq5cjGXLtVA89d_g.

三、学校师生呈现主动传承革命文化之势

学校教育是一个庞大的系统工程，它包括幼儿园、小学、初中、高中、中职、高职高专、本科院校、部分科研院所和特殊教育学校等，这个系统覆盖了个人参加工作前的整个过程。因此，学校是传承和发展革命文化的主阵地，这一主阵地的主体是教师和学生。然而，受各种因素的影响，学校的革命文化教育一度“遭遇冷门”，甚至出现边缘化、形式化等问题。对革命文化教育的重视不足导致教育过程中对革命文化内涵阐释不深入、教育方式固化单一，使得学校教育对历史虚无主义思潮的回击略显单薄无力，也影响了教师的教学热情以及学生的学习动力。

党的十八大以来，尽管上述现象还或多或少地存在于一些学校中，但在革命文化教育的环境从上到下都变好的条件下，绝大多数学校对革命文化教育的重视明显加强了，尤其是学校领导的态度和措施到位了，使得广大师生也越来越关注革命文化教育问题。广大的学校普遍注重与革命文化教育紧密相关的课程建设和教师队伍建设，强调以好的课程作为依托，打造合格的师资队伍，系统地开展革命文化教育。为此，绝大多数学校做到了每年定期或不定期地派出以政治课教师（中小学）、思想政治理论课教师（大学）为骨干的教师队伍，前往全国各地的红色景点参观学习，让这些处在革命文化教育第一线的教师，能通过耳濡目染提升从事革命文化教育的素质和水平，善于将革命文化的神和韵传达给学生。于是，教师们对待革命文化教育的态度大大转变了，从事革命文化教育的积极性也大大提高了。目前，全省的中小学，每年都会与社区紧密配合，安排学生在寒暑假期间参加一定的主题活动，或自行到爱国主义教育基地、科普教育基地开展参观学习活动。

四、学校教育方式覆盖传统平台和新媒体

任何学校都是教育的重要环节，而每一个学校内部的教育教学也是一个系统工程。广东学校及其广大师生，与全国各地的学校师生一样，一方

面重视利用好讲台、课本、图书资料、宣传栏等传统平台进行革命传统教育，另一方面与时俱进地尽量利用网络新媒体平台开展革命文化教育。

随着网络时代的全面到来，通过网络新媒体对红色文化进行全新的挖掘、整理和创新，以争取国内外网民，特别是“九五后”网民，是学校和各种红色文化传播主题应该有作为的地方。现在是全媒体、融媒体时代，广东各类学校以雄厚的财力做支持，开展革命文化教育，尽量全媒体呈现，文字、图片、视频、专访、两微、客户端、手机报等形式，十八般武艺全用上，协同发力，形成多种生成、多元传播的融媒体革命文化传播体系和立体发布平台，这些平台以宣传红色文化为己任，发挥融媒体立体传播优势，创新传播方式，提升传播效果，放大推送效应，让红色文化占领网络传播的空间。譬如，佛山市文民办倾力打造的佛山文明网（http：//fs. wenming. cn/），在首页设置了“红色基因”专题相关频道，同时设置“清明祭英模 凝聚中华魂”网页，可以点击“献花”；还建设了微信公众号“文明佛山”，在菜单栏“综合业务”栏目发布了“红色革命教育片”或相关推文。鉴于2020年的重大疫情不便于外出开展相关活动，南海区里水镇里水小学充分利用上级部门开发的这些资源，开展了革命文化教育。特别是2020年清明节期间，在网上开展“我们的节日·清明节——‘清明祭英模 凝聚中华魂’”系列活动（见：https：//mp. weixin. qq. com/s/qNEYvdNAZoeWoA9Odt3Qug）。

总之，如果说以前一段时间广东的各级领导因忙于招商引资、扩张经济，而对革命文化的传承与发展有所忽视的话，那么从党的十八大以来，这一情况有了很大改观。广东各级各类学校的领导及主管部门开始高度重视革命文化教育，主要表现为思想上高度重视、政策上充分体现、人力物力财力上大力支持和日常工作有安排有落实等方面。目前，广东学校的革命文化教育开展得如火如荼，整体上呈现出积极而健康的发展态势。不过，也还有一些不足之处，如党中央高度重视革命文化，十九大报告中明确提出，继承革命文化，发展社会主义先进文化，但广东省的第十一次党代会和第十二次党代会的报告中，其他方面的文化都有所提及，就是没提革命文化。由此带来了广东学校的革命文化教育的发展能否可持续的问题。

第二节　革命文化传承与发展的模式探究

广东省各级各类学校在传承和发展革命文化的过程中，因各校所处区位、红色资源和财力物力人力的不同，创造了灵活多变、生动活泼的各种红色文化教育方式，概括起来主要有“校内看”和“校外看”两大类型，其中每一大类型之下又各有几种小的模式。

一、“校内看”的主要模式

党的十八大以来，广东的学校很重视革命文化的育人作用，强调立足日常的教与学开展革命文化教育，努力在学校内实现革命文化教育的常态化、生活化，是各级各类学校传承和发展革命文化的重头戏。换言之，“校内看”是广东革命文化传承和发展的主要模式之一。综观之，革命文化教育的“校内看”模式主要通过以下六大途径进行。

（一）本校教学穿插革命文化教育

在日常教学中进行革命文化教育，是广东学校传承和发展革命文化的最主要的传统方式。思品（政治、思想政治理论课）、历史、语文、音乐和美术等学科的教学中都会或多或少地包含了革命文化教育的内容，广东学校既注重各学科中的革命文化教育，又强调各学科互渗、课内课外互动，在日常教学中形成革命文化氛围，以促进学生良好品格的形成，助推学生良好学习风气的形成。譬如，深圳市坪山新区的中山中学，将课内教学的有关内容结合其他主题，于2016年12月开展了革命文化教育，提出“做现代市民，建和美坪山”的口号，将“坪山红色文化”与“社会主义核心价值观、现代市民标准、中国梦我的梦”结合起来，举行了系列专题讲座活动，该学校初一年级10个班约400名学生参加此次讲座，讲座期间还发放此次展览活动的宣传册页及明信片。而作为革命文化教育主体的广大教师，则紧跟新时代步伐，重视涉及广东本地的革命文化的相关内容，有的学校和教师还编写了乡土特色的革命文化教材，如梅州市梅县的梅南中学校长丘一帆主编的校本教材《为了心中的那一抹红》。

（二）本校图书馆的革命文化图书

图书馆是一个学校的标志性建筑，是培养和陶冶学生情操的重要场所。图书馆在学校特别是在高校的地位，决定了它在革命文化的传承与发展中有着不可推卸的使命与担当。2015 年教育部颁发的〔2015〕14 号文件《普通高等学校图书馆规程（修订)》在总则中明确指出："图书馆的主要职能是教育职能和信息服务职能。图书馆应充分发挥在学校人才培养、科学研究、社会服务和文化传承创新中的作用。"广东是改革开放的先行地，学校图书馆建设有着雄厚的经济基础。各地学校不但重视图书馆的硬件建设，更重视软件建设，包括进行各种革命文化教育的图书影像资料的建设。各级各类学校一方面在每年的办学经费中都投入一定资金购买革命文化方面的图书和映像资料等，另一方面会尽量利用各种社会资源来丰富图书馆的革命文化方面的资源储备。譬如，2013 年 9 月 13 日，广东省红色旅游文化促进会会长万保民为本次活动做了致辞，并向梅州市大埔县三河镇的八一小校赠送了一批图书、文具等礼物，该镇中心小学的校长丘向勇发言指出，希望师生们能充分利用这些精神食粮，传承红色精神文化，心存感恩，好好学习，回报社会。此次捐赠活动营造了全社会共同参与支持老区教育事业发展的浓厚氛围。在广东高校的图书馆，基本上做到了每年保质保量地购进若干红色文化的图书，同时努力打破传统条款和模式的束缚，使校内的图书馆分馆和各学院、系、所等的图书资料库，通过联网建立起长期、稳定的横向合作关系，逐步做到和扩大包括红色文化图书在内的图书资料的共享范围。

（三）本校文艺会的革命文化节目

在年度、学期的工作安排中，广东的各级各类学校一般都会在元旦、五四、六一和国庆等节日前夕安排文艺汇演之类的常态化工作。其中，有关革命文化的节目必定是重头戏。譬如，2018 年 5 月，肇庆市学校大多举行了"红五月"之类的文艺活动。广宁县木格中学举行了"传承红色基因 争做时代新人"主题文艺汇演。各班以唱红色歌曲、诵读经典等方式来展现新时代青少年学生的风采，以一首首革命励志歌曲唱出心中对祖国的热爱，决心立志成才，报效国家。四会市东城中学通过开展"如何成为一名合格的共青团员”主题团课，让学生了解共青团的光荣历史。德庆县永丰中学举办“中华经典铭留我心，五四精神永放光芒”文艺汇演。

（四）本校景观中设革命文化专栏

广东学校对革命文化的育人作用的重视，不仅体现在课堂教学、重大活动的必备内容，还体现在本校的景观设施中，强调整体构建一个适宜开展革命文化育人的校园氛围。这种做法在广东学校得到普及。以比较典型的广州从化区吕田中学来说，它投入65万元，精心修建了一条充满革命色彩的“红色”文化长廊，重点宣传“红色吕田”等内容，在“红色文化”的革命熏陶下，青少年学生在一段段催人奋进的战争故事、一个个响亮的英雄名字的熏陶下成长，自觉地传承了革命文化之传统，发扬了革命先烈之精神。粤北地区仁化县董塘中学，规定学校和各班级要开辟一块“读书交流园地”。各班开展以“读书”为主题的手抄报活动、举办读后感征文大赛，校园、班级定期更换黑板报、墙报，让革命文化的氛围充满校园，以此来陶冶学生的革命文化情操。而在以“校园红色文化教育模式实践”获得广东高校校园文化建设优秀成果（高职组）特等奖的广东行政职业学院，精神设计校园实体空间，在校园内大量建设红色文化景观，除马克思塑像、毛泽东骑马像和邓小平塑像等伟人像外，还建有求是广场、一脉相承亭、中国梦彩虹桥等红色景观，在用红色文化传播红色文化和用革命文化引导师生舆论方面，取得了很好的效果。

（五）本校网站传播革命文化信息

梅州市梅县的梅南地区有着丰富的革命历史遗存，最有名的是苏区时期九龙嶂革命根据地，它是广东工农革命军东路第十团的所在地。该镇的梅南中学的前身是1914年创办于梅南苏区的龙文公学。梅南中学作为老苏区教育的纪念性学校，十分注重用老区优良的革命精神引领学校发展，始终把突出革命传统教育的特色作为学校立校指导思想；始终把继承光荣的革命传统，用老区精神办教育，用老区精神教育下一代，作为办学策略；始终把着力培养既具有时代素养，又有革命先辈优良品质的老区新一代作为学校的培养目标。用红色文化引领学校发展是梅南中学与生俱来的本质特征。梅南中学的革命传统教育特色，既体现在学校的办学思想上，又落实在学校的发展规划中，在历次制定学校三（五）年发展规划时，学校都把革命传统教育作为学校德育工作和校园文化建设的主要内容。在年度工作计划中，革命传统教育是德育工作的主要内容，校园红色文化建设是学校建设的一项重要内容，落实校园文化建设和加强革命传统教育互为载体。在创建红色校园文化特色学校活动中，学校成立了“红色文化进校园”系列教育活动领导小组，校长任组长，由分管领导任副组长，成员由各室主任、年级主任、班主任组成。德育处、团队、少队制定活动实施方案和具体实施细则，制订了《红色校园文化建设工作方案》，明确规定将弘扬老区革命传统、彰显红色文化特色作为学校创建特色校园文化的主要内容。方案明确了各部门的职责，明晰了工作思路，确保了红色校园文化建设能得到长期、有序、扎实、有效地开展。

让红色文化渗透学校的每一个角落。梅南中学是具有光荣革命传统和大量可歌可泣的革命斗争历史的一间学校。红色文化是梅南中学与生俱来的特征。为了让学生能够随时随地地和红色文化亲密接触，学校采取了一系列的措施：（1）在教室、走廊、宣传栏等醒目之处布置大量具有革命传统色彩的格言警句，悬挂张贴伟人肖像。（2）开设革命斗争历史陈列室和校史展览室，陈列苏区革命史资料图片、学校历史资料和介绍学校历史沿革等。（3）加强文明之花校园广播台建设，在广播台中广播红色故事，传唱红色歌曲。（4）积极办好学校文化墙、宣传栏、黑板报、班级黑板报，加大红色文化在其中的分量。（5）抓好爱国主义教育基地的建设工作，充分利用老苏区丰富的革命遗存，把烈士陵园、梅南革命斗争历史陈列室、九龙嶂红军烈士纪念亭作为学校红色教育基地。（6）编写《为了心中的那一抹红色》《乡土之春》等校本教材，作为活动的辅助读物。（7）开展红色文化进课堂课题研究。（8）在学校网站上开设红色文化进校园专题网页，等等。这些措施浓厚了学校红色文化氛围，通过一系列“红色教育”，使红色文化入眼、入耳、入脑、入心，全方位浸润红色文化。

（六）本校红色社团高扬革命文化

从广义看，学校的党、团和少先队组织也是红色社团。但人们一般从狭义上看红色社团，即认为红色社团是对学校学习马克思主义和党的理论路线方针政策的以学生为主体的社团组织的形象称呼。这类社团与主流的思想政治观念一致，所以被称为红色社团。学校要很好地传承和发展革命文化，就应该在党团组织的领导下，首先发挥本校红色社团的先锋作用。这些年来，广东高校的红色社团如雨后春笋一样发展起来了，每个学校一般在本校的党团组织的指导下成立了校级的红色社团，有的学校的院系也成立了各种形式的红色社团（或研习班、兴趣小组等）。特别是党中央实施“马克思主义理论研究和建设工程”和团中央实施“青年马克思主义培养工程”以来，更是激发了广东学校成立红色社团和广大师生参加红色社团的积极性和主动性。在中小学，类似的红色社团也有很大发展。如今，红色社团已在广东学校得到了普及，不仅表现出社团多、人数多、辐射范围大的良好现象，而且表现出各社团能紧跟党的理论的创新发展和贴近社会发展步伐的良好趋势。

总之，广东学校在校内从事革命文化教育的模式或路径是多种多样的，虽然不同学校会根据各自的实际表现出不同的路径倾向，因而我们对之做了分门别类的分析，但其实多数学校的进行革命文化教育都不是单一的路径，而是一种综合性路径。譬如，吕田中学围绕“以德立校，全面育人”的办学目标，以革命传统和红色文化作为教育的重点，通过整合教育资源、创新德育模式，不断加强和完善德育工作的管理，以开展教师导学、学生探究学习、先辈讲述创业奋斗史、学生参观革命教育基地、体验重走长征路等系列实践活动为载体，让师生了解吕田的革命斗争史以及吕田中学创业发展史，学会珍惜、学会感恩、学会回报，打造一支能力强、素质高的德育工作队伍，培养具有健康心理、健全人格、充满理想的现代中学生，努力走出一条适合山区中学的内涵发展之路。以“课堂教学”为阵地渗透“红色文化”精髓。该校以课堂教学为阵地，通过抓好教科研工作，以课程结构为突破口，开发了“革命优良传统与红色文化传承综合实践活动”校本特色课程，组织校本教材设计，已开发《红色吕田》《吕田乡土地理》《红歌唱响》《革命小故事》《中华经典美文诵读》《螺号》等校本教材，增加、充实了学生的课堂、课外读物，丰富了课余生活。学校坚持“以人为本，全面育人”的办学理念，在深入研究红色文化教育资源的同时，多渠道、全方位、立体化开展德育工作，形成德育合力。如利用国旗下的讲话、重大传统节日和各类专题开展教育活动，培养学生良好的思想品德；充分发挥校园广播和《螺号》等校内刊物的宣传喉舌作用，大力表彰好人好事、新风尚、新人物，批评不良风气和不良现象，树立校园正气；以“叙事德育”为主导，开展“小故事，大道理”的德育活动，让学生从小故事中领悟人生的哲理等，一系列的德育教学，使学生从生活、学习中体悟为人处世之理。

二、“校外看”的主要模式

立足校内开展革命文化教育，虽然方便易行，而且可以达到日用而不知的效果，但也可能导致钝化、甚至熟视无睹。因此，变换环境，从校内走出去，有目的地到外地去接受一些经典题材的革命文化教育，即从“校内看”模式拓展到“校外看”模式，有利于扩大学校传承和发展革命文化的效果。改革开放以来，广东各地的经济得到了大发展，雄厚的经济实力有助于学校通过恰当的途径走出去接受革命文化教育。

（一）依托本地红色资源传扬革命文化

广东省有丰富的红色文化资源，从大革命时期到土地革命战争时期，再到抗日战争时期和解放战争时期，均有中国共产党领导的革命和一些革命根据地，这些地方均有革命人物、革命故事和革命文物等。早在1922年，中国共产党人彭湃就在海陆丰领导了轰轰烈烈的农民运动，这成为全省乃至全国农民运动的先导。1927—1928年，中共广东组织在全省各地发动了上百次反抗国民党反动派的工农武装起义。广东创立首个苏维埃政权——海陆丰苏维埃，首个城市苏维埃政权——广州苏维埃，创建了海陆丰革命根据地。之后又陆续建立了海陆惠紫、梅埔丰、五兴龙、潮普惠、蕉平寻、饶和埔诏等苏区，形成东江革命根据地，成为广东主要的革命根据地。20世纪30年代初，由于地理位置和革命斗争的历史渊源，粤东北大部分地区是闽粤赣、闽西、赣南苏区的重要组成部分，为中央苏区管辖范围。在十年土地革命战争中，广东的革命斗争遍布全省大多数县。抗日战争时期，广东党组织首先在东江地区和珠江三角洲等沦陷区发展抗日武装，开展游击战争，以后逐步扩大到东江下游和其他地区。先后成立了广东人民抗日游击队东江纵队、珠江纵队、韩江纵队（韩江、梅埔）、广东人民抗日解放军、南路人民抗日解放军等抗日武装，统称华南抗日纵队（包括琼崖纵队）。十四年抗战期间，广东的抗日武装斗争和游击根据地遍及全省70多个县，广东当时成为全国抗日敌后三大战场之一，有力地配合了全国的抗日斗争。解放战争时期，广东党组织先后建立了粤赣湘边区、闽粤赣边区、粤中、粤桂湘边区、粤桂边区党委或工委及其领导下的六块游击根据地和武装队伍。成立了中国人民解放军粤赣湘边纵队、闽粤赣边纵队、粤桂边纵队、粤中纵队、粤桂湘边纵队等队伍。全省有90多个县建立县委一级党组织，在三分之一的地区建立了人民政权，为配合南下大军解放广东做出了重大贡献。

近水楼台先得月，上述各地的革命文化资源，首先为当地的学校进行革命文化教育提供了直接资源和良好平台。据调查，广东各地学校做得多、做得好的革命文化教育，基本上都是立足本地的革命文化资源开展起来的。这方面的事例很多，下面略举二例。

其一，潮州城南实验中学对当地红色文化资源的利用。粤东地区的潮州是“茂芝会议”“潮州七日红”的发生地，也是“抗日韩江纵队”“闽粤赣边纵队”等的主要活动地，红色文化资源丰富。广东省委原书记吴南生还亲笔为凤凰山革命纪念公园题诗：“一别凤凰数十秋，年年梦作凤凰游。白水湖畔花似火，乌崬山前月如钩。壮士挥戈战闽粤，天兵仗剑下潮州。而今重踏凤山路，满眼风光不胜收！”潮州城南实验中学充分利用当地的红色文化资源，常年开展重温历史、传承革命精神的系列活动。该校党支部组织党员志愿者们，到凤凰山革命根据地听讲解员说感人至深的革命故事，观看凤凰山革命根据地斗争史专题片，瞻仰凤凰山革命根据地烈士碑、黄秋富烈士纪念碑。该校成立团校，组织参加培训的团学干部和学生代表，在清明节之际前往西湖公园祭扫革命烈士墓，缅怀革命先烈的丰功伟绩，同时进行新团员的入团宣誓；还组织师生们前往潮州西湖湖畔的涵碧楼进行参观，让大家了解这座纪念周恩来革命活动的小楼。

其二，从化吕田中学对本地革命老区红色文化资源的利用。广州市从化区的吕田镇属于革命老区，吕田中学利用革命老区得天独厚的红色文化资源，常年开展系列的革命文化教育活动，从革命文化教育的中凝练出“团结拼搏，艰苦奋斗，不屈不挠，自强不息”的校训精神。近几年，吕田中学明确提出，“弘扬老区精神，重塑红色文化，有利于培养学生的社会主义核心价值观，规范学生的思想、行为习惯，帮助学生培养正确的世界观、人生观和价值观”。学校专门组织人员，深入各村各社，对吕田的革命史迹、故事、人物等进行资料搜集，每年学习都会组织学生参观革命斗争旧址、为革命烈士扫墓、“重走长征路”等活动。特别是在“重走长征路”活动期间，师生徒步28公里，前往革命教育基地——塘基村、三村村等，参观革命文化遗址，听取革命斗争史，亲身体验革命的艰苦岁月。

（二）利用外地红色景点传扬革命文化

广东省各所学校也积极利用外地红色景点开展革命文化教育活动，带领学生走出去，用脚步丈量革命故事的步伐。华南师范大学的青年马克思主义培训学校便定期组织学生前往井冈山全国青少年革命传统教育基地开展实践活动。在三天的实践活动中，专题讲座、现场教学以及行军体验三位一体的学习模式环环相扣。井冈山干部学院教授黄仲芳等专家的“井冈山的斗争和井冈山的精神”“信仰比生命更贵重”等专题讲座，回顾了中国共产党在井冈山的革命斗争历程以及井冈山精神在新中国缔造过程中所发挥的积极作用，使华南师范大学“青马学员”再一次坚定了永远跟党走的理想信念。在现场教学中，“青马学员”祭奠了井冈山革命根据地烈士纪念碑，参观了黄洋界保卫战遗址、八角楼、小井医院等毛主席和红军战士们曾经战斗或生活过的地方，亲身感悟了老一辈无产阶级革命家及红军战士在艰苦环境中胸怀理想、不怕牺牲、敢创新路的革命精神。在情景模拟课程“红军的一天”中，“青马学员”身穿军装，在茅坪乡了解红军的故事与红军精神，进行军事操练，学习“三大纪律，八项注意”，参观毛泽东同志两篇经典著作的诞生地，入户调查坝上村村民现状，并开展集体劳动。回到学校之后，华南师范大学的青马班还将开展“实践回来谈体会”——“五个一”活动，即一个小组座谈会、一篇心得体会、一张相片、一次展览、一回宣讲（到新生团支部)，将学习成果进一步推广和辐射。

（三）借助各种社会力量传扬革命文化

为了最大范围地弘扬革命文化，实现革命文化进校园，还需要借助各种社会力量，通过校外力量运用多种活动形式，转换学习模式，丰富学习体验，提高教学水平。譬如，广州市黄埔红色文化教育培训中心是专注于红色教育的专业培训机构，致力于推动红色文化教育、弘扬党的优良传统、传承中华民族优秀文化，是目前广东对外开展革命传统教育和红色培训的唯一专业机构、广东第一红色教育品牌，它立足广东，放眼全国，致力于推动红色文化教育，推动红色文化进学校，承办各类中小学研学旅行、红色夏冬令营。它举行“小小红军”夏令营活动，组织学生前往广东各大老革命根据地或组织红色文化江西行。党性教育缅怀先烈，牢记宗旨。此外，该中心设置特色课程，一是在黄花岗革命烈士陵园或烈士墓前敬献花圈，重温入党誓词，学习坚定信念、敢于牺牲的精神，增强党员干部的历史使命感和工作责任感，树立艰苦奋斗、无私奉献、为共产主义牺牲的信念。二是在惠州市东江纵队革命博物馆、斗争全景画馆现场详细学习、了解革命斗争史；深刻体会中国革命的艰难历程，保持艰苦奋斗的作风，更加珍惜来之不易的当代生活。三是场景教学再现历史，在广东汕尾海丰的红宫红场参观纪念馆，授课，观看《信仰》影视片。现场讲解彭湃建立第一个苏维埃的故事，穿红军服重走朱毛红军挑粮小道，亲身体验当年官兵同甘共苦之情。四是在黄埔军校旧址等地进行铁纪教育、穿越峡谷、抢救伤员、胜利会师等实地红色演练，培养纪律严明、团队协作的精神。五是在中山纪念堂互动，近距离接触、感受老一辈无产阶级革命家的博大胸怀和感人事迹。通过一系列专业组织活动极大促进革命文化的历史再现，加深学生对革命伟人生平事迹、政治智慧和人格魅力的了解。

（四）利用校外红色网站传扬革命文化

近代以来，广东是中国人民反抗帝国主义和封建主义的前沿阵地，广州、汕尾、梅州、河源、韶关等地都浓墨重彩地留下了不同时期的革命痕迹。据不完全统计，在广东省的红色文化资源中，多达 26 处被授予“广东省红色旅游示范基地”，还有 11 处景点被选入全国红色旅游经典景区。这些著名的红色旅游示范基地和景点建立了或正在筹建各自的官方网站、微博平台和微信公众号等。据不完全了解，除了省市两级政府的文明办的网站均建有革命文化或红色文化的专题网页之外，已建的专题网站主要有：http：//www. gznjs. cn/Memorial/default. aspx（中共三大会址纪念馆）、http：//www. gznjs. cn/（广州农民运动讲习所）、http：//www. gzlsly. com/（广州起义烈士陵园）、http：//www. dongzong. net. cn/（广东东江纵队纪念馆） http：//www. chinamartyrs. gov. cn/LingYuanZhanShi/C126/index. html（“八一”起义军三河坝战役烈士纪念碑），等等。[①] 这些网站有丰富的景区资讯，既在网上传递了革命文化，又方便了学校有目的地组织师生前往参观、考察和学习，深化革命文化教育的效果。

（五）与兄弟校开展互动传扬革命文化

变换环境，走出校外体验革命文化发展，还可以与校外兄弟院校结对子，资源共享，既可一同交流教学与学习经验，又可促进两地学生情感互动。广州大学与广西百色学院就长期保持“手拉手”百色行活动。广东与广西素来是兄弟省份，关系友好。广州大学从前沿阵地到革命老区，追随着邓小平同志的步伐，从珠江到右江，寻访革命老区故事，弘扬爱国主义精神，引导两校大学生牢记历史、不忘过去，激励他们树立崇高的理想信念。[②] 除此之外，还邀请百色学院前往广州感受岭南文化以及广东革命文化的发展，参观广东红色革命根据地。兄弟院校在观摩交流之中形成共识，分析当前革命教育中出现的需要改进的问题，以及继续坚持优秀的革命教育方式。进行革命文化教育不能只在自己的圈子里面打转，要走出去与多方交流，为革命文化教育的改进提供持久的动力。

---

① 刘璐. 红色文化弘扬中的新媒体运用研究：以广东红色旅游示范基地为例［D］. 广州：华南理工大学，2017：27－28.

② 我校和百色学院青年“手拉手”广州行暑期社会实践活动启动［EB/OL］.（2010－07－17）［2021－11－06］. http://school. 3xy. com. cn/School/100510/Article/19857.

第三节　革命文化传承与发展的个案聚焦

广东省的革命文化资源丰富，每个革命景点都有革命故事，每个革命故事都有革命人物，每个革命人物都有革命传奇。如何把红色资源利用好、把红色传统发扬好、把红色基因传承好，使这笔宝贵的财富成为激活红色基因的生动课堂，是各级各类学校进行传承和发展革命文化的关键所在。不同的教育层次具有不同的教育特点，进行革命文化传承与发展也要依照具体进行，在整个广东省的初等教育、中等教育、高等教育等教育系统进行革命文化的开展，达到全方位、多角度的覆盖，接下来将选取不同教育层次中的代表个案进行较为详细的分析。

一、初等教育的打基础——以广州起义红军小学为例

初等教育是人生成长阶段的重要起点，学生第一次正式迈入校园，不再单一接受家庭教育，开始进行系统的理论学习。因此，初等教育至关重要，它面向的教育对象具有最大的普及性、广泛性，要牢牢抓好初等教育阶段的革命文化的传承与发展教育工作，进行渗透熏陶教育，在学生的心里种下革命精神的种子，便于在此后的中等教育和高等教育中生根发芽。对此，广州起义红军小学于2013年加入到全国红军小学行列，借助全国红军小学建设工程的东风，该校以红色文化资源为依托，以传承革命传统为主线，以激发爱国情怀为核心，建设红色校园文化，不忘初心，让红色基因代代相传，取得了良好成效，为实现中华民族伟大复兴的中国梦培养了合格的接班人。

（一）创红色校园文化，育革命精神传人

初等教育阶段学生尚且处在智力与身体发展的初级阶段，这个时期的革命文化教育要采取环境熏陶的模式，使学生掌握对革命文化的最初概念。环境对人的影响是巨大的，从初等教育做起，营造一个良好的革命文化氛围，应循序渐进地形成对革命文化的认同，形成主动接近了解革命文化教育的良好行为。广州起义红军小学根据小学生的学习特点，在尊重小学生

爱幻想、爱探索的天性的基础上，制定独特的校园革命文化培养方案，从小抓起，培育新时代的革命精神小传承人。

首先，广州起义红军小学在整个校园中布置充满革命文化的场所，营造红色革命氛围，大力构造人文校园。校园中有“一展馆”“两路”“四园”“五楼”等富有鲜明革命文化宣传的场所。“一展馆”是指红梦展览馆，是学校开展革命教育的主阵地，学校坚持革命传统与乐学立志相融汇的办学特色，在校园中建造革命教育的展览馆，对全校师生开放，是广大师生汲取革命思想的主课堂，展览馆将英模人物以及能体现战争年代的遗存物品一一展现出来，让学生们不出校门，就能接受到浓浓的革命传统文化教育。学生通过展览馆了解革命历史，颂扬革命精神，树立人生理想，通过参观并学习展览馆的物件能让小学生对革命历史拥有最为直观的了解。“两路”是指红梦路与童梦路，在校园学生经过的校道上设置关于革命文化的标志，象征革命思想与童梦教育相结合，以生动活泼的形式展示出来，也在一定程度上体现了革命传统与时代精神相依托的学校特色。“四园”是指同心筑梦园、博趣说梦园、扬帆追梦园、愿望藏梦园，校园布置不忘小学生的成长特点，处处体现小学生天真烂漫的特征，发散学生思维，将革命教育最大限度地融入学生的第二课堂活动之中，在“四园”中展开爱国报国、人文感恩、科普实践、生态体验等丰富多彩的德育活动。“五楼”是指校园的悦学楼、志学楼、博学楼、厚学楼、趣学楼，在这五大教学楼中的走廊、楼梯等场所布置与革命文化相关的元素。

其次，广州起义红军小学尊重小学生的阅读发展特点，学校每间教室的图书角，每个楼层的书吧，都有投放革命经典书籍。经典能涵养个人的品质，经典的力量历久弥新，以革命文化经典书籍作为开启知识之门的开端，从而学会读革命经典，从中汲取力量。学校还精心设计了童梦悦读森林，专门开辟开放式阅览区，设有革命红色经典阅览区，针对不同学龄的孩子设置不同层次的革命经典阅读区，创设一个自主、愉悦的读书环境，让孩子们与书籍为伍，与经典同行。开放式阅览区等多元化阅读阵地，让孩子把经典带进课室、带回家庭、带入心灵，让孩子的童年幸福地穿行在书海之中。学校借助丰富的革命藏书的图书馆，制定“让红色经典激扬爱国情怀”的活动计划，学生通过参加看革命电影、讲爱国故事、唱革命歌曲、排演爱国课本剧、背诵红军诗词等活动，进一步增强了对革命历史的了解，领会革命精神的丰富内涵。

（二）借生动活动载体，绽革命理想之花

广州起义红军小学借助各种多元的活动载体，在活动中传承革命文化精神。初等教育阶段的革命精神教育除了思想上的学习，更要注重实践中的获得感。小学生对知识的建构更多的来源于可感知的经验所得，因此，在弘扬革命精神的时候，运用生动的活动载体进行，在一项项贴近生活实际的活动中，绽放学生心里的革命理想之花。

第一，广州起义红军小学定期举办感受革命文化的夏令营活动，组织学生重返广州起义之路。带领学生与教师踏上“征途”，追溯历史，走近红军故事。夏令营革命文化之旅探访了广东本土的革命发生地，行走了河源市紫金县、惠东县高潭镇、汕尾海丰县等革命老区。学生行走在这片革命的土地上，留下的都是革命的记忆，参观革命先烈曾经居住过的卧室，通过观察当时的住宿和办公环境，以第一手的来源经验体会红色革命的艰辛和不易。利用当地的革命展览馆开拓小学生的视野，譬如，小学生在海丰烈士纪念馆中，利用3D屏幕等现代科学技术力量重现海丰县的革命历史，近距离地接触海丰县的革命历史脉搏。在河源紫金县革命烈士碑敬献花圈的活动上，小学生们凝望着纪念碑，感受着紫金县历史的厚重感——而这份厚重源于先烈们英勇奋斗献身的精神，小学生们在这仪式感满满的活动中对先烈们又多了一分敬重。通过重走革命之路，重温先辈们吃苦耐劳、不怕困难、勇往直前的优秀品质，能有效培养小学生艰苦奋斗的优良品质和树立远大的共产主义理想。

第二，广州起义红军小学借助各类文艺活动展现革命精神的当代风貌。文艺活动鼓励学生积极参与其中，在一系列的汇编、排练、演出等活动中，不仅能提高学生的参与度与荣誉感，还能提升学校的社会影响力。广州起义红军小学各类文艺节目获得较大的影响力，如创造的情境穿越剧《红领巾与红五星的对话》通过全国各类小学的层层筛选，作为中央电视台庆祝六一节目向全国展出。在全国红军小学六一文艺汇演节目中，广州起义红军小学有五个原创节目参与演出，向全国儿童展示革命精神成果。另外，广州起义红军小学坚持将诵读经典活动常态化，组建经典诵读队并参加各类比赛，获得优异成绩，学生队伍的诵读节目还曾在广州电视台进行展播。借助媒体的力量，有效地扩大了广州起义红军小学的传播面，为学校进行革命文化教育的培育注入新的力量，也给其他学校提供有力的示范模式。

第三，广州起义红军小学创立学校广播站载体以宣传革命文化。校园广播站是教育引导学生健康成长的重要媒介，是体现学校教育宣传的阵地，是传播革命文化的喉舌，是活跃学生课余生活的舞台，有利于丰富同学们的校园生活，引领校园主流文化的发展。广州起义红军小学利用校园广播站这一载体，创设“梦想加油站”宣传平台，邀请优秀孩子代表、家长代表和社会成功人士与全校师生分享阅读革命经典的体会，还成立革命故事宣讲团，团员们深入到各班宣讲革命故事，传播革命理想。利用校园广播站传播革命歌曲，做到全方位的革命文化宣传。小学生在革命歌曲的浸润下，唤起学生的生活激情，为他们树立革命理想注入正能量，在小小的脑海中建构起对革命文化的认知，革命经典音乐成为大课间的主旋律，坚强有力，催人奋进。此外，校园电视台定期播放红色经典影片，学生能够突破空间时间的限制，走入革命先辈的发生年代，革命经典影片放映安排老师给学生讲述影片故事发生的时代背景，放映之后要求高年级学生写出观后感。通过这种形式，让学员重温革命历史，接受爱国主义和革命传统教育。

（三）建特色课程体系，搭革命教育平台

广州起义小学以广东革命文化资源为基础，以经验丰富的师资队伍作为学校发展革命文化的有力保障，学校积极打造特色课程体系，搭建一个革命文化教育平台，形成革命品牌效应，实现专业引领与自身成长的良性互动，促进学生的整体发展。广州起义红军小学坚持以开启心智、挖掘潜能、激扬志趣、张扬个性、放飞梦想为特色课程建设的切入点，建构了广州起义红军小学革命教育特色课程体系。特色课程体系涵括多种活动，逐渐形成了多元立体的学校课程架构。

一是创建特色校本课程，贴近学生生活，以革命文化为主导的校本课程促进学生发展。毋庸讳言，课程影响着学生终身发展。学生对革命文化的认知如果能在小学得到良好的开发，就会为未来的中等教育与高等教育的革命品质打下重要基础，激发个性与创造力。因此，思考和探索以校为本的课程体系构建，是每一所学校的责任和义务。广州起义红军小学为了发挥最大传播功效，积极创建特色校本课程，让革命教育形成体系，逐渐故事化、课程化、成效化。学校根据广东省革命历史以及广州革命历史的事件与人物，根据不同的学生年龄层制定不同的讲授方式，开设相关校本课程。学生在贴近生活实际的校本课程中接受革命文化知识的教育，挖掘当地革命故事背后由无数鲜活革命先烈组成的实践故事，将看似空中楼阁的故事与学生生活紧密联系，消解学生受众与革命故事的疏离感，由此达到革命文化滋养精神、增进智慧的效果。广州起义红军小学的特色校本课堂，还从生活中选取事例，进一步拓展革命文化的内容，对中国故事进行微观切入，从小故事切入揭示大变革，从小人物开始透视大时代，用真情实感去感染和打动学生受众，在共通的情感层面达成共情。让一个个动人的革命故事，化作对孩子的无声教育，滋润孩子的心灵。

二是建立有知识保障的教师队伍，家校互动搭建革命文化教育新平台。广州起义红军小学借助专家学者的力量为班主任队伍的发展注入新的活力，学校定期组织教师参加校外各种教育教学学习、研修，让教师可以及时获取教育信息，更新教育观念，把握教育方向。通过这一系列的培训举措，全面提升教师的工作能力以及实施革命文化的教育能力。为了进一步革新教育观念，获得源源不断的创新能力，广州起义红军小学没有故步自封，而是积极与外校合作交流，分享不同地区、不同学校之间的教学经验。例如，学校与延安杨家岭红军小学结成手拉手学校，进一步加强了红军小学教师之间的相互合作、相互交流、相互学习，促进了双方教育教学、教研教改工作的均衡发展和共同提高。接着，学校重视家校教育平台的搭建。革命文化的传承与发展不止于课堂，学校致力于将革命文化的教育平台延伸至课后的家庭教育之中。广州起义红军小学在实施革命文化教育过程中，始终坚持培养孩子的革命理想信念，学校是主导者，家长是合作者和参与者的教育理念。因此，学校成立了由班级、年级、学校的自下而上、有层次、有机构的家长委员会，让更多家长以主人翁的意识和姿态参与学校管理工作和教育活动。同时，通过家长学校对家长进行现代家教及素质教育的学习，加强家校合作的实效性。如邀请华南师范大学应用心理学系迟毓凯教授、家庭教育高级指导师祁丽珠、省中小学德育研究与指导中心副主任李季教授、广州市教科所梁东标副所长等教育专家到校开展经验交流系列讲座，以家庭教育为主线，结合孩子的成长规律，从心理到行为等多个角度，通过幽默生动的案例，分享家庭教育的成功做法，提高家长育儿素养，指导家长如何在生活中对孩子进行革命文化的渗透教育。

总而言之，广州起义红军小学的革命文化教育模式符合初等教育阶段儿童的特点，适宜深入浅出地对学生进行革命文化的教育熏陶，为其打下良好的基础。从校园的环境文化建设到学生活动载体的运用再到家校合作共搭平台，形成一套完备的革命文化教育体系的基本体现，有效地促进了学生健康成长。在学生的心里播下对革命文化教育向往且认可的种子是初等教育最为关键的环节之一。

二、中等教育的再攀登——以佛山市南海区学校和深圳市福田区学校为例

初、高中阶段是青少年人生观、价值观、世界观形成的重要阶段，要积极激活红色文化引领青少年健康成长。佛山市南海区创新中等教育系统的革命文化传承与发展模式，在校园中植入红色基因，充分挖掘革命文化的丰富内容，发挥革命文化的价值，将革命文化融入课堂。深圳市福田区华富街道则针对华富街道辖区老党员多、学校多、学生多的实际情况，积极推动“社区党建＋校园”创新项目。

这些学校的红色文化传承与发展的模式，具有前瞻性、创新性、系统性，是在初等教育的基础上对革命文化的再一次攀登，具有很好的借鉴发展意义。

（一）以全新的布局理念，联动学校与社区组织，形成多元一体革命教育

佛山市南海区教育局创新性开展革命文化进校园模式，构建起一项互动互联的机制，将革命元素输送进学校，用革命资源引领校园风尚，稳步

营建新时代的革命精神家园。

其一，学校积极开展“团籍双联系”工作，形成以社区党委为主导，学校党支部、居委会、群团组织、社工组织、社会力量和学生家长代表等为成员的教育组织领导机制，负责项目的统筹协调和组织工作。每年寒暑假时间，南海区教育局制定“‘团籍双联系’工作方案”，旨在引导中小学生走进社区，参与形式多样的社会实践活动，参加志愿服务，参观南海区内人文历史场室、爱国教育基地，引导学生“向上、向善”发展，利用校外力量，促进红色文化的校外传承。发挥社区街道的力量，依托社会多元互动的资源，不同以往单向性的校园输入，而是发动街道各党团组织为社区党建工作与校园文化相结合建言献策，始终秉持务专求精、深入钻研的精神，致力于将革命文化传承工作学懂弄通做实，从而帮助学校师生从总体上全面而准确地领会革命文化精神内涵，为革命文化与校园结合的行动进行提供坚定的力量支撑。

其二，佛山市南海区的学校成立红色校园文化推进组、社区红色文化宣传活动组、社区青少年综合服务组等组织社团，负责学校红色课堂设置、红色基地建设、社区红色系列活动的策划及实施。学校有系统、有目标、有组织地开发生成红色文化课程，充分发掘红色革命文化的教育价值，在校园中布置有关革命精神的宣传标语，以醒目的标语传播革命精神，抓住学生视线，有效引起初高中学生的注意力。各学校经常性开展红色校园宣传活动，以学生为主要服务对象，从学生群体出发，举行一系列紧扣革命红色文化主题而又不失活泼有趣的相关活动，譬如，在学生群体中举办了“我们的节日·清明节”、抗日战争知识有奖抢答、“铭记历史、缅怀先烈”主题演讲等系列活动，得到了近千名学生的积极参与。

佛山市南海区教育局与各学校以全新的布局理念，将社区党团组织与学校结合起来，层层布局，形成多元一体的红色教育格局，润物细无声，学生在假期中参与社区街道的活动，在其中自觉或不自觉地感受革命文化。初高中学生思想活跃，思维活跃，自我意识开始觉醒，中等教育的革命文化输出要转变小学较为单一地输出的情况，在初等教育的基础上再巩固、再出发，激发学生的自主性，形成良性互动，学生也积极探究革命文化的价值。而南海区学校与社区街道的合作措施正是大大提高了学生的参与度，青少年学生在系列活动中学习并了解革命文化，在主题征文、讲革命经典故事、诵革命歌曲等的活动中，学生的爱国热情也将进一步增强，街道社区与校园之间发挥了最大的利益公约数，联动机制将革命文化的传承与发展工作渗透到社区的方方面面。

（二）以革命课堂为依托，突出革命主题，培育坚定的革命文化精神

深圳市福田区的华富街道联合社区、学校、老党员为青少年开展一系列红色教育系列活动，已经探索出一套文化教育活动系列，形成“3 +7 +1”教育体系，即“三节红课” “七项红色活动”和“一个红色基地”。“3 +7 +1”教育体系的形成，开辟了一条以校园为基地，创新培养新时代革命文化精神方式的新道路。

第一，创新“三节红课”。是指在原有的教学特色上，利用学校课堂力量，设置党建课、养成课、德教课。“三节红课”有专业知识厚度的保障，由学校资深教师执笔相关教案，确保课程具有充分的知识养分。开设 60 多门免费选修课、道德大讲堂，通过一个个革命故事，触动在校学生的心弦，唤醒学生对革命时代的回忆，提升学生对革命的思考，以及对当今生活来之不易的感恩。从党建课程到养成课程再到德教课程，层层嵌套的红课，从知识构成上给予学生最大的帮助，革命文化教育不再是走过场的形式主义，而是系统化、理论化的深入学习。华富街道充分利用了校园电子显示屏、校园广播等宣传阵地，把学生对革命文化的学习建设内容项目化、实践化，搭建革命文学宣传新平台，在潜移默化中不断提升辖区学生对本土革命文化的认同感，增强荣誉感和使命感。

第二，开展“七项红色活动”。活动围绕“听、看、讲、论、走、做、比”展开，通过听红色经典音乐、看红色经典图书、讲红色经典故事、论红色英雄模范、走红色历史足迹、做红色道德标兵、比红色实践活动等系列内容，将红色文化渗透进学生校内校外生活的方方面面。“七项红色活动”让革命红色文化走进中等教育校园，结合并顺应时代特征的教育理念、教育方法和手段，借助实践活动将革命文化的精神具象化，从音乐图书到行走历史足迹的活动，使学生在感性认识与理性学习中接受革命文化的洗礼，革命文化的传承也就顺利地植根在学生的心里。华富街道联合社区与学校开展实质性实践活动，譬如，清明节组织学生到烈士陵园扫墓、开展相关征文比赛、向辖区青少年赠送红书1 000余册等，这一系列充满仪式感的活动，丰盈了革命文化的内涵，学生也更加了解革命文化的发展。

第三，打造“一个红色基地”。华富街道与社区、学校进行积极筹划、协商，选定校园技术设备较为良好的学校作为红色教育基地备选用地。积极打造红色教育基地有利于革命文化传承活动开展的常态化，集中力量将红色资源汇聚起来，通过校园先进的科学技术，引进现代高科技元素，进行创意展示、实物展示、视觉展示和情境展示。突破传统的展示方式，带入新媒体的运用，以全新的技术赋予学生不一样的感受，红色校园基地可以积极发挥示范作用，给予其他社区、校园借鉴模式。以红色校园基地为固定载体，充分挖掘和开发广东革命文化资源，搭建革命教育大课堂，定期组织安排学生前往校园基地学习，辐射整个社区内的学生，这一举措可以使学生在与历史事件、革命人物、革命精神的对话中，不断进行触及思想、深入灵魂的反思与感悟，实现心灵的震撼和精神的蜕变，不断增强革命教育的针对性和实效性。

（三）以革命文化为核心，聚焦青少年实际需求，使之成为青少年成长的重要动力

华富街道社区与学校不仅重视革命文化的学习传承，还重视青少年学生的实际需求，打造一个青少年综合服务平台。革命文化精神的建设，不仅停留于理论上的发扬，还要将其转化为实际行动，既能满足青少年的需求，又能服务于社会，彰显革命文化的时代精神。

首先，华富街道深度融合街道、社区、校园的力量，开展“4＋N”服务活动。“4＋N”服务是指围绕青少年的实际需求，开设文化服务类、公益服务类、专业服务类、娱乐服务类和其他N项服务活动，学生可根据实际需求选择加入不同的服务板块。华富街道充分整合各部门资源，借助妇联、团工委、关工委及各社区服务中心，组织成立少先队员微爱行动队、团员先锋队等服务队伍，定期开展服务活动，进行文化宣讲。华富街道的服务项目不仅为辖区青少年提供了丰富多彩、积极健康的社区活动，而且在这些真真切切的活动中增强了青少年的革命主义精神，使其感受到奉献担当的力量，在日常服务活动中完成对自我价值的提升。

再者，有效地将革命精神落地生根，使其富有生机与活力。斗转星移，一切都随着时间的推进而演变，革命精神在当代也焕发新的内涵。毋庸讳言，革命精神不是一成不变、故步自封的，而是随着时代的变化而变化。当今，革命精神被赋予新的意义，服务奉献等精神也是革命精神的当代体现，许多学生认为革命年代早已远离我们的生活，谈革命精神犹如空中楼阁不知所云，因此华富街道以革命文化为核心，积极落实服务项目，将革命精神扎根校园土壤，每一个学生都能在服务活动中感受到当代革命精神的力量。一方面，设立党员先锋岗，为学生提供乒乓球、羽毛球、象棋等方面的教学和培训。“大手牵小手”项目的开展，旨在积极调动老党员的参与性，发挥老党员的先锋模范作用，在青少年中形成良好的示范作用。另一方面，在校园设立义工队，得到学生的踊跃报名和参与，学生积极注册成为小小义工，在社区的志愿服务活动中发光发热。

综上，佛山市南海区与深圳华富街道创新革命文化传承与发展的方式，走在前列，借助社会多元力量，形成街道、社区、校园三位一体的良好局面。集中资源与力量，打造严肃而又活泼的革命宣传平台，锻造属于本社区的特色品牌革命活动。中等教育系统的学生，思维能力得到高速发展，针对不同的年龄阶段要有不同的教育方法，初、高中的再攀登，为学生进入大学甚至走上社会夯实了基础，在其人生路上积极发挥革命精神的力量，充实人生，从而使学生获得最大化的正能量，将革命的精神融入生活实践之中！

三、高等教育的全升华——以中山大学为例

习近平总书记指出：“在革命战争年代，广大青年满怀革命理想，为争取民族独立、人民解放冲锋陷阵、抛洒热血。在社会主义革命和建设时期，广大青年响应党的号召，向困难进军，向荒原进军，保卫祖国，建设祖国，在新中国的广阔天地忘我劳动、艰苦创业。在改革开放历史新时期，广大青年发出团结起来、振兴中华的时代强音，为祖国繁荣富强开拓奋进、锐

意创新。”① 高等教育的学生是青年群体的中坚力量，该阶段的学生经历了初等教育与中等教育的学习发展，自我意识逐渐觉醒，愈来愈具有自主创造性与选择性。在此阶段的革命教育是整个学习生涯的全面升华。要真正以学生为主体，将革命文化教育的权力最大限度地交由学生去实行，通过这一自发的行为过程，能将革命文化有效投映到人脑之中，促进学生的吸收。高等教育的革命文化教育不再是简单的知识传授，而是更加注重将理论知识转化为行动，实现革命文化在当代的再生能力，展现革命文化的力量，弘扬革命文化的精神。高等教育阶段的革命文化传承与发展选取具有代表性的中山大学为例，层层剖析在新时代下的高等教育革命文化教育何以可能的路径发展。

（一）创形式，建立革命故事传承的多元载体

中山大学位于改革开放前沿的广东省，也是意识形态斗争的前沿地带，随着经济的突飞猛进，改革开放的深入发展，大学生的思想极易受到多元文化的冲击与挤压，容易出现历史虚无主义的现象。中山大学传承革命文化建立多样化的载体，一是利用校园已有的革命故事环境进行传承教学，二是带领学生积极向外走感受老革命区的革命精神。

首先，中山大学为革命伟人孙中山首创，历尽岁月的洗礼，校内拥有丰富的革命文化建筑与历史故事，革命红色基因印在每一个中大学子的身体里。以当地真实发生的故事为蓝本，使这笔宝贵的财富成为激活革命基因的生动课堂，是各级各类学校进行传承和发展革命文化的关键所在。因此，在中山大学校园中弘扬并发展革命文化故事，要以校园环境为基础，让学生穿越时空限制，真切感受故事发生的背景。校园中的建筑是革命记忆的储存载体，每一座中大红楼都有着独特的故事。记录抗战时期中大师生事迹的怀士堂、书写陈寅恪先生失明备课艰难时期的麻金墨屋一号、体现革命先辈在逆境中艰苦奋斗寻求突破的宝贵精神的惺亭等一系列的革命建筑是最好的宣传样本，学生透过这一幢幢红楼能消弭过去与现在的界线。中山大学也成立校史文化讲解队，成立学生队伍，学生对外讲解的过程中

① 习近平．同各界优秀青年代表座谈时的讲话［N］．人民日报，2013－05－05（2）．

不断建构情感上的认同感。中山大学物理学院就以南校园为活动背景，面向本科生举行“发掘红色基因，探寻红色血脉”的活动，围绕着“中大史”“中大人”“中大楼”“中大魂”四种元素进行设计，并分别以“共产主义在中大”“中大骨子里的红色基因”“中大薪火相传的红色血脉”和“中大延绵至今的红色魂”为串联脉络，以“中大人讲中大故事”为串联方式。其目的便在于发掘中山大学自身的红色文化资源，探寻学校的红色基因与血脉，增强新生对于学校历史、文化，特别是红色文化的了解，树立“读书不忘革命”的意识。① 新生一进校，便接受革命文化教育，有助于学生能尽快树立起革命奋斗精神，立志为中华民族复兴而努力。

其次，各单位组织学生前往老革命基地真切感受革命力量。高等教育阶段的组织外出参观老革命基地不同于初等教育阶段与中等教育阶段的单一知识输入，高等教育阶段的学生具有较强的实践能力与思考能力，外出社会实践活动是将理论与实践进行结合，组织调研活动，反馈社会信息，体现革命精神的时代力量。譬如，中山大学马克思主义学院组织学生前往广西百色革命区，是以实地走访、实地考察、实地调研等形式对广西百色革命地进行深入而系统的研究，将收集的数据、汇编的素材，通过座谈会、研讨会、专题报告、论坛诸形式的引导，并结合不同专业背景，形成跨学科、有学术价值的研究性论文或报告，对当地的发展乃至全国其他老革命区的发展提供切实有力的理论支持。中山大学逸仙学院博雅教育计划的学生也对广东省本土革命资源进行调研，将学生分为具体各个调研小组，前期进行翔实的调研活动培训与调研策划的撰写，为前往粤北革命重镇韶关深入学习该地区的革命红色文化打下坚实基础。这一系列的外出实践活动是对初等教育阶段与中等教育阶段实践活动的超越。学生通过实地的考察，不仅是在重温革命故事，而且也是在运用自身所学知识为当代的发展出谋划策，再现了革命文化生生不息的力量。

（二）拓阵地，建造革命故事传承的理论堡垒

高等教育的学生校园生活日益丰富，各类型的社团如雨后春笋般崛起，

---

① 发掘红色基因，探寻红色血脉[EB/OL].(2018-10-14)[2021-11-06]. http://mp.weixin.qq.com/s/HMwIYPKKnt4sI8A7AIAeRw.

绝大多数学生积极参与社团组织活动。相对于初等教育阶段、中等教育阶段参与社团的懵懂，高等教育阶段的学生社团在传承革命文化方面多了理论上的指导，实现了理论上的丰富。中山大学拓展建设革命故事传承的阵地，以理论引领青春风尚，在校园中建立相关理论社团，鼓励学生参与并自主举办活动，开拓学生眼界，以社团组织的理论使革命文化教育“活起来”。当下，中山大学拥有相关理论的社团与组织有4个，分别是“《求进》报社”“习近平新时代中国特色社会主义思想学习研究会”“青年马克思主义培养工程”“学生马克思主义理论研修班”。

理论社团为革命故事的传承发展提供了良好互动的理论与实践阵地。“《求进》报社”“习近平新时代中国特色社会主义思想学习研究会”两个理论社团面向全校招收优秀同学加入，并邀请理论功底深厚的老师作为社团的指导老师，在校内外举行各类活动，产生了良好的社会效应。譬如，成立于2017年11月1日的中山大学“习近平新时代中国特色社会主义思想学习研究会”（简称“学习会”），是全国首批专门学习、研究习近平新时代中国特色社会主义思想的理论社团。自成立以来，学习会以“潜心研究、认真宣传、全面引领”为宗旨，以“立足华南、辐射全国”为目标，不断探索社团工作，力争引领更多青年成为有理想、有本领、有担当的时代新人。学习会成立至今，组织师生座谈会、学习研讨会、专题报告会逾10次，形成学习感想、总结报告76篇；2018年5月，成功举办习近平新时代中国特色社会主义思想大学生研讨论坛，吸引50余所高校师生参加，并征集论文130余篇，评选优秀论文34篇，获人民网、中国共产党新闻网报道。学习会融会贯通，积极将优秀革命精神与当代青年活动相结合。该社团一是突出原原本本学原著，用经典原著护住根基；二是强调以点带面，从党的十九大报告、习近平总书记系列讲话等切入，串联学习马克思主义基本原理和马克思主义中国化理论成果。而诞生于1985年的中山大学《求进》报社，是中山大学最早的红色学生社团，利用自身社团力量不断通过文字等形式向全校师生传递革命文化的故事。《求进》报刊自1985年创刊以来，33年从未断刊，《求进》报刊坚持面向学校优秀师生党员征稿，以身边事教育身边人，不断增强思想引领，以一面红色旗帜，将广大青年学子凝聚在党组织周围。

（三）办活动，让革命故事传承落地有声

高等教育阶段的学生具有更大的自主性。传承革命故事不止于教师的口头讲述，还可以发动学生群体通过电影、纪录片、舞台剧、出书等方式了解革命文化，亦可鼓励学生利用新媒体技术的力量，让学生主动参与到革命精神的传承活动之中，从而开拓更多渠道向其他学生传承革命精神。中山大学通过话剧、诗朗诵、书籍整理等形式，以及网站、微博、微信公众号的媒介传播，真正地让革命故事活起来，让革命故事传承不再是空中的声音，而是落地有声。

首先，以学生为主体打造音乐剧、诗朗诵等特色活动，激发学生对革命精神进行全方位深入了解的热情。中山大学从2016年起就着力打造红色中大三部曲，即《中山情》《笃行》《奋斗的岁月》。其中音画诗剧《中山情》讲述孙中山先生为民族独立、社会进步、人民幸福而不懈努力奋斗的革命精神和崇高品德。该剧已于2016年制作完成并为全校师生演出。深入挖掘展示中大红色基因，弘扬爱国奋斗精神，红色中大三部曲是塑造“学在中大、追求卓越”校园文化精神的重要举措，也是全面加强和改进学校美育、实现以美育人和以文化人的重要举措。① 以三部曲之一的《笃行》为例，该音乐剧讲述了革命时期中山大学师生坚持读书报国、不断追求伟大理想的革命故事，体现了进步青年的爱国奋斗精神和勇于革命的高尚品质，抒发了学校师生爱国爱党爱人民的大德大爱，表现出了学校师生读书报国的家国情怀。《笃行》充分发挥了中大学子的力量，以中大人讲中大革命故事。因此，参与演出的18名演员皆为中大在读学生，他们坚持刻苦奋斗的精神，将最真实的革命故事以音乐剧的形式呈现在大家的面前，《笃行》音乐剧的高要求完美演出，将在场观众拉回革命年代。音乐剧能为学生提供沉浸式的体验，视觉与听觉的双重满足完成与革命年代青年的对话，在学生心理画下浓墨重彩的一笔记忆。除音乐剧之外，中山大学的校园革命文化活动丰富多彩，还举行了覆盖面更广、参与度更高的诗朗诵比赛。中山

---

① 中山大学红色三部曲之原创音乐话剧《笃行》开演［EB/OL］.（2017－11－04）［2020－08－21］. http://www.sohu.com/a/273256114_161795.

大学资讯管理学院每一年都会举行红色经典诗文诵读比赛，将学院的学生按照年级与专业划分为不同联队，每个联队自主选题，重温红色经典，抒发家国情怀。中大学子采用多种形式展示红色经典，穿上代表革命时代的服饰，或以歌曲，或以书法表演，或以武术表演等形式，倾诉中大经年岁月，深掘学校红色基因，让经典革命文化在中大学子的血液里流淌，让中大精神在深厚的文化底蕴中代代传承。朗诵声情并茂、慷慨激昂，全场师生无一不深受其感染，徜徉在红色经典诗文的海洋中。①

其次，借力微信、微博、视频网站等社交媒体传承革命精神，让革命故事走得更远更深。高等教育阶段的校园环境中，受众群体的年轻化与多元化要求我们进行革命文化教育的载体和形式要与时俱进。一是要更加注重传播形态的开放性和交互性，开设信息发布平台。中山大学及时在微信公众号更新相关革命故事，设立专项介绍栏目，在推出与转发之间，不仅在学校能提高学生对中大革命故事的了解，而且能在社会上提高传播效益，加强中大革命故事在全社会的传播，不断提高公众号的公信力与影响力，有目的地培育稳定受众群体。二是积极探索传播渠道，不断创新表达方式，积极构建青年人爱听、爱学、乐于接受的话语体系，用青年人听得懂、听得进的语言讲述革命故事，积极发挥网络表情包的力量，在传播表情包的同时传播中国好故事。中大学子利用图像、音乐、表情包、文字等网络表达形式将革命精神具象化地展现出来，在青年学子中得到极高的认可与支持。三是着眼未来，探索运用富有创意并制作精良的短视频、H5 动画、虚拟现实等新颖方式吸引更多年轻学生关注。譬如，中山大学马克思主义学院教师积极参与南方红课录制，在广东省内以及校园中相关革命地点进行现场微课视频的录制。这种网络作品改变了以往的教学、理论宣讲方式，突破了传统课堂的时空局限，将革命文化教育转移到与主题相关的革命文化建设基地之中，为学生还原历史场景，实现一种超越时空的现场教学。在这种典型案例化的教学活动中，通过视觉冲击与现场感的构建，可以促进学生对“隐性知识”“默会知识”等高阶思维能力的学习，促成学生对理

---

① 重温红色经典，抒发家园情怀：资讯管理学院第二届红色经典诗文诵读比赛成功举办［EB/OL］. http://mp. weixin. qq. com/s/u_HmjZ992VNGI7b_aPDqnA.

论思想的深入认知。

概而言之，高等教育阶段的革命文化教育应当着眼于学生群体的需求与提升学生群体能力上，从初等教育阶段的打下基础到中等教育阶段的再攀登，学生经历过两个阶段的学习后，对革命文化已经具有较为扎实的理论基础，高等教育阶段要将传承与发展革命文化精神的主动权交予学生。学生在各类载体、理论社团、多样活动中获得能力的提升，将革命精神化为推动个人发展的实践动力，继而促进整个社会的发展。

第四章
革命文化传承与发展的他山之石和历史经验

革命文化在新时代的再度勃兴充分彰显其内在生命力，其所蕴含的时代精神与革命传统是发展社会主义先进文化、培育社会主义核心价值观的重要思想资源。但是近些年来，革命文化在传承与发展的过程中出现了形式化、边缘化等问题，导致部分受众对革命文化的理解简单肤浅，甚至出现了恶搞革命英雄、扭曲革命事迹等种种错误倾向。这种情况消解了人民群众尤其是青年学生的革命记忆，导致历史虚无主义在校园传播，进而给革命文化的传承和发展造成恶劣影响。广东地处祖国南端，是中国对外开放和交流的门户，天然的地理优势使它自近代以来就成为各种社会思潮涌入中国的必经之地。面对多元化社会思潮的侵袭，如何坚定文化自信，传承与发展好革命文化是广东当前文化建设的重要课题。古语有云："他山之石可以攻玉"，广东要做好这一课题离不开对其他地区的学习以及对历史经验的总结。

第一节　革命文化传承与发展的他山之石

中国共产党在领导人民开展新民主主义革命的过程中在全国多省市留下了丰富的革命文化资源，不仅与地区特色紧密结合，还凸显了中国革命在不同阶段的历史特点。这些革命文化资源为开展革命文化教育、助推地区文化发展提供了坚实基础。近年来，江西、湖南、山东、陕西等革命老区在优化革命文化资源配置、推动革命文化与当地教育有机结合等方面探索出了一系列行之有效的工作经验，为广东革命文化进校园提供了一定的借鉴与参考。

一、整合地区资源，打造红色品牌，实现文旅结合

习总书记强调“革命传统资源是我们党的宝贵精神财富，每一个红色旅游景点都是一个常学常新的生动课堂，蕴含着丰富的政治智慧和道德滋养”①，“要发扬红色资源优势，深入进行党史军史和优良传统教育，把红色基因一代代传下去”②。红色旅游作为革命文化资源的一种呈现方式具有一定的教育功能，在国家建设、社会发展以及个人成长等方面发挥重要作用。但以往粗放的开发利用模式缺乏对红色传统与革命精神的深入挖掘与完整呈现，导致资源的实际功能发挥不足、保护不到位等现实问题，红色旅游面临结构转型与升级。革命老区江西、山东等地结合实际情况，针对现存问题提出要整合当地红色资源，突出地区发展特点，造品牌、出特色，推动“旅游＋文化”模式的深入发展，为当地乃至全国各级学校开展革命文化教育打造良好平台。

（一）针对学生特点，打造精品线路，大力推进红色研学活动品牌化发展

自2013年国务院在文件中提出要逐步推进中小学研学旅行活动，各地开始将发展红色研学旅行视为地区发展和革命文化传承的新基点。江西、湖南等地依托丰富的红色文化资源，大力建设研学旅行基地，创新研学旅行模式，打造研学旅行品牌。从载体选择上来看，这些研学旅行从学生的需求和学习特点出发，借助多媒体融合立体化地创新演绎革命文化，其中既包括传统媒体的读物编纂、影视作品展示等文化形式，也囊括各类革命文化创意产品的生产与销售，满足不同年龄学生群体的需求。从活动设计

---

① 尹婕．红色旅游：历经10年谋新变［N］．人民日报海外版，2014－07－23（4）．

② 吴章勇，曹宏琰．习近平治军3年，军队血脉承载红色基因［EB/OL］．（2016－01－13）［2020－08－22］．http://news.youth.cn/wztt/201601/t20160113_7522900.htm.

上来看，优秀的研学旅行应当能将研究性学习与旅行活动很好地结合起来，以避免“只游不学”的现象发生。从总体来看，较为成熟的红色研学在活动设计上实现了“学”“玩”“思”三维度的统一。

第一，“学”，即学习革命知识，了解基本史实。要想真正实现研学旅行的初衷，必须让学生做好相当的知识储备，使之对革命历史与文化有基本的了解和把握，否则学生难以在特定情境中完成知识的迁移与重构，并且容易产生倦怠感。研学旅行作为课堂教学的有益补充，本质上是一种教育活动，承担着知识传播的职能。因此，学生对革命知识的掌握既是成熟的红色研学旅行得以开展的前提，也是衡量此次活动成功与否的重要尺度。江西瑞金中央革命根据地纪念馆通过开拓与创新，让红色研学“红”起来、“乐”起来、“实”起来，成为该馆深化未成年人教育的一大品牌。[①] 除此之外，参观相关主题的博物馆、纪念馆以及诗词学习、学唱革命歌曲等都是众多研学旅行经常设置的活动内容，这些活动的开展都向学生传递了相关的革命文化知识。

第二，“玩”，即参与互动游戏，培养革命意识。“学习过程是一种‘在场’体验、反思与建构的过程。为此，在教育活动中必须创造条件，让学生‘在场’‘具身认知’”[②]。红色研学旅行的最大特色就在于实践性与体验性，通过设置团体活动项目，让学生在游戏互动的过程中自主体验和领悟革命文化的精髓。这些团体活动一方面能够让学生回避看客身份，全身心地参与到研学活动中来，增强参与感，体会红军当年坚定不移的革命意志以及努力克服困难、争取革命胜利的坚强决心；另一方面能够帮助学生树立团队意识，锻炼生存技能，增强动手能力。此外，部分地区的活动设计将革命文化的传承和传统文化的弘扬很好地结合起来，进一步丰富了活动的意义。在韶山有红色研学旅行让学生学唱花鼓

① 苏春生，钟林芳．赣南瑞金创新红色研学模式　让孩子爱上红色课堂［EB/OL］.（2018－08－02）［2020－08－22］．http://www.wenming.cn/dfcz/jx/201808/t20180802_4781309.shtml.

② 殷世东，汤碧枝．研学旅行与学生发展核心素养的提升［J］．东北师大学报（哲学社会科学版），2019（2）：157.

小调，在书法家的指导下学习毛体书法，将“非遗”传承活动与革命文化体验结合起来。

第三，“思”，即强调团体交流，思考总结收获。研学旅行是学校教育的向外拓展，是利用校外丰富资源帮助学生进行社会体验的综合实践过程，是教育教学工作的重要组成部分。“学而不思则罔，思而不学则殆”，因此研学旅行除了要做好基本内容的教学，还应当引导学生对活动进行必要的思考，善于发现和总结活动收获，从中提炼出对革命精神与革命文化的深刻理解。通过自我总结引导学生理解和领悟这些活动背后的革命精神与革命文化，才能真正实现革命文化在学校阵地的传承与发展。例如，韶山开展的红色研学之旅在活动筹划过程中设置了主题分享活动，在团队之中相互交流心得，诉说个人体会，在旅行结束之际进行闭营总结，在回顾活动的过程中对未来发展进行展望。这些内容的加入能够让学生在自己的总结中把握革命文化的真谛，结合自己的实际生活体会革命精神在当代的现实意义，为革命文化注入新的生命力。

（二）重视整体规划，推动协同发展，发展特色主题，提升服务管理

以往部分革命老区对红色资源开发缺乏合理科学的整体规划，大多单兵作战、孤立发展。受地区条件制约，红色景点的配套服务设施建设困难，且内容单一、缺乏特色。这既不利于红色资源的保护与合理开发，也降低了参观者的观感体验，以至于革命文化资源的教育功能无法充分发挥。要实现红色旅游的内涵式发展，推动红色旅游和红色研学教育价值的最大化，不仅需要促进地区间的合作，由点及面，实现资源的优化组合，完善相关基础设施建设，形成系统完备的红色旅游产业集群，还需要整合地区内的多种文化、旅游资源，促进红色旅游由单一化向多元素发展，将革命文化与绿色生态、传统文化有机结合起来，推动红色旅游的复合化转型。

第一，当地多种文化资源的优化组合。江西作为中国第一个农村革命根据地和中华苏维埃政府的所在地，拥有得天独厚的红色文化资源，为红色旅游的蓬勃发展提供了良好的物质基础和资源条件。近年来，江西一直致力于红色旅游产业的优化升级，打造红色旅游的“金字招牌”，使之成为江西经济发展的重要动力以及涵养江西文化的宝贵土壤。为此，江西打出“江西风景独好”的品牌宣传口号，通过以革命文化为内涵的“杜鹃红”、以景德镇瓷器文化为特色的“青花蓝”、以绿色生态文化为重点的“香樟绿”和以古代人文历史为关键的“马蹄金”这一套“文化组合拳”将地区旅游发展推向了新的高度，实现了当地自然资源、人文资源、历史资源的全面整合，为地区红色旅游的发展注入了新的动力，也极大地增强了区域文化的影响力。既有利于增强学生对地区文化的全面了解，减少因旅游产品单一性而产生的倦怠感，优化革命文化教育效果，也有利于推动地区文化的新发展。

第二，推动区域之间的合作与共赢。湖南在整合红色资源、开发红色旅游上，秉承打破地理界限促进区域协同发展的理念，积极推动本省内部的协同合作以及与江西、福建等地的广域区域合作，在本省内部发展“伟人故里”、湘潭韶山、湘潭城区以及长沙城区四大红色旅游板块的合作关系，在省际之间打造由韶山、井冈山以及瑞金为中心的全国重点红色旅游区域——湘赣闽红色旅游区，实现各区域之间的互利共赢，也为革命文化的传承与发展提供了更完善、更高效的发展平台。

（三）应用信息技术与智能服务，优化场馆建设，增强动态参与性

近年来，博物馆与纪念馆的建设走向了数字化，VR、AR 在场馆中的应用也成为时代发展的潮流。正如中国国家博物馆馆长在“全国博物馆馆长论坛”中所强调的，在“互联网 +”的时代里“要利用各种技术让观众与文物互动起来，力求使古老文物在新时代焕发新的活力”。① 这些新技术为革命文化的传承和发展提供了更便捷有效的载体，在场馆建设中发挥着重要作用。这些技术的应用从其功用的发挥上可以分为以下几类：

其一，相关小程序与手机 APP 便捷了场馆的导览与讲解服务。利用革命文物讲好革命文化首先要做好知识传播，这是帮助青年理解文物历史意义的前提。传统的人工讲解服务成本高、讲解时间固定，多依赖于单一的语言表达，难以满足不同群体或个人的需求。现代社会智能手机的广泛使用为各种手机小程序、手机 APP 的出现提供了物质前提。许多纪念馆自主开发相关程序为游客提供极具特色的讲解服务，在满足游客需求、提供便

① 王春法．关于新时代博物馆事业发展的若干思考［J］．中国国家博物馆馆刊，2018（5）：17.

捷服务、降低场馆成本等方面发挥着重要作用，能够让游客随时随地根据自己的需求选择不同的讲解。如八一起义纪念馆充分利用手机 APP 为游客提供免费、便捷的讲解服务，而场馆中设置的地台模型、电子翻书以及电子留言台等智能服务设施也有效地增进了与游客的互动。在这里开展“青春红色行”的学生高度评价了场馆的智能化，认为“八一馆融入了互联网，不仅参与性、互动性强，也增加了趣味性”①。

其二，利用数字技术实现革命文化的沉浸式传播。“建构主义学习知识观认为：知识的获得具有情境性，有意义的、有成效的学习应该是发生在真实的情景中。”② 革命文化在传承和发展过程中遭遇的主要障碍在于受众远离了革命时代，缺乏革命文化生成的特定语境与文化背景，因而很难通过二维的图片、文字去深入感知和理解革命历史。要在后革命时代中构建起青年的红色记忆，需要尽可能地创设拟真实的历史环境，让学生通过“亲身体验”感受革命年代的社会面貌和人民群众对于革命创造新生活的强烈渴望与追求。现代数字技术打造了“一个一切以人为中心的、开放的媒介形态，包含所有的新旧媒介，所有可以产生、传播、展示和接收信息的，有形与无形的媒介形态，包括环境本身，更包括人作为媒介形态的一种”③，即媒介融合下产生的沉浸式传播类型。这种人性化媒介融合能够还原、再现历史景象并且创造历史与当下的互动，从而对年轻学子们产生了极大的吸引力。井冈山革命博物馆利用全息投影技术以 1∶1 的比例复原八角楼，并生动再现了毛泽东和贺子珍在八角楼生活的动态场景。嘉兴南湖革命纪念馆则在 2011 年通过高科技幻影成像技术再现了当年中共一大在南湖船上召开时的情景，让学生更能深刻领悟到课本中所阐发的“自从有了中国共产党，中国革命面貌焕然一新”的深刻内涵。现代智能技术的发展除了还原历史场景外，还能够利用增强现实以及虚拟现实等技术，通过文物动态

---

① 魏本貌. 江西红色旅游一年吸引逾亿次游客［N］. 人民日报，2016-01-31（04）.

② 张美霞. 新媒体技术支持下的场馆建设与场馆学习：以现代教育技术博物馆为例［J］. 中国电化教育，2017（2）：20.

③ 李沁. 沉浸传播的形态特征研究［J］. 现代传播（中国传媒大学学报），2013（2）：116.

化实现与参观者的互动，增强了活动的趣味性。2018 年 5 月，武汉革命博物馆推出“AR 物联博物馆”，开放首个体验项目《请回答 1927》。这条以革命历史为发展主线编写制作的沉浸式互动体验线路，综合运用移动互联、地理信息技术、增强现实等科技手段，将博物馆中的实景与故事情节搭配，让游客在智能手机上自主完成游戏体验。这种活动以学生群体最受欢迎的手机游戏为表达形式，借助高科技将革命文物动态化，搭配编写的故事情节让学生在探索的过程中自觉感知革命文化。

（四）加强校馆合作，在文旅结合中促进学生的角色转变

习近平总书记在学校思政课教师座谈会上强调思想政治理论课“要坚持主导性和主体性相统一，思政课教学离不开教师的主导，同时要加大对学生的认知规律和接受特点的研究，发挥学生主体性作用”[①]。要进一步优化文旅结合所呈现出来的教育效果，必须要推动学生在红色旅游活动中的角色转变，改变以往的“游客”“受教育者”的单一角色定位，突出个体在教育过程中的主体性。革命博物馆或纪念馆“作为非正式学习发生的物理环境，是物（馆藏物品）、人（参观者）以及社会文化交互碰撞的场所”[②]，在这种空间场域内开展的学习活动相对于正式学习而言更突出了个体的自主选择性。杜威强调“博物馆教育功能的发挥不是像传统学校教育与课堂教学那样传授系统而抽象的学科知识，而是为儿童或学习者提供与现实生活之经验世界相接近的经验”[③]。因此，应当更好地发挥革命场馆在学校革命文化教育中的作用，为学生参与文化传承搭建平台，增强学生的主体性，真正实现文化传播和旅行的良性结合。

革命老区江西、湖南等地加强学校和各大场馆、红色景点的合作，通过吸纳、培养大中小学生成为场馆志愿者或讲解员，推动学生角色身份从游客向管理者和服务者转变。这一举措有利于校内外教育资源的融通，为

---

① 张烁，谢环池．用新时代中国特色社会主义思想铸魂育人　贯彻党的教育方针落实立德树人根本任务［N］．人民日报，2019－03－19（1）．

② 夏文菁，张剑平．文化传承中的场馆学习：特征、目标与模式［J］．现代教育技术，2015（8）：5．

③ 郑旭东．从博物馆教育到场馆学习的演进：历史与逻辑［J］．现代教育技术，2015（2）：7．

学生能力的培养和主体性的发挥提供良好的平台。2014 年，江西省少工委把“在少先队中开展红色文化教育活动”确定为全年首要的工作重点，全力推进“红领巾小小讲解员”活动，各地纷纷开展形式多样的讲解员活动。南昌选拔出优秀少先队员不定期到八一起义纪念馆等爱国主义教育基地担任讲解员工作；萍乡组织了首届红领巾讲解员的选拔比赛，吸引了众多选手报名。上海的诸多红色纪念场馆面向各大中小学设置志愿服务岗位，吸引学生参与志愿服务工作，承担起展厅讲解、咨询预约以及信息整理、互动辅导等工作。这些志愿服务既缓解了场馆的建设和服务压力，也锻炼了学生的个人能力，使之在准备和讲解的过程中深入了解革命史，潜移默化地传承革命文化。另外，学生参与场馆的讲解服务有利于在学生群体中树立标杆，感染和带动同辈群体，形成学习革命文化的良好氛围，扩大革命文化的辐射面和影响力。

二、注重研学并举，明确学校革命文化传承的双重角色

要做好革命文化的传承工作，需要增强对革命文化资源的发掘和保护以及对革命文化的系统性整理，使之成为一种完善、科学的体系。而要做好革命文化的发展工作，需要通过研究的不断深入将革命文化与人们的现实生活结合起来，与国家当前发展结合起来，赋予其新的时代内涵，寻求新的发展动力。这两项工作的推进都有赖于完善的科研体系和强大的研究团队。近年来国家充分发挥各大高校的强大师资力量与雄厚科研实力，高度重视高校革命文化研究工作，明确高校作为革命文化研究者与教育者的双重角色定位，积极推动学校革命文化工作研学并举，极大地拓宽了学校革命文化建设的发展道路。

（一）学校在革命文化传承与发展中双重角色定位的现实意义

1. 有利于为革命文化的传播与发展提供学理依据和理论支撑

马克思在《〈黑格尔法哲学批判〉导言》中强调“理论只要说服人，就能掌握群众；而理论只要彻底，就能说服人”①。革命文化要实现良性发展

① 中共中央马克思恩格斯列宁斯大林著作编译局. 马克思恩格斯选集：第一卷［M］. 北京：人民出版社，2012：10.

和广泛传播，就离不开对文化内涵的深入解读和系统分析。只有在传播过程中将理论说透、讲清，才能真正做到入脑、入心。革命文化的内涵丰富、形式多样、结构复杂，对其进行深入、完整的分析绝不是一个简单的工程，涉及对文化形态本身的解读、向外传播过程中的问题探讨以及方法研究等诸多方面，需要有深厚的学术背景与厚重的知识积累以及科学的研究方法。学校作为发现知识和传播知识的重要场域，拥有丰富的学术资源，积聚了大量科研人才，是推进革命文化科学发展的重要智库。因此，学校革命文化科研工作的开展，既有利于开展对革命遗址、革命文物的整理和保护工作，促进革命文化的系统化、整体化，也有利于深化对革命文化的科学分析，阐明其内在价值和实际意义，为其传播和发展提供合理性论证，且有利于发现革命文化传承和发展中出现的各类问题，及时反馈并形成合理的解决方案。这些研究的不断深入才能让革命文化传承和发展工作的推进具有更加坚实的理论基础。

2. 有利于推动多主体参与，促进革命文化传承与社会发展的实际相结合

对革命文化的研究不仅包括对这一文化形态的内涵、价值、资源、特点等本质特征的理论性研究，还应当注重对其传承与发展工作的实际状况、历史经验以及与之相关的其他学科建设等实践性课题的探讨。学校作为革命文化宣传教育的前沿阵地，是革命文化教育活动的参与主体之一，与受教育者直接发生互动。因此能够及时掌握受众的思想动态，发现工作推进过程中的实际问题及其原因，进而为革命文化教育工作的改进提供高效、准确的信息反馈。这一优势是政府层面的相关研究部门和机构所不具备的。同时，充分发挥学校的研究职能，能够促进传播者与研究者双重身份建构，有利于激发教师和学生的自主性，增强他们的参与感，为革命文化研究的深入提供更多的分析视角。革命文化要在时代变迁和发展过程中始终保持其生命力，必须与当前实践结合起来，与社会发展结合起来，因此其发展需要依托于与教学实践紧密关联的各级学校，才能做到与时代发展同向同行，在新的历史时期里找到新的表达方式和生长点。

（二）学校革命文化双重角色定位的现实经验

1. 高校继续加强专门研究机构建设，将革命文化与学科发展相结合

近年来，在国家的大力倡导和支持下，各大高校加快了革命文化研究工作的开展，并积极推动专门研究机构的建设工作，形成了从国家到地方到高校多层次、立体化的研究体系。在国家层面上，政府相关部门加强同高校合作，整合双方资源，实现优势互补，推进研究合作机构在高校落地生根。2013 年，教育部与（前）中央党史研究室合作在复旦大学、嘉兴学院、湘潭大学等 8 所高等院校建设“高等学校中国共产党革命精神与文化资源研究中心”，共同组成中国共产党革命精神与文化资源的研究联盟。在地区层面上，江西、湖南等地大力推动区域革命文化研究的深入发展，联合地区高校打造革命文化研究平台。井冈山大学在江西省政府的支持下，相继建成省级学科平台“江西省红色文化研究与传承应用协同创新中心”、江西省高校人文社会科学重点研究基地“井冈山研究中心”等省一级科研平台。在学校层面上，革命文化的研究与学科建设相结合，开设相关研究方向，促进了研究力量的整合。井冈山大学根据学科发展和地区特色凝练了“井冈山道路与马克思主义中国化”“红色资源与思想政治教育”“井冈山革命与近现代中国社会变迁研究”三个特色鲜明的研究方向。延安大学则于 2005 年成立了“中央党史研究院”和“延安学研究所”，将延安精神融入学科建设之中。赣南师范大学早在 20 世纪 80 年代末就成立了“中央苏区研究所”（其后改为“中央苏区研究中心”）。这些研究机构的相继成立以及建设工作的不断推进都为革命文化在新时期的传承和发展奠定了坚实基础，在打造学术交流平台、创新研究成果等方面取得了丰硕成果。

（1）打造学术交流平台，促进资源与成果共享。革命文化的研究要想深入发展决不能闭门造车，学术交流的开展有利于实现资源和成果的共享，同时在学界形成革命文化研究的良好氛围，吸引更多的教师与学生参与进来。而学术交流平台的构建也成为各大高校研究机构建设工作中的一项重要内容，主要通过以下几种途径进行。

其一，举办学术论坛，开展征文活动。这些高端学术活动汇集了各大高校相关专业和领域的知名专家、学者，聚焦于革命文化研究的前沿问题，

集思想性、学术性以及时代性于一体，为学术交流和思想碰撞提供了良好平台。同时也能为高校学生参与到研究活动之中提供更多的机会，推动学生从受教育者向研究者的角色转变。复旦大学中国共产党革命精神与文化资源研究中心自2014年11月起就和马克思主义学院、校团委以及学生会共同主办“治国理政——中国共产党的理论与实践”全国大学生交流论坛，面向全国大学生征集、评选优秀论文，为大学生提供学术交流的平台和中介。湘潭大学的“全国毛泽东论坛”已成功举办十届，从毛泽东思想出发围绕当前社会的现实问题展开学术讨论和交流。这一活动引来了诸多主流媒体的关注和报道，产生重要学术影响和社会影响，并且逐渐走向了制度化和常态化。

其二，出版专门的革命文化研究刊物。学术论坛和征文活动具有暂时性和周期性，不能够随时随地实现学术信息的传递和资源分享。相关研究刊物的创办能够最大限度地保持研究的持续性，并且传播受众更广、影响力更大。这些研究刊物能够借助知网等网络载体在全国高校教师和学生之间传播，成为一种固定化的学术资源和教育资源，有助于让师生全面了解革命文化研究的发展状况以及当前热点话题，准确把脉科研方向和时代发展。

其三，建设红色讲堂，推动理论宣介。有部分研究机构不仅注重革命文化研究的学术性，也注意这种研究本身应当具有的实践性，强调要通过红色讲堂、红色讲座的建设将这些研究成果通俗化，进而向普通学生或其他社会群体推广，推动研究成果实践化。湘潭大学为此专门开设了“红色文化讲堂”，并利用其创办的“韶风·名家论坛”这一学术品牌为革命文化主题讲座的开展提供平台。

（2）研究成果丰硕，为国家、地区建设和发展提供了可行性建议。革命文化的研究并不是建立在抽象理论研究之上的“空中楼阁”，回归实践才能让这些研究落地生根，真正推动革命文化的传承和发展。近年来，历史虚无主义等错误思潮在社会上兴起，对当代青年的思想发展产生了恶劣影响。为了抵制这些错误思潮的侵袭，国家对革命文化的发展提出了更高的要求。在国家的大力支持和推动下，革命文化相关主题的研究蓬勃发展，各研究中心成果丰硕，为地区、国家的发展提供了许多极具现实价值和实践意义的建议。这些研究机构承担国家以及省级重大课题研究，主持国家级、省级多项重大科研项目，并在这些课题项目的研究过程中形成以丛书、期刊论文为主要形式的研究成果。以井冈山大学为例，该校在 2011—2016 年近五年的时间里主持了各级科研项目 70 项，出版《井冈山革命根据地建设史丛书》《湘赣革命根据地全史》等学术专著 20 余部，在《马克思主义与现实》《教学与研究》等核心刊物上发表论文 60 余篇。[①] 除了各研究机构的自主研究取得了丰富的成果外，研究机构之间的合作也产生了一些研究果实。8 所中国共产党革命精神与文化资源研究中心在 2017 年联合出版了革命文化的系列丛书"中国共产党革命精神系列读本"，包括《先驱精神》《抗战精神》《井冈山精神》《苏区精神》《长征精神》《延安精神》《西柏坡精神》以及《红船精神》在内共 8 册。这一丛书的出版不仅体现了各个研究中心所在地区的革命文化精髓，也是在国家层面上对革命文化研究的整合与协同发展的实践成果。

2. 革命文化融入课堂教学，充分挖掘革命文化内在的教育价值

时代的变迁必然带来革命文化传承和发展的载体更新和路径创新，但是课堂教学在革命文化教育工作中始终拥有着独特的优势，是其他宣传教育方式所无法彻底取代的。正如加拿大学者彼得·塞沙斯所强调的，"年轻人要学点儿历史，而且在组织这种学习的时候，要能促使他们看到传统的历史知识形式背后的东西。能这样组织年轻人学习历史的唯一场所，是学校"[②]。因此，在革命文化的传承过程中要高度重视课堂的作用。近年来，国家一直大力倡导加快学校的思想政治理论课程的建设，充分挖掘革命文化资源，做好革命文化进校园、进课堂、进教材的"三进"工作。具体来说，将革命文化贯彻到课堂教学中有以下三种主要途径。

---

① 王炳林，张泰城. 高校红色文化资源育人发展报告（2016）［M］. 北京：人民出版社，2017：97.

② 塞沙斯. 历史与学校：论传授和学习历史过程中意图与偶然的关系［M］//韦尔策. 社会记忆：历史、回忆、传承. 季斌，王立君，白锡堃，译. 北京：北京大学出版社，2007：157.

（1）革命文化融入专业课的教学与实践。将革命文化融入专业课堂教学既有利于避免学生对革命文化教育产生逆反心理，也有助于将革命文化这一思想资源与专业知识相结合，实现多学科交叉，为学科发展和研究深入注入新的活力。这一融入在中小学以及高等院校中有不同的表现方式。

在高等院校突出表现为革命文化传播与其他专业学科建设相结合，寻找两者的契合点，为其他学科发展提供新元素的同时也能够创新革命文化的传承方式。革命文化作为一定历史时期的产物，通过特定的文化产品展现历史风貌、反映社会生活，形成了各种物质文化、制度文化、精神文化以及行为文化。这些文化元素为历史学、民俗学、文学研究等专业研究视野的拓展和深入提供了重要思想资源。因此对革命文化进行不同视角的分析和解读能够成为专业学科研究的重要切入点，并在实践探索中形成了一批优质的专业课程。井冈山大学旅游管理专业依托井冈山景区开设“井冈山旅游”和“红色旅游英语”等课程。而音乐专业则将红色音乐、舞蹈元素融入到常规专业课程，并借助红色革命资源进行红色歌舞节目演出的自主创作和编排。湘潭大学则相继开设“毛泽东的管理思想研究”“毛泽东法制思想研究”“毛泽东文艺理论研究”等一系列与革命文化相关的专业课程。这种结合方式既助推了革命文化在学校的传承和发展，也有利于专业学科发展的多样化。

对于中小学来说，革命文化的传播与继承渗透在语文、音乐、历史等常规的课程教学之中。革命文化与中小学语文、历史、音乐等课程教学的密切关系突出表现在教材体系对革命文化的吸纳与重视。许多革命时期的文艺作品、历史事件等被直接纳入到这些课程教材体系之中，承载知识教育和情感教育。“教科书作为教材体系的核心教学材料，作为知识制度化、合法化的文本，作为学生个体社会化进程的基本载体，再生产主流意识形态是其重要职能”①。近年来，国家通过教材改革加快革命文化教育与常规课程教学的结合。2012 年教育部开始组织统一编写语文、历史、道德与法治三科教材，2017 年开始在全国义务教育起始年级投入使用。统编教材的

① 赵长林，孙海生．教科书与意识形态再生产：1949—2018 年相关研究的回顾与省思［J］．课程·教材·教法，2019（1）：34．

一大亮点在于加强了中华优秀传统文化教育和革命传统教育。语文教材收录了大量革命传统经典篇目，小学约40篇，初中30多篇，既有对革命领袖的讴歌，也有对革命英雄人物事迹的赞颂。“语文教材对于革命历史资源的继承，在选文上要求‘文质兼美’，在思想价值取向上应该坚持民族化与普遍性、历史观与现实感相结合，以人类文明发展的基本准则与中华民族的独特品格影响学生，帮助青少年构筑健全的个体意识与民族精神。”① 历史教材对革命文化教育的强化则体现在有两册教材系统讲述了中国共产党的自身发展历史以及领导人民群众进行民主革命、社会主义建设的基本史实。教材改革所呈现出来的变化充分说明了国家重视课堂教学在革命文化教育中的作用。

（2）革命文化与思想政治理论课程相结合。习近平总书记在学校思想政治理论课教师座谈会上明确指出“思想政治理论课是落实立德树人根本任务的关键课程……我们办中国特色社会主义教育，就是要理直气壮开好思政课”，而“中华民族几千年来形成了博大精深的优秀传统文化，我们党带领人民在革命、建设、改革过程中锻造的革命文化和社会主义先进文化，为思政课建设提供了深厚力量”②。因此，推进学校革命文化传承和发展工作要充分发挥思想政治理论课的作用，将革命文化的传播和革命精神的继承贯穿于课程教学的始终。发挥革命文化资源育人功能的关键在于要讲好“红色故事”，将科学系统、内容精练的教材内容转化为生动形象的教学表达。成伯清强调“社会生活本身就是高度故事化和情节化的，人本来就是讲故事的人……叙事取向不仅可以揭示人类社会存在的样式……而且也是一种有效的表征时间中的存在的策略”③。周良书认为“在历史研究中，讲好故事可以事半功倍。讲故事之所以有如此功效，就在于他能在讲述者与

---

① 吴立贵，张谦芬．论中小学语文教材中的抗战题材选文：兼议革命历史资源的传承［J］．河北师范大学学报（教育科学版），2016（5）：104.

② 张烁，谢环驰．用新时代中国特色社会主义思想铸魂育人 贯彻党的教育方针落实立德树人根本任务［N］．人民日报，2019－03－19（1）.

③ 成伯清．时间、叙事与想象：将历史维度带回社会学［J］．江海学刊，2015（5）：104.

听众之间迅速建立一种认知情感上的联系，并产生思想观念上的共鸣”①。就目前高校开设的“毛泽东思想与中国特色社会主义理论体系概论”与“中国近现代史纲要”两大课程来说，二者以历史发展为基本脉络，完整地呈现了中国革命、建设、发展史，是革命文化教育最直接、最全面的课本教材，能够为学生提供较为翔实、真实的历史信息，让学生对革命历史有最基本的认知和把握。但是，目前有高校思想政治理论课仍然存在学生上课抬头率不高、课程作业完成度有限以及课程基本知识掌握不足等问题，课程实效性有待加强，课程质量和表达方式需要进一步改善。在当前思想政治理论课教学工作中，既存在少数教师对教材内容“照本宣科”式的解读，弱化了教材本身所蕴含的文化价值的现象，也出现了过于注重对教材进行旁支细节的增补，脱离教材去讲授革命历史的问题。前者忽视了对革命文化深刻内涵的生动表达，后者则影响了学生对革命历史整体性和全局性的把握，这两者都不利于革命文化的传承和发展。要讲好红色故事、上好思想政治理论课首先应当明确故事的构成要素，有的放矢地组织语言、选择媒介来准确、生动地表达文本。“讲故事”由故事讲述人、故事听众、故事文本、故事符码、故事媒介、故事语境六大要素构成，这六者“有规则地互相作用，共同生成‘讲故事’习俗行为”②。因此，要做好革命文化的传承和发展工作，首先要充分利用好相关教材，做好教材内容的解读，既注重对教材内容的深度挖掘，也要对教材进行广度上的拓展，使教材能够充分发挥其应有的作用和价值，为革命文化进教材奠定良好的基础。同时，要在把握青年学生认知规律和情感偏好的前提下，有针对性地选择多样化的故事媒介和载体生动地再现革命历史、讲述革命故事、阐发革命精神，实现理论性与生活化相统一，才能更好地传承和发展革命文化。

在中小学中，政治课或者说思想品德课担负着对学生进行思想教育、社会教育和国情教育的重要作用，具有精神引领功能，是教师对学生进行

---

① 周良书. 讲好中国共产党的历史故事［J］. 中国高校社会科学，2018（4）：103.

② 祝秀丽. 解析故事构成要素：雅各布森的理论视角［J］. 民俗研究，2013（1）：57.

革命文化教育的主要场合。当前，各地中小学思想品德课程的建设强调要把红色故事融入课堂内容，红色资源融入活动设计。首先，要充分利用好教材中已经出现的革命文化内容，讲好课本中的革命文化故事。2017 年正式推出的《道德和法治》统编版教材直接将革命英雄、革命事件、革命故事作为重要的文本内容，阐明和传承"井冈山精神""延安精神""长征精神"等革命精神的丰富内涵。其次，要充分挖掘革命文化资源，将其作为课外文化资源融入到主题研讨与活动设计之中。有研究者提出要"从关注学生生命的高度，因'课'制宜，大胆地对教材内容调整组合、创造加工，使教学内容转变为学生学习的内容，充分体现教材处理的生成性"①。因此，利用思想品德课程传承、发展革命文化不仅要立足于教材，更要充分考虑学生的身心发展和接受能力，打破单一的知识性灌输，将地区的红色资源或者学生日常生活中的革命文化元素融入课堂活动之中。革命文化包含了生动活泼的表达形式，例如耳熟能详的各种革命歌曲、童谣、儿童短剧等。时至今日，这些文化元素仍然能够成为课堂教学的重要载体，被吸纳进品德课程的活动设计之中，有助于开发优质思想品德课程红色主题活动，把有意义的思想品德课上得有意思。

（3）以革命文化为主题的校本课程与通识课程的建设。在高校教育中，各类通识课程的开设是各种文化、思想传播的重要途径，能够满足学生多样化的知识需求，有利于在不增加学生课业负担的同时拓宽学生的知识面和眼界，丰富学生的学习生活。近年来，有不少高校看到了通识教育在推进革命文化传承和发展方面的潜在功能，在结合学校与地区特色的基础上推出各类革命文化通识课程。广西百色学院从 2012 年开始鼓励教师打造一系列"红色经典教育"微型选修课程，并将其纳入到全校的通识选修课课程体系之中，其中包括"红色经典名著赏析""红色记忆与新兴木刻运动""红色文化社会考察"等生动活泼、具有趣味性的主题课程。在中小学教育中，校本课程活动设计以及专门的校本课程编排也逐渐成为革命文化传承和发展的新渠道。各地中小学积极加强校本课程建设工作，自主编写具有

① 戴建华. 基于教材 高于教材：初中思想品德新课程有效驾驭教材摭谈［J］. 上海教育科研，2011（11）：69.

地区特色和学校风格的校本教材。在校本教材的编写选材上强调注重其合理性和适用性，具体体现在两个方面。

第一，选材的新颖性。学生的课本教材选取了一些极具代表性的革命人物、故事来表达革命文化的精神内涵，其中部分内容传播广泛，已经为广大学生群体所熟知，使学生难以产生阅读、学习的兴趣。因此，作为补充性读物的校本教材更强调在选材上下功夫，既要保证阅读材料的科学性也要注重其新颖性与吸引力，使其能够和课本教材形成相互补充的关系，增强学生阅读兴趣的同时帮助其对革命文化形成完整的认知和科学的知识体系。

第二，选材的本土特色。李臣之等人认为“校本课程”开发应当“注重体验性，淡化学科性，扎根乡土联结地方性知识，满足兴趣与个性化发展需求而淡化统一要求。本土味，是校本课程开发本质实现以及特色彰显的源头活水”①。革命文化是一个由多个地区所创造的文化的复合体，本身就具有多种不同的地区特色。革命文化主题的校本课程开发只有注重与地区文化相结合，凸显区域特色，才能给学生以亲切感和认同感。以“红船精神”为思想引领的浙江嘉兴积极推进革命文化地方课程的建设以及与学校的校本课程的结合，构建起包括幼、小、中、高在内的完整红色德育课程体系，编撰了地方教材《可爱的嘉兴》，并针对不同年龄阶段学生分别编写了《红色德育绘本》《红色德育活动手册》以及《红色德育读本》等书目，实现了地区文化宣传和革命文化建设的协同推进与建设。

三、重视校园文化建设，创新传播模式

革命文化的传承和发展不仅依赖于专业化、系统性的课程教学的不断推进，也离不开校园的环境构建、组织建设以及活动运行等隐性教育方式的补充与融入，而这三者也是校园文化建设的重要内容。

（一）校园环境文化建设

1．校园环境的教育功能

中国古代非常注重环境对于人的影响，强调景观的教化功能，因此在

---

①　李臣之，王虹．校本课程开发的本土味：逻辑、空间与限制［J］．课程·教材·教法，2016（1）：31．

书院地址选择和环境建设上有“择胜地、立精舍，以修学业”的说法。传统书院以儒家思想为内核，以培养学生的德性为主要目的，将“修身齐家治国平天下”作为学生的人生目标与准则，以达到内圣外王的崇高境界。为了体现这一教育追求，旧式书院大多遵从孔子“仁者乐山，智者乐水”的观点将书院建于山水关联的胜景之中。同时在书院中大量种植翠竹、银杏、兰花等表现文人气度和德行的植物，践行“君子比德”的理念，将德性、至善的教育追求融入到书院的一草一木之中，为学生营造出尊崇道德、尊崇德性的校园氛围，从而发挥出环境教化的作用。苏联著名教育家苏霍姆林斯基同样重视校园环境的教育功能。他认为“作为育人场所的校园环境必须经过教育者精心设计而成，要尽可能地调动环境中的各种因素对学生的精神世界产生潜移默化的影响”①。校园内任何陈设与物品的出现都应当体现出教育者对受教育者的期望以及学校想要传承和表达的文化。

校园环境教育功能的发挥主要表现在它在隐性教育的运用上。所谓隐性教育就是将教育内容渗透到创设好的教育环境中，使教育者在环境的感染和熏陶下自觉或不自觉地接受这种思想教育，并逐步内化为自己的行为规范，呈现出良好的教育效果。隐性教育的开展需要构建良好的校园环境，使教育的内容内隐于校园的物质环境、人文环境以及日常的生活之中从而对学生产生持久的影响。同样，要推动革命文化在学校的传承和发展，真正做到革命文化入耳、入脑、入心，不仅需要做好课堂教学，也要充分发挥校园环境的教育功能，推动校园环境建设的特色化和红色化。

2. 当前校园环境建设与革命文化传承

从当前各地区校园环境建设的整体状况来看，关于革命文化的校园环境建设不仅包括物质实体的校园景观建设，还体现在学校相关制度的完善，为革命文化教育创设出来的良好环境。校园革命文化的物质环境构建主要通过塑造革命英雄雕像、建设纪念长廊、革命纪念展馆、革命纪念亭等多种形式在内的校园红色景观建设对革命文化加以展现。中共中央党校作为开展党员教育、培育优秀党员干部的重要教育场所，担负着为领导干部补

① 黄炜，陈芳其. 苏霍姆林斯基论校园环境建设［J］. 外国教育研究，2003(6)：35.

钙壮骨、立根固本的重要任务，同样也是革命文化传承和发展的重要阵地。为了做好这一工作，中央党校以“党校教育的具象化”为核心理念，在校园环境建设中积极引入各类革命文化元素，逐步推进红色校园建设。通过打造革命人物塑像、引入“红船”1∶1模型，借助革命人物和革命事件将革命文化表达符号化与实体化，使学生在这种环境中潜移默化地对革命知识与革命故事产生更直观的认知和理解，从而逐渐形成对革命文化的正确认知和深刻认同。湖北荆门的冷水镇小学充分利用地区丰富的革命文化资源和深厚的革命文化传统，将以“北山精神”为核心的革命文化融入校园文化建设之中。学校建设百米的北山红色德育教育长廊，讲述革命先烈的战斗故事，同时将校园内的主要道路均以当地的革命人物、革命战史以及革命故事命名，让学生在细微之处也始终能够感受到革命文化的传承和延续。它在推动革命文化教育的过程中也很好地把握了地方的文化特色，尽量选取和利用了当地的红色资源，让学生能够对革命文化的表达和呈现更有熟悉感和亲近感，进而更容易对革命文化内蕴的精神和品格产生心理认同。建校70余年的延安大学地处革命圣地，始终将革命传统教育和延安精神教育放在学校教育的重要位置上。它利用自身优势，建设了多位领导人题词石、院士浮雕墙、窑洞大学建筑群等人文景观，并重修校史馆、陕北民俗馆以及路遥文学馆，为学生革命文化教育活动的开展提供了一个回忆空间，这些场馆不仅具有参观游览的功能，也作为一种革命历史象征的建筑存在物隐性地向学生传递了革命精神和革命理念。

除了在校园物质景观建设中突出“鲜红底色”，学校的制度建设更应当考虑到革命文化教育的诉求，强化和凸显其在学校教育中的重要地位。学校制度在制定和建设的过程中会融入制定者的教育理念和教育思想，表达了对受教育者的期望。而学生对纪律和制度的遵守过程也是无意识接受学校教育的过程。因此，我们在革命文化传承和发展过程中更应该利用好学校制度这一工具，将革命文化进校园制度化、常态化、规范化，以帮助学生自觉养成学习革命文化的习惯。以延安精神为学校文化内核的延安大学就将开设延安精神专题讲座作为重要内容纳入到学校制定的《思想政治理论课学分制培养方案》和《本科学分制公共选修课实施办法》中，并且在

《延安大学本科生必读书目成绩考核办法》中还规定了与革命文化相关的若干必读书目，从学校制度上为革命文化的传承和发展提供了良好的保障，让学生在遵守学校规章制度的过程中增强对革命文化的学习和了解，凸显了校园文化建设的鲜红底色。

（二）校园组织建设

广大学生群体是革命文化在学校传承和发展的主力军，也是革命文化教育活动开展的主要对象。因此，要做好这项工作必须明确学生在教育活动中的角色定位。学生在学校中通常扮演着受教育者或被管理者的角色，传统教育将学生固定在受教育者的角色上，而遮蔽了学生作为教育者和管理者的身份。但表达自我主张、实现自我管理是学生在成长道路上需习得的重要技能，也是为未来发展奠基。因此，早在公元 11 世纪初，意大利的博洛尼亚大学就出现了最早的学生自治组织——同乡会。20 世纪六七十年代现代意义的学生自治在西方的主要国家中均获得法律认可。五四运动之后，中国开始组织学生自治会，倡导学生自治能力的训练，极大地推动了教育的发展和民主意识的培养。时至今日，学生自治组织仍然活跃在大中小学各个教育阶段，尤其在高等院校已经形成较为成熟的组织体系，成为学生进行自我管理、自我发展的重要平台。这些学生组织具有思想政治教育功能，即“思想政治教育以大学生中存在的各种学生组织为对象和依托，通过对它们实施有目的、有计划的教育，使不同的大学生组织成员都能具有思想政治教育者所预期的行为价值，从而提升大学生思想政治教育的效果”①，进而成为高校开展革命文化宣传和推广教育活动的一大平台。这些相关组织的建设意在发动学生自己的力量，开展革命文化的自我教育，以避免革命文化传承过程中可能产生的强制性和压迫感，有效缓解学生的逆反心理，形成革命文化学习的良好氛围。要利用好这些学生组织和学生团体，充分发挥出学生自主学习、自我教育的功能，做好高校的革命文化传承和发展工作需要从以下两个方面汲取有益经验。

---

① 刘宏达. 高校学生组织的思想政治教育功能分析［J］. 中国青年政治学院学报，2008（6）：46.

1. 利用好共青团、学生会等学生组织开展革命文化的教育活动

中国共产主义青年团是中国共产党领导的由信仰共产主义的中国青年组成的群团组织，其前身是成立于1920年的社会主义青年团。它诞生于中国革命蓬勃发展的年代，始终将国家的需要和利益放在首要位置。其独特的发展历程恰恰证明了这一团体与生俱来的革命特质。这就说明它的组织发展、活动开展与革命文化存在内在一致性，能够成长为新时代传承和发展革命文化的中坚力量。学生会作为高校学生自我教育、自我管理的重要组织，肩负着对学生进行思想引领和推动文化传承的责任与义务。为了帮助学生自觉树立正确的历史观和价值观，学生会应当发挥学生开展自我教育、促进文化传承、自觉抵制错误思想侵袭等作用。就目前各大高校的发展状况来看，共青团和学生会等先进的学生组织在学校的指导下主要通过以下两种方式开展革命文化教育工作。

其一，将革命文化的宣传与团日活动、素质拓展等常规工作结合起来。正如上文所述，共青团的发展历程决定了它的革命性特质，而这种特质也必然会成为一种传统贯穿于它的常规工作和活动形式之中。同时，共青团与学生会也负有对学生进行思想教育和精神引导的职能，因此，他们日常活动和工作的开展与革命文化的传承与宣传是密不可分的，这样也有利于革命文化传承和发展的常态化与自觉化。青岛第五十三中学举行“弘扬红色文化，传承红色精神”的入团仪式，以共青团的历史知识作为革命文化教育的切入点，在推动革命文化传承的过程中也增进了团员对共青团的认知，增强了教育的仪式感。湘潭大学构筑起了极具革命文化特色的党团工作体系，将革命文化作为重要的教育资源融入党课团课，融入党团建设之中。全校各级党组织每年组织成员到革命圣地缅怀革命先烈、参观相关主题的博物馆与纪念馆以及组织观看红色电影等。

其二，在各种重大时间节点或节日组织开展革命文化专题活动。在中国革命历史进程中产生了很多具有重大意义的时间节点，由此出现了诸多极具革命特色的纪念日或节日。这些“纪念日的选择与确立，彰显了中共对待历史的态度，成为中共保存历史记忆、建构历史知识的独特方式，既

塑造了中共的文化形象，也成为党史文化的时间谱系”①。近年来，国家越来越强调纪念日以及纪念活动在传承集体记忆、凝聚国家认同方面的重要作用，注重在重大节日或纪念日这些重大的时间节点上开展各类活动，以扩大革命文化的影响力，增强群众对革命文化的认知与了解，为革命文化永不褪色提供重要保障。共青团、学生会作为学校宣传教育的主流平台，会在这些重大的时间节点和节日响应国家号召，借助国家宣传的影响力和社会良好氛围，积极组织学生开展相关的活动，形成校内外的协同与联动，为革命文化教育的开展提供良好的平台和载体，在丰富学生课余生活的同时也为革命文化的传播提供了有力支持。

2. 依托国家相关政策，引导和鼓励学生自主开展红色社团的建设

要加强革命文化在校园里的传播力和影响力，关键在于学生主体能动性的发挥，需要有效地组织学生积极加入这一工作，加强学生的参与意识和获得感。共青团和学生会作为学校学生自我管理的平台，能够在一定程度上发挥这种组织功能。但是，其骨干成员的数量有限，并且其工作受到学校教师的直接指导而表现为官方的宣传平台特性，所以，其开展的活动与工作对于普通学生而言参与感较弱，影响力受限。近年来，国家一直致力于激发学生对革命文化以及马克思主义理论的自觉学习与研讨，从而实现革命文化与革命精神的全民推广。其中典型代表是“青马工程”的出台与实施。在这些政策支持下，各大院校鼓励学生的相关社团建设，各类红色理论社团在各地蓬勃发展，成为高校思想引领的新平台。这些红色理论社团由学生自发组成，组织开展理论学习、自觉开展社会实践，成为革命文化的研究者和推广者，带动学生在革命文化传播过程中的角色转变，增强学生对革命文化的认同和喜爱。赣南师范大学的大学生思源协会在“学雷锋日”组织社团成员进入中小学开展红色文化宣讲活动，将红色故事带入中小学课堂，成为革命文化的传播者。除了以理论学习为特色的红色社团外，不少高校还出现了许多将革命文化与其他社会活动相结合的红色社团。井冈山大学创办的红色文化推广协会基于“弘扬红文化，营销中

---

① 陈金龙．中共纪念活动与党史文化的建构［J］．中共党史研究，2012（11）：48.

国红”的社团口号，对红色文化资源进行采集和整理获得一手的文化资源，通过把这些资源包装加工成各类文化产品进行市场营销，实现对红色文化的推广和宣传。这种活动方式有利于深入挖掘地区的革命文化资源，以更生活化的方式进入群众生活，同时也极大地锻炼了学生的专业技能，推动了专业应用与文化传承的双赢。江西科技师范大学八一精神研究中心与学校集邮协会、南昌市邮票公司联合推出八一精神纪念信封。这种合作模式有利于带动其他社团或社会群体参与到革命文化的推广活动中来，增加革命文化的影响力。这些社团活动都是由学生自发组织、自己策划、独立进行的，一方面能够锻炼学生的专业技能，积累社会工作经验，另一方面也使学生自觉学习革命文化，最大限度地动员学生自身投入到革命文化的宣传与推广之中，在校园内形成良好的风气和氛围，带动其他学生与教师群体的加入。

（三）校园活动运行

红色校园文化活动是学校革命文化教育的重要载体和形式，其具有的实践性、趣味性以及形式的多样性等特性能够有效弥补单一理论教育的缺陷，有利于增强学生学习的主动性，扩大革命文化传播范围，优化教育效果。因此，中国革命文化教育自革命战争年代以来，就强调对活动载体的充分使用及其功能的发挥。为了改进教育方法，优化教育效果，各地大中小学结合以往的经验教训以及新时代特点对校园革命文化活动的组织和开展进行了新的改造，呈现出新的特征。

1. 线上和线下相交替

“互联网+”时代的到来正式宣告了互联网对大众日常生活的全面渗透，从社会交往到经济消费、从休闲方式到信息获得都无一不与网络发生密切的联系，人们的生活状态与思维方式以及信息接收的来源与途径都因网络的影响而发生改变。习近平总书记强调“人在哪儿，宣传思想工作的重点就在哪儿，网络空间已经成为人们生产生活的新空间，那就也应该成为我们党凝聚共识的新空间”①。因此，革命文化的发展也出现网络化趋向，

① 习近平．习近平谈治国理政．第三卷［M］．北京：外文出版社，2020：318．

其活动载体也呈现出线下与线上活动同步推进、交替进行的新特征。线上活动以网络平台为载体，较于常规的线下活动来说具有影响范围广、传播速度快、受众群体大等明显优势。这些优势使得网络阵地成为数字化、智能化和信息化时代里推进革命文化传承与创新的新高地。加紧革命文化线上活动开展，占领革命文化推广的网络高地，保障“红色地带”的主导地位成为当前思想建设和文化发展的当务之急。各地推行的诸多线上活动获得不少好评，相关网站的建设也日渐成熟。2017 年正值中国人民解放军建军 90 周年之际，人民日报客户端联合腾讯、天天 P 图推出一款名为“这是我的军装照”的手机小程序，帮助网友生成自己的虚拟“军装照”。该程序一经发布立刻成为热门“爆款”，建军节当天的浏览次数就达到 3. 94 亿，独立访客超过 5 700 万，并获得第二十八届中国新闻奖、第十五届长江韬奋奖一等奖。[①] 这一活动通过这种互动性、娱乐化的方式触发受众对于党史军史国史的兴趣，用热点事件的快速发酵来推动革命文化的迅速传播。在这种活动的带动下，不少中小学生以不同时期的军装为索引，了解相应时代历史的发展，学习我党我军的光辉历程，在不自觉地参与中完成了一次中国革命课程学习。

除此之外，各大中小学都加快了相关主题网站建设，一些主流媒体相继入驻热门的社交平台开展革命文化的教育。井冈山大学专门开设了大学生思想政治教育网站——“红色摇篮”，设置了井冈山精神、庐陵文化、时政要闻等多个栏目，将地区特色文化、革命文化以及校园文化与当前的时事热点结合起来，以其丰富的内容、活泼的形式以及海量的信息获得师生关注。而共青团中央先后入驻微博、微信、B 站等年轻群体常用的各类社交网站，以独特的方式和年轻化的话语表达融入年轻人群体，借助短视频、二次元语言以及网络潮词等新文化样态来传递革命文化。这些现象无不说明网络在现代革命文化教育进程中的重要作用，线上和线下活动的同步推进、交替进行有利于革命文化传承的立体化，提升其影响力与辐射范围。

---

① 赵光霞，燕帅. 人民日报客户端“军装照”H5 荣获第二十八届中国新闻奖一等奖［EB/OL］.（2018 - 11 - 02）［2020 - 08 - 21］. http://media. people. com. cn/n1/2018/1102/c14677 - 30379396. html.

2. 课内和课外相联动

课堂教学一直是革命文化在学校内传承和发展的主战场，虽然能够对革命文化进行系统化的呈现以及主流化的表达，但是这种纯粹、单一的理论教学也容易导致革命文化的传承教条与僵化。近年来，各地的学校尝试将革命文化教育与社会实践活动有机结合在一起，实现课内学习与课外活动的有效对接。在中小学突出表现为各类暑期红色研学活动。通过参观红色景点、体验红色生活等实践活动，让学生跳出图片、文字的局限直观地感知革命文化，在自己动手的过程中实地感受革命文化，深化对这些革命文化的理解。各高等院校则在了解革命文化的基础上将革命文化的传承与发展推进到了“运用”与“研究”的层面上。福建师范大学的马列主义学习俱乐部积极开展“读、诵、研、讲、宣”五大品牌活动，其中的“讲”即组建学生讲师团，让学生自主编写教程，在学生群体中进行巡回演讲。这种活动将所学的理论知识进行了完全消化和领悟，对知识融会贯通进行二次加工，进而深化了个人对革命文化的理解。2016 年暑期南开大学的“长征专项社会实践校级示范队”统一着装、佩戴红军领章，重走长征路。他们围绕“新形势下苏区历史文化传播”“精准扶贫下原中央苏区振兴的机遇与挑战”两项课题走访多个乡镇和村庄，采访多位学者，开展调查研究，并完成 2 万字的实践报告。这一活动实现了科研、教育、宣传三位一体的整合，将课内所学与课外研究融会贯通，为革命文化的现代发展注入了新的活力，也使得革命文化的传承更具现实意义与价值。

3. 传统与创新相结合

革命文化形成于新民主主义革命时期，在这一历史时期里中国共产党开展了多种形式的革命宣传活动，传播革命理念，奠定坚实的群众基础。经典诵读、话剧表演、红歌赛、主题讲座等传统活动形式仍然得以保留并成为校园文化活动的常规项目。江西财经大学的“一二·九”革命歌曲大合唱已经举办了 29 年，学校为了更好地开展和传承这项红色文化活动，选择了 100 首爱国主义歌曲编印成册发放给全校师生，并在学校广播台连续播放，真正实现了“红歌年年唱，革命传统代代传”。但是，单纯依靠这些传统活动形式容易带来审美疲劳，而导致活动效果不佳。为了进一步优化活动效果，不少学校借助现代科技和教育技术，创新活动形式，探索体验式革命文化活动。井冈山大学所开设“红色体验训练中心”，利用井冈山的革命文化资源，让参与者模拟体验红军军事操练、战斗情景、野外生存、生产生活等活动内容。南开大学在 2016 年的新生军训举办模拟长征的活动，按照史实设计路线、复原长征场景，并在校区内设置长征过程中若干重大历史事件的时间节点，让学生在体验过程中形成对长征历史的完整认知。山东沂南县小学开展红色运动会，将革命文化的宣传与运动会这一常见的运动形式有机结合起来，通过“炸碉堡”“单挑扁担运军粮”“穿越火线墙”等带有红色文化印记的体育活动，让学生在体育竞技中感受英勇无畏的革命精神以及党和人民群众的鱼水之情，从中领悟到革命文化的内涵与真谛，推动革命文化在新时期里的良性发展。校园文化活动所表现出来的“传统与创新相结合”并不仅仅指传统活动形式与创新的活动形式的共生共在，还体现为对传统活动的创新发展。南开大学立足于青年的视角，打破传统红歌会的模式，极具创造性地举办“红色文化节”红歌改编大赛，将青年耳熟能详的流行音乐与反映革命文化的原创新词结合起来，增强了学生的熟悉感，提高了普及程度，也为红歌会这种活动形式提供了新的发展方向。

4. 教师与学生同参与

在学校中，教师群体尤其是青年教师同样是一个不可忽视的部分。青年教师与学生年龄接近，与学生接触较多，对学生的思想行为影响更直接，他们的思想政治素质和道德情操对学生的健康成长具有重要的示范引导作用。[①] 他们不仅是革命文化的教育者、传播者，也是受教育的对象，即革命文化在学校阵地上的传承和发展要融入对学校教师尤其是青年教师的思想建设之中。因此，校园文化活动在开展过程中要充分调动教师的参与积极性，让教师与学生共同参与。一方面教师可以为学生做好榜样示范，减少学生对这些主题活动的排斥感；另一方面也能够帮助教师进一步加深对革命文化的理解，从而更好地将革命文化资源融入课堂教学之中，提升教师

① 中共中央组织部，中共中央宣传部，中共教育部党组．关于加强和改进高校青年教师思想政治工作的若干意见［Z］．2013－05－04．

的思想道德水准和专业素养水平。为此，不少高校在红歌会的赛制中增添了关于教师参与的“优待条款”，鼓励师生共同合作。除此之外，北京芳草地国际学校贵阳分校利用贵阳独有的红色文化资源，结合芳草地的校园文化特质打造革命文化展区。其中设置的党建访谈室举办了以“讲述红色文化故事”为主线的党课活动，邀请了多位老红军、红军遗属来为教师亲身讲述革命故事，拉近了教师与革命故事之间的心理距离，增强了故事的感染力和亲和力。针对学校高年级学生则采取了以红色电影为载体来讲述革命故事，表达革命情怀，让学生对革命文化有更直观、更深切的感受和了解，同时也有利于体现革命文化教育的趣味性。这些活动针对不同的受众群体，基于群体的年龄和认知接受能力等特点，选择多样化的表达形式，以达到更优的教育效果，有利于避免一刀切的教育问题。

第二节　革命文化进校园的历史变迁和经验总结

革命文化在学校阵地上的传承和发展与中国共产党的诞生和成长相伴而行，并且在不同的历史时期里呈现出不同的特点。梳理革命文化传承和发展的历史脉络，总结各个时期革命文化工作的共性特征，提炼出有益的历史经验为今天的革命文化建设工作提供一定的借鉴和参考。

一、不同历史时期革命文化在学校阵地的传播

（一）新民主主义革命时期（1921—1949）：在革命实践中形成和发展

1. 革命文化在各级教育中的全面覆盖

中国共产党将建立全面系统的现代教育体系视为革命根据地文化建设的重要一步，逐步构建起包括幼儿教育、少年教育、成人教育在内的民众教育与学校教育并驾齐驱的完整教育体制。而革命文化的传播与革命精神的培养作为教育主题贯穿于整个教育系统始终。1947 年出版发行的《中共“苏皖边区国民教育实施法”研究》一书在谈及边区教育时提到幼儿教育“最重要者则为养成同情劳动大众反对无理压迫的正义精神”，强调“初高两级教育内容，均会规定‘培养民主思想之风’殆为中共训练思想之中心

所在"①。这种革命精神和民主意识的培养是革命文化传播和发展的鲜明体现，通过教材编写和课程设置来贯彻与落实。

其一，编写、使用革命主题的教材和读本。1931 年通过的《中央关于苏区宣传鼓动工作决议》中就明确指出"苏区内的教育文化工作，必须要有彻底的转变，必须编辑成年人及青年儿童的识字课本，绝对禁止以三民主义为苏区内学校的教科书"②。这些教材都以中央苏区的教育培养目标为指导，具有强烈的阶级色彩和革命意识，同时兼顾到不同受教育者的特点和实际情况，呈现出多样性与科学性。在初级教育阶段，革命教育与文化学习有机结合，贯穿于国语等课程教材之中。他们大多结合生活实际，以革命中发生的真人真事为蓝本，采用童谣、韵文等朗朗上口、通俗易懂的语言风格和文体形式来讲述红军故事，兼具趣味性与感染力。而高等教育则引入专门的政治课程，其教材编写更注重学理性与逻辑性。1941 年，为反抗日本的奴化教育，中共慈溪镇县工委在沦陷区所建立的凤湖初级中学展开游击教育，其所用课本包括《中国现代革命史》《大众哲学》《社会发展史讲义》在内的抗日革命教材。1949 年北平和平解放后，中共的教育部门接管了北平的各大高校及中小学，开始实施教育改革，改革内容包括政治课程的设置及新教材的编写工作，强调"初中一、二年级一律讲《革命故事》；初中三至高中三年级一律讲《中国革命读本》"③。在社会教育层面上，各类业余学校编写的成人教材也很好地贯彻了革命思想，著名的《工农兵三字经》就以大众化、口语化的语言表达揭露了国民党的黑暗统治以及鼓舞贫苦大众起来反抗的革命精神。教材使用的规范化和统一化充分反映了革命文化成为学校教学活动的核心内容。

其二，相关课程的设置。与教材编写相配套的是党的文教部门在各个教育阶段都设置了以革命文化为主要内容的相关课程。在初级教育阶段，

---

① 中共"苏皖边区国民教育实施法"研究［M］. 北京：中联出版社，1947：9－10.

② 中央档案馆. 中共中央文件选集第七册（1931）［M］. 北京：中共中央党校出版社，1991：217.

③ 北京市人民政府教育局. 北京市教育概况［M］. 北京：北京市人民政府教育局，1949：10.

革命文化教育贯穿国语等课程的教学活动中；在中、高等教育中，则专门设置了与之相关的政治课程。延安大学在其教育方针中明确提出“本校进行中国革命历史与现状的教育，以增进学员的革命理论和知识与新民主主义建设的思想，并进行人生观及思想方法的教育，以培养学生的革命立场与实事求是的工作作风”[①]。基于这一教育方针，延安大学相继开设了 4 门政治理论课程，包括边区建设概论、中国革命史、革命人生观与时事教育。而华北联大于 1944 年为进入解放区的青年学生开设政治班，“进行政治教育和时事教育，肃清长期奴化教育的影响，使他们从思想上获得解放”[②]，并且明确规定该校的教育学院应当将政治思想教育课作为基本课程。除此之外，教育部在 1933 年 8 月 6 日颁布的《夜学办法大纲》中就提到夜学的功课除了识字以外，还要教政治与科学常识。闽西苏区夜校有针对性地设置了赤语和音乐课程，向学生解释红色标语、教唱革命歌曲，在教学的过程中帮助学员深刻理解革命主张，唤醒贫苦大众的革命意识，宣传革命文化。

2. 对教师的政治教育与改造

在新民主主义革命时期，中国共产党十分注重对旧知识分子的思想改造，以期通过思想政治教育吸纳他们为工农革命的有生力量，承担起革新教育、培养民众革命意识的职能。但是由于他们独特的身份背景，这些教师在革命文化的传播和发展过程中不仅是教授者和传播者，更是受教育者。中国共产党通过对教师的政治教育与改造促进革命文化在学校阵地的传播。

第一，政治教育在师范教育中的贯彻。革命初期知识分子在革命队伍中所占比重较低。因此，开办师范教育、培养自己的知识分子就成了教育发展中的重要一环。而师范教育非常注重对教师政治思想的培养。在课程设置上，政治课程是师范教育中的必修课，与之配套的还有时事教育、历史、政治常识等课程，其内容包括根据地的建设和工作、时事教育、各类

① 中央教育科学研究所. 老解放区教育资料（二）：抗日战争时期（上册）［M］. 北京：教育科学出版社，1986：394.

② 中央教育科学研究所. 老解放区教育资料（二）：抗日战争时期（上册）［M］. 北京：教育科学出版社，1986：421.

政治常识以及中外革命运动史。这些课程的学习都与革命文化有着密切的联系。抗日战争时期建立的晋察冀边区抗战建国师范在课程设置和学生活动上也表现出明显的革命特色，专门设置“政治常识”“中国近代史以及新民主主义论”等课程，积极教唱《义勇军进行曲》等抗日爱国歌曲，加强对学员的革命理论教育，培养革命品质。

第二，教师短期培训班的开展。各革命根据地通过设立相关的短期培训班或见习所，对担任苏区中小学教学工作的旧知识分子进行思想改造。湘鄂西苏区在1930年创办的沔阳师范讲习所就招收在职教师为学员讲授教育方法、革命常识以及时事教育，增进教师对革命的认知，从而能够做到支持革命、同情革命。1949年出版的《北京市教育概况》一书中同样强调了对旧教师的团结与改造，提出通过星期讲座、政治演讲会、座谈会等形式组织中小教员进行学习。无论是师范教育还是短期的教师培训班都将革命文化的传播和革命精神的养成很好地融贯于教育教学活动中，进而培养和塑造出无产阶级的教育者，为革命文化的传承和发展以及革命者的培养提供了动力和源泉，同时也反映出教师在革命文化传承和发展中的双重身份，为当前对教师进行革命文化教育提供了有益经验。

3. 课程教育与其他宣传手段的有机结合

为了将革命文化的宣传真正贯彻到学生的学习和生活中，中共在革命根据地的文化建设过程中把革命文化的课堂教育与其他活动、宣传手段进行有机结合。

第一，鼓励学生课余参与革命实践活动。新民主主义革命时期的教育带有极大的实践特性，要求学习内容与现实关联紧密，能够迅速转化为生产技能或生存办法运用到个人生活中去。这种教育模式对接了群众的现实需求，以其内容的实用性和方法的灵活性促进了苏区文教事业的蓬勃发展。同样，在这一期间，革命文化的传承与发展也具有这样的特点，突出表现在学生课余的革命实践活动中。苏区“列宁小学普遍建立了学生会、儿童团、儿童俱乐部（下设墙报委员会、图书室等）一类的群众组织，经常开展校内外的活动”①，譬如参与红军联欢会，慰劳红军将士；运用手工课所学知识制作竹杯支援红军等。除此以外，学校还鼓励、组织学生参与抗日活动，承担站岗、放哨等较为简单的革命任务。积极开展“三不”运动（不说出八路军、不说出粮食、不说出抗日干部）和儿童“五不”运动（不告诉敌人一句实话、不报告干部和八路军、不报告地洞和粮食、不要敌人东西不上敌人当、不上敌人学、不参加敌人少年团），培养学生的革命斗争精神和革命保密意识。这些革命活动的开展与学校课程内容的教育很好地结合贯通起来，为革命文化的传播和革命精神的塑造起到了重要作用，也由此诞生了一大批如王二小、雨来、张嘎等少年儿童英雄。

第二，小先生制与抗日儿童团推动学生的角色转换。面对根据地知识分子短缺、师生比例严重失衡的现实问题，中国共产党在根据地开展文化建设的过程中推行小先生制度，将学生以教育者的身份融入到社会教育之中，与冬学运动和识字班、识字组等社会教育形式有机结合起来，在教育过程中完成革命文化的再传播。开始于1936年陕甘宁边区的冬学运动是革命根据地创造出来的社会教育的重要形式之一，该活动充分利用农闲时间开展大规模的群众识字运动，将识字与政治教育、革命宣传紧密结合起来。许多根据地积极推行小先生制，动员学习成绩优异的小学生作为“教员”成立识字班参与到冬学运动之中。这些小先生在家庭、村社以及街头，利用各类具有革命宣传性质的冬学课本教识字以及讲述革命故事、宣传革命思想。除此之外，抗日儿童团组织将7～14岁的少年儿童更好地发动起来积极投身于革命实践活动之中，并成为革命文化传播和发展的重要力量。他们由识字的儿童组成，组织失学儿童进行基本军事、政治、生产和文化知识的学习，通过教唱歌、教政治等形式对校外的儿童进行革命文化的宣讲。另外，这些儿童在村里开设讲座和街头讲演站，为村民进行时事教育，并通过儿童剧团、儿童宣传队为民众表演儿童剧、演唱革命歌曲等文娱活动，在丰富群众文化生活的同时，也促进了革命文化的快速传播。这些活动形式将学校教育与社会教育很好地联结起来，充分发挥学生的主观能动性，

① 李国强．中央苏区教育史［M］．修订本．南昌：江西教育出版社，2001：176.

实现学生、教师角色的双向转化，在扩大革命文化传播范围的同时，也促进了学生对革命文化的深入理解，优化学校革命文化教育的效果。

（二）社会主义革命与建设时期（1949—1978）：革命文化的主流化

1949—1978 年是中国社会主义革命和建设的重要时期，在此期间我国顺利完成了从新民主主义社会向社会主义社会的过渡，逐步建立起较为完整的社会主义工业体系，初步形成了社会主义政治、经济、文化制度。在建设过程中，中国共产党始终秉承革命时期的优良传统，借鉴过去的教育管理经验，注重革命文化教育与革命精神的学习，关注革命文化的继承与发展，推动革命文化在社会思想领域主流地位的确立。但是，社会主义革命和建设并不是一帆风顺的，其间也出现过一些错误和曲折，对革命文化在学校的传承和发展产生了一定的消极影响，也为今后的相关工作提供了一定的经验教训。

1. 批判和清理旧有的、反动的政治教育，建立并完善革命政治教育课程

新中国在成立后积极推动教育改革，发展社会主义教育，用科学的、民族的、大众的社会主义文化来武装人们的头脑，培育无产阶级的合格继承者与接班人。首先必须革除以往国民党所推行的反动、落后的政治教育，肃清遗存下来的各种腐朽、陈旧的思想。自 1924 年孙中山在苏联顾问的指导下完成对国民党的改组工作，通过“党化”手段加强对各个领域的控制，以改变国民党松散的组织现状，国民党开始推行“党化教育”并在抗日战争时期不断加强。从 1928 年起，国民党中央训练部和国民政府教育部先后颁布了一系列通则、条例，力求在制度上保证党化教育的实施，明确提出各级学校要增加党义课程、规范党义教师任教资格，并将党义内容考核纳入到中小学毕业会考之中。全面抗战爆发后，国民党更是提出了“一个主义、一个领袖、一个政党”的口号，力图以党化教育统一思想、凝聚民众。① 但是这些政治教育内容本质上是维护大地主、大资产阶级利益，与社会发展和群众的整体利益相违背。新中国成立后，教育部门对国民党统治

① 卢毅. 事与愿违的党化教育：以 1949 年以前的国民党为例［J］. 福建论坛（人文社会科学版），2014（5）：71 – 77.

遗留下来的“党化教育”进行批判和清理工作，包括废除“党义”“公民”“童子军”，以及明显有悖于新社会的课程内容，取缔学校内存在的国民党、三青团等组织，取消国民党的训育制度。这些举措的实施有利于肃清各种落后、错误思想的影响，为革命文化的传播和发展扫清了障碍。

与此同时，中国共产党一直强调在教育战线上开展理论学习的重要性，并通过在各级教育设立相关课程推动革命文化的普及与宣传。1951 年刘少奇在全国第一次宣传工作会议上指出“加强基本理论的宣传教育，应当成为我们党的重要工作之一，应当作为宣传部的一项重要工作提出来”①。1949 年 11 月，教育部升会讨论高等教育改造方针，时任教育部副部长钱俊瑞提出“当前课程改革的中心环节是加强政治课的学习”②。1950 年北京师范大学开启改革工作，提出“政治课为全校必修课，在文化业务课中也应贯彻革命的思想与政治教育”③。1953 年的文教工作明确规定在高等学校一年级开设“中国革命史”，中学设立时事政策课程。其后，高校的思想政治理论课程一直处于不断调整完善的过程中，其课程设置和内容编排也处在变动之中，但其主体内容仍然围绕马克思主义基础理论与中国革命史展开。革命教育课程的设置和完善成为革命文化在学校阵地的传播和发展的主要路径。

2. 注重对旧知识分子的思想改造，同时将教育普及工作与革命观念的培养有机结合起来

新中国成立初期的学校教育涉及两类特殊群体，即作为教师的旧知识分子以及业余教育中的工农学员。对这两个群体的革命文化教育同样应当被纳入学校革命教育体系之中。一大批旧知识分子是革命的同情者，能够发展成为国家建设的重要力量，有效缓解国家建设初期出现的人才短缺问题。因此，党中央提出要充分发动这些进步的旧知识分子，对他们进行思

---

① 中央宣传部办公厅. 党的宣传工作会议概括和文献：1951—1992（上）［M］. 北京：中共中央党校出版社，1994：12.

② 中央教育科学研究所. 中华人民共和国教育大事记：1949—1982［M］. 北京：教育科学出版社，1983：6.

③ 中央教育科学研究所. 中华人民共和国教育大事记：1949—1982［M］. 北京：教育科学出版社，1983：14.

想改造，使之成为新中国的建设者和参与者。这种针对旧知识分子的改造首先体现在对高校教师的思想政治教育上，力求增强这一群体对中国革命和新政权建设的了解，形成对革命及社会主义的正确认知。在高校开展的思想改造运动主要通过对毛泽东思想的深入学习、参与当前的革命运动和实践以及组织开展各种报告与讲演活动等方式进行，革命文化的传承和发展得以融贯于这些活动之中，在教师群体中广泛传播。1951 年 9 月，“北京、天津二十所高等学校教师三千余人，开展以改造思想、改革高等教育为目的的学习运动”①。该政治学习运动最初由马寅初等 12 位北京大学的著名教授发起，邀请毛泽东、周恩来等老一辈革命家和国家领导人在北大做报告，以个人的革命经历帮助北大教员开展思想改造运动，从而革新思想树立正确的革命观。这种方法很快获得中央的高度评价，并将其作为范例在全国各大高校加以推广，在 1951 年底这场思想改造运动从高校教师扩大到大中小学教师和高等专科学校以上的学生，从教育界扩大到整个知识界。这种思想改造运动以毛泽东思想的学习为主要内容，通过对中国革命的性质和目的的了解，深刻认识到新民主主义革命对于民族命运、国家繁荣与个人发展的重要意义，从而对新政权形成全面、正确的认识，产生归属感与认同感。因此，这一活动开展的过程本身就是革命文化教育的过程，就是革命文化传承和发展的过程。

除了作为高校教师的旧知识分子这一特殊群体之外，在业余教育中接受革命文化教育和革命知识学习的广大工农群众同样也是新中国成立初期学校组织革命文化教育活动的重要参与者。新中国成立伊始，民众识字率低、学校教育普及不够以及各种封建文化、资本主义文化残余的干扰都给社会发展、文化传播、意识形态建设带来一定阻碍。要实现革命文化在较大范围内的传承和发展，不仅需要在基础教育及高等院校建设中做好相关工作，也要注意社会教育和业余教育中的革命文化宣传工作。基于此种社会现实，1951 年政务院公布实施《关于改革学制的决定》，突出“学校向工农开门”的方针，将承担工农教育工作的各类工农补习班、干部学校以及

---

① 中央教育科学研究所. 中华人民共和国教育大事记：1949—1982［M］. 北京：教育科学出版社，1983：48.

训练班按照实际情况分别纳入到初等、中等教育体系之中。1950 年 9 月召开的第一次全国工农教育会议提出：当前工农教育的内容应当是将识字、文化教育与政治时事教育适当地结合起来，通过举办各种工农速成中学和工农文化补习学校，有针对性地开展教育活动，在逐步减少文盲的同时帮助工农群众提高思想认识、培养革命精神。

3. 相关文艺作品创作的繁荣，为革命文化在学校阵地的发展提供了丰富资源

自新中国成立之初，党中央就要求文艺工作者在进行文艺创作的过程中要始终坚持为工农兵服务的原则，要具有民族特色，反映时代精神与革命斗争精神，展现群众的现实生活。波澜壮阔的革命历史为这一时期的文艺创作提供了充足养分与思想源泉。在新中国成立后的十年期间涌现了一大批讴歌中国革命，赞颂革命精神的红色文艺作品，包括《红岩》《保卫延安》《敌后武工队》《铁道游击队》等。1964 年，为庆祝新中国成立十五周年，在周恩来的建议和推动下中宣部与文化部组织筹划创作了大型音乐舞蹈史诗《东方红》，通过音乐和舞台艺术展现革命年代不同时期的重要历史事件，汇集了各时期的经典歌舞，再现了革命战争年代的伟大场面，歌颂了中国共产党带领中国人民进行革命的伟大征程。其后，这一大型歌舞中的许多红色歌曲成为群众争相传唱的经典曲目，也成为学校开展革命文化教育的重要音乐资源，成为一代人心中关于革命最深刻的记忆。除此之外，这一时期所创作的芭蕾舞剧《红色娘子军》，红色歌曲《唱支山歌给党听》《长征组歌》等文艺作品均体现出了革命化、民族化和群众化的特征，塑造了一批批生动、伟大的革命英雄形象，影响了一代代的中国青少年。另外，以《毛泽东选集》《星火燎原》为代表的一大批革命书籍的出版对青年一代的革命传统教育起到了积极的引导作用。即使是在“文化大革命”时期文艺创作陷入低潮，样板戏基本取代了丰富多样的文艺作品，成为“无产阶级文艺的典范”，但是其中的代表作《红灯记》《沙家浜》等仍然是以革命年代的故事为蓝本，成为各机关、学校组织毛泽东思想文艺宣传队的保留曲目，在一定程度上为革命文化在学校的传承和发展提供了条件。

4. 革命文化在发展与传承中遭遇曲折

社会主义建设过程并非是一帆风顺的，20 世纪六七十年代国际局势动

荡不安，在一定程度上影响了中国在社会主义建设和发展道路上的判断。“大跃进”“人民公社化运动”“多快好省地建设社会主义”等运动和口号的出现反映了发展过程中出现的激进、过“左”的思潮。一定的文化是对一定的经济、政治的反映，一定的经济和政治对文化具有决定作用。过“左”、激进的经济建设在思想文化领域中的表现是文化教育的过度政治化。革命文化的宣传成为了当时文化教育战线上的主要内容。这一现象在客观上促进革命文化传承的同时也导致革命文化发展出现将革命文化的真正精神和内涵扭曲为个人崇拜以及传播过程中的形式主义等问题。

在“文化大革命”期间及其前后，革命文化的教育和传承存在违背学生的认知成长规律的一些问题，突出表现在将毛主席的讲话生搬硬套到课堂学习中，甚至直接取代语文等学科成为通用的教科书。1966 年实行中学政治、语文、历史教材的改革，提出“中学历史课暂停开设；政治和语文合开，以毛主席著作为基本教材，选读文化大革命的好文章和革命作品”①。同时，学校的文娱活动也以学习毛泽东诗词为主要内容，将其谱成歌曲加以传唱，并且成为中小学历史和古典诗词学习的主要内容。这种教育方式在一定程度上导致了革命文化以及思想内容在传播过程中的形式化。在这种社会风潮的影响下，“文化大革命”期间出现了许多文化“新景观”，即人人拿《语录》、家家学《毛选》、大跳忠字舞、高唱语录歌、吃忆苦思甜饭等活动。“上述群众文化很普及，但大部分是畸形的……反映的是‘文革’中政治狂热、革命崇拜于个人崇拜的特有文化现象，形式大于内容。”②虽然这一举措的推行在一定程度上实现了这种革命理论和思想在全国范围内的广泛传播，在某种意义上也是革命文化的传承。但是，这种理论的学习缺乏科学的指导，将革命文化的内涵单一化和扭曲化，从根本上忽视了对革命文化内在精神的深刻解读，这对于革命文化的传承和发展而言是一种实际上的倒退。

---

① 中央教育科学研究所. 中华人民共和国教育大事记：1949—1982［M］. 北京：教育科学出版社，1983：401.

② 欧阳雪梅. 中华人民共和国文化史（1949—2012）［M］. 北京：当代中国出版社，2016：173.

总的来说，在这一时期里，新政权的建立为革命文化成为社会主流的思想潮流和价值观念提供了必要前提。革命文化在校园里的传承与发展主要通过全国相关课程的建设与完善、对教育者的思想改造以及对广大工农群体的文化教育活动这三大途径进行。同时，社会主义建设时期的新成就和新气象也为革命文化的时代化和大众化提供了丰富的思想资源，有力地推动了革命文化在新时期的新发展。但是，社会发展中遇到的各种挫折导致了革命文化发展中遭遇形式化、扭曲化等诸多新问题。

（三）改革开放发展建设时期（1978—2020）：新问题与新载体

1．新问题：革命文化的传承与发展在学校阵地的空壳化

党的十四大报告中指出要“在全国各族人民特别是青少年中，进一步加强党的基本路线教育，爱国主义、集体主义和社会主义思想教育，近代史、现代史教育和国情教育，增强民族自尊、自信和自强精神，抵御资本主义和封建主义腐朽思想的侵蚀，梳理正确的理想，信念和价值观”①。国家始终坚持将革命文化在学校的传承和发展工作放在思想建设的重要地位上，但是在改革开放后的一段时间内，革命文化在学校阵地的传播与传承也遭遇了新的问题，突出表现为学生对革命文化的接受度不高、认同度不够，从而导致革命文化教育工作出现形式化和边缘化的困境。

这一困境的出现受到社会发展的影响，主要表现在三个方面：其一，“文化大革命”结束以后，人们出现了思想上的混乱。对那段历史的记忆造成了对“革命”一词的理解存在一定的质疑，也对那个时期一直所倡导的、宣传的革命思想和革命传统产生了认知上的偏差，因此对革命文化的解读缺乏正确合理的引导。其二，改革开放的春风带来了经济的快速发展，社会主义市场经济体制的建立在一定程度上影响了传统的道德体系。尤其是在改革开放的前期，金钱本位和拜金主义等思想对社会主流价值观产生了一定的负面影响。价值标准的偏离导致人们对优秀的革命传统和革命文化的“漠视”甚至是“嗤之以鼻”，革命文化的传承由此出现边缘化的问题。其三，国家的对外开放不可避免地带来了新的社会思潮涌入，20 世纪 90 年

① 张静如．中国共产党历届代表大会一大到十八大：下［M］．石家庄：河北人民出版社，2012：125．

代国际局势风云突变，西方国家的和平演变势力日渐强大，东欧剧变导致社会主义阵营动荡不安。在这种社会状况下，国内的“资产阶级自由化”思想开始萌芽，在很大程度上抵触革命文化的传播和发展。即使是在社会迅速发展、国家实力日渐壮大的今天，仍然不乏一些崇洋媚外的历史虚无主义和民族虚无主义的拥趸者借助发达的信息网络工具发表一些不当言论，在一定程度上影响了人们尤其是青年学生对革命文化的正确认知和判断。

而这种边缘化和形式化的困境主要表现在两个方面：其一，学生对革命文化的认知程度不高，难以产生强烈的认同感，更有甚者出现对革命文化的强烈排斥，突出表现在思想政治理论课等相关课程的教育效果有待提高。许多高校的公共政治课效果有待提升，学生上课热情度不够，抬头率不高，拒绝参与课堂互动。部分教师授课方式陈旧，授课内容缺乏新意，甚至照本宣科，进一步加深了学生对相关理论学习的倦怠感。这就使得革命文化的知识性传播不到位，学生缺乏对历史史实的基本认知，就更难以对其中所蕴含的革命精神和革命热情产生认同感，从而导致革命文化在学校教育中走向了形式化和边缘化。

其二，对革命文化的敬畏心有所消退。如上所述，革命文化在知识性传播上的缺失导致了学生对革命文化的认知度不够、认同度不高，而这种情况必然使得少数学生对革命文化失去应有的尊重和敬畏。这种敬畏心的丧失鲜明体现在了近年来恶搞红色经典、污化革命英雄的段子层出不穷，在校园内广泛传播甚至恶意模仿。日前，网上关于恶搞抗战歌曲《黄河大合唱》的视频快速流传开来，引发网友们热议和政府的高度关注。而这种革命文艺作品的恶搞版本成为许多机构演出的“热门节目”。除此之外，红色旅游中的不文明现象也屡见不鲜。部分青少年在参观学习的过程中随意攀爬或毁坏文物，对革命文物造成不可逆的破坏。在部分较为庄重的场合大肆喧哗，缺乏对革命先烈基本的尊重。这些现象都是革命文化传承和发展缺位造成的必然结果，任其发展将会导致革命文化的彻底失落以及历史虚无主义的重新萌芽。

2. 新载体：网络在革命文化传承和发展中的应用

改革开放以后，尤其是进入 20 世纪 90 年代以来，中国经济快速发展的同时也带来了信息技术的飞速发展。“互联网+”时代的到来更是将个人生活与网络世界更加紧密地结合在了一起。依托于信息技术建立的各种网络社交平台以及各种视频、音频的播放平台等新载体的出现和广泛运用为革命文化传播提供了新机遇。这些网络平台的出现扩大了个体社会交往的空间维度，缩短了人与人之间的社会距离，同时极大地增强了信息传播的时效性，大幅度增加了传播过程中所承载的信息总量，单个个体也成为信息传递的中介和信息创造的源头。因此，微时代的到来为革命文化的传承和发展提供了新的平台载体。近年来，各地学校不乏有一些利用网络平台实现革命文化创新性传承和发展的优秀案例。

其一，高校网站及官方公众号的红色栏目建设。浏览校园网站以及关注各类微信公众号是学生群体的日常生活必不可少的部分，建设好这些红色网站和公众号能够有利于对学生进行革命文化的熏陶，潜移默化地帮助学生形成对革命文化的正确认知，增进学生对革命文化的理解，从而真正达到革命文化教育的目的。江西省赣南师范大学改革革命文化教育模式，突出新媒体和新技术在学校的革命文化传承和发展工作的崭新运用。该校着力打造线上“赣南师范大学”“青春赣师”品牌和红色主题教育“红井水”网站，所发表的文章内容多次被人民网等官方微信平台转发。江西现代职业技术学院思政教研室推出“红色文化育人”微信公众平台，旨在打造新形势下的革命文化宣传新渠道。

其二，以革命文化为主题的优秀影视作品的热潮。近年来，不少部门或学校将革命文化的传播和发展与各类影视作品结合起来，借助各种优秀的红色影片帮助学生树立正确的价值观念，深入了解和把握革命文化。其中国产动漫《那年那兔那些事》的播出在学生群体中引发了不小的观影热潮。这一部简单的国产动漫以新民主主义革命的爆发为起点，通过塑造各具特色的动物形象将中国革命史上的重大事件简单阐明，其语言表达通俗生动，贴近当前学生的网络语言习惯，故事拒绝了常见的宏大叙事，注重以细节或个体为切入点，深刻地表现了革命战争年代人们心中的民族精神和革命情怀。因此这一作品的出现迅速得到了网友们的好评点赞，并且通过共青团中央在各大视频网站上的官方账号快速传播开来，引发一阵观影热潮，无形中推动了革命文化在校园内的传播。

其三，自媒体时代革命文化数字化传播。微博和微信在具备强大的信息传播功能的同时也具有很强的话题导向性，能够将一些事件或现象快速传播开来的同时引发众多网友的关注、互动和讨论，使之成为话题性现象。一些相关内容的视频和事件的出现迅速占据话题榜，成为年轻群体讨论和热议的重要话题，也进一步增强了民众对于革命文化的喜爱以及对革命精神的认同。同时，移动短视频成为自媒体时代大众表达个性自我、展示日常生活、塑造社会文化的重要窗口与工具。大量的活跃用户和不断攀升的市场占有让“短视频应用已经成为流量的新高地和内容行业的发力重点，在媒体格局和舆论影响中举足轻重”①。短视频文化风尚也成为革命文化传承与发展的重要抓手。2019 年红网面向全国举办红色短视频大赛，其参赛选手从 6 岁孩童到耄耋老人，展现了不同年龄群体的红色记忆。2020 年疫情防控期间，吉林打造爱国主题教育“云模式”，通过英烈故事微视频征集活动鼓励中小学生用短视频讲述红色故事。但是，我们也要看到网络的虚拟性和自主性导致了信息的泛滥，在为革命文化教育提供新载体的同时也使得一些持历史虚无主义观点的人在网络上散播不当言论，对学生尤其是青少年产生不良影响，从而阻碍了革命文化的传承和发展。

二、革命文化进校园的历史经验总结

（一）革命文化的中国化：植根中华优秀传统文化

1. 革命文化受众对象的特性决定了其传承和发展必须植根于中华优秀传统文化

文化是人参与社会实践和社会交往的产物，是一种由社会存在所决定的社会意识，它从诞生开始就不可避免地受到人的思维模式和知识结构的影响。中华优秀传统文化在历史的长河中传承五千年之久，逐渐形成了相对固定的思维方式和知识体系，时至今日依然影响着很多中国人的价值判断。革命文化的传承与发展必须考虑到中华优秀传统文化这一影响因素。

① 张意轩，王坎．在短视频领域奏响主流声音：以人民日报新媒体的短视频探索为例［J］．新闻与写作，2019（11）：18.

以毛泽东为代表的第一代中国革命领导者自身文化选择的起点就是中国传统文化。毛泽东在 1964 年的一次谈话中就谈到“我读了六年孔夫子的书，上了七年学堂……他们说我一点马克思主义都没有，而他们是百分之百的布尔什维克”①。这一表述充分说明他在革命过程中深受中国传统文化的影响。对于马克思主义，他也始终坚持马克思主义的基本原理、方法和立场，反对将马克思主义教条化，生搬硬套到中国革命之中，因而他在中共六届六中全会中提出“马克思主义中国化”概念，即要立足于中国实际、立足于传统文化。革命文化在革命时期的功能是“革命前的思想准备”，从本质上来说是人民大众的文化。要充分发挥这种功能，需要将这种文化传播到以工农群众为基础的人民大众之中去。而这一诉求得以实现的前提是革命文化必须立足于人民大众的思维方式，推动革命文化的中国化。中国革命文化中的“革命”更多的是源于马克思恩格斯基于社会两大基本矛盾所创立的社会革命理论。革命得以发生的根本原因在于传统社会生产关系的滞后严重制约了社会生产力的发展，这两者不可调和的矛盾要求社会革命以实现社会关系的变革，从而适应生产力的发展。这与我国文化传统里所表述的革命概念存在一定的差别。在中国当时的社会环境之下，如果直接和文化素质较低的工农群体从理论高度阐述革命的必要性，他们难以对这些理论、思想产生强烈的认同和认可，宣传效果必然要大打折扣。中国革命文化在形成的过程中就很好地将西方的社会革命理论与中国传统思想和表达结合起来，从群众的切身利益出发，说明当时大资产阶级政权统治的黑暗性，为新的政权建设和革命的开展提供合法性证明，以迅速获得广泛的社会认同和群众基础。

2. 借助传统文化的形式承载革命文化的精神内涵

挖掘革命文化和传统文化的内在契合点，是实现革命文化中国化的重要路径。正如上文所述，革命文化与传统文化一脉相承，传统文化中许多优秀的精神基因通过改造和发展也成为革命文化中的重要内容。在学校开展革命文化传承和发展的过程中可以通过这些内容上的交叉点和契合点，

---

① 中共中央文献研究室．毛泽东文集：第八卷［M］．北京：人民出版社，1999：392－393.

增强学生对革命文化的认知。例如，在中华优秀传统文化中就包含了“天下兴亡，匹夫有责”爱国主义精神，而在抗日战争时期，这种爱国主义精神也被融入革命文化教育之中。晋察冀边区各地抗日小学通过教唱《苏武牧羊》《满江红》，讲述《岳飞抗金兵》等传统故事和歌曲来培养学生的民族意识和爱国情怀，将革命文化的宣传和传统文化有机结合起来。

除此之外，利用和改造民间传统文艺形式，推动革命文艺的生产与传播也成为革命文化入人心的重要途径。从苏区时期“旧瓶装新酒”的仿造到延安时期“民族形式”的创造，“革命文艺形态建构对‘民间形式’利用和改造的目的与方法并非一成不变，而是表现为一个不断变化发展的过程”①。中央苏区地处赣南、闽西，当地居民多为客家人，山歌传唱是当地人民进行人际沟通和社会交往的重要表达方式，也产生了大量脍炙人口、耳熟能详的山歌小调。为了充分利用这些传统文化资源、优化革命宣传工作效果，毛泽东提出“各政治部负责征集并编制表现各种群众情绪的革命歌谣”②。当时苏区文艺宣传工作者将当地的民间小调重新填词，阐述革命道理、反映群众斗争生活。在延安时期，对陕北民歌的再创作也成为革命文化宣传的重要载体。陕北民歌最初是源于陕北人民在生产生活中口口相传而形成的一种民间传统艺术形式，在20世纪30年代开始才真正将其作为一种地域文化形态加以收集、整理和研究，在革命时期蓬勃发展进入最为辉煌的“鲁艺时期”。当时的革命文艺工作者通过对这种传统文艺的改造创造出了诸多脍炙人口的红色革命歌曲，在群众中广为传唱，也成为学校教育的重要内容。例如，群众耳熟能详的《东方红》《山丹丹开花红艳艳》等红色歌曲分别改编自陕北民歌《骑白马》和《信天游》。这些歌曲以传统文化的形式表达革命文化的精神底蕴，实现了革命文化与传统文化的有机结合，拉近了与群众的心理距离。另外，延安时期的新秧歌运动、华北根据地利用民俗节日开展革命动员、改造旧年画、革新春联内容等都反映了革

---

① 汤建萍，周平远．中国革命文艺形态对民间形式的利用和改造［J］．江西社会科学，2014（9）：100.

② 中共中央文献研究室．毛泽东文集：第一卷［M］．北京：人民出版社，1993：101.

命文化在传承和发展过程与传统文化的结合，为革命文化进校园提供了丰富的教育资源和新鲜的表达方式。

（二）革命文化的大众化：话语表达与受众需求

革命文化是中国共产党在革命战争时期领导中国人民进行革命斗争和社会变革的过程中所形成的文化形态和理论结晶，人民性是其本质特征。要实现革命文化在新时代的继承与发展，必须坚持立足于人民立场，不断推进革命文化的大众化。而这种大众化在学校阵地上则表现为革命文化能够为广大学生广泛接受并认可，真正做到革命文化入脑、入心。因此，在革命文化教育实践的过程中要始终秉承大众立场、关注大众需求、运用大众语言、鼓励大众参与。从宏观领域来看，革命文化在社会这个大环境中传播时“大众化”中的“大众”应当被理解为人民群众，而从学校这个微观平台来看，“大众化”中的“大众”应当聚焦于学校活动的主体——学生群体。而“化”的实现依赖于教育者对学生需求的准确把握以及在此基础之上对传播话语体系和表达方式的改进。

1．革命文化的大众化要在明确学生需求的基础上改进话语表达

革命文化的传承首先是一个文化的对外传播过程，传播的过程中实现个体对文化的了解进而产生对文化的认同才能使得文化在代际之间传递继承。而任何一种文化、思想、精神要实现广泛传播，获得良好的传播效果和广大认同，必须明确传播对象的特点，了解传播对象的需求。革命文化的宣传要以所面向的不同社会群体的实际需求作为切入点，有针对性地开展教育活动，这是中国共产党在长期的思想建设工作中积累下来的宝贵经验。在革命战争年代，中国共产党针对农民的需求提出“打土豪、分田地”的口号以此作为革命文化宣传的一大亮点；针对红军俘虏的革命文化教育则注重以红军队伍关爱士兵、为普通老百姓谋福利为切入点获得他们的认同；针对农民普遍识字率低的现实，革命文化宣传大多采用通俗化语言加以表达，并结合当地的许多民俗文化表演形式，帮助群众理解革命文化的深刻内涵。因此，我们在推进校园革命文化建设的过程中，要汲取这些有益经验，正确认识学生的实际状况，以学生需求为导向。纵观革命文化教育在学校阵地上的发展历程，我们可以看到革命文化在学校阵地上的传承和发展虽然取得了一定的成果，但是近年来也暴露了教育过程中的诸多问题，学生在教育活动中主体性没有得到很好的发挥，学生的需求没有得到很好地重视致使革命文化的传承流于表象、流于形式。

在当代，信息技术的发展以及经济的繁荣进步，学生能够借助各种传媒手段扩展自身的眼界，获得更丰富的知识信息，构建起更完整的知识体系。思想的解放、教育方式的变革以及对学生在教育活动中主体地位的重视使得越来越多的学生不满足于填鸭式的教育模式，他们对革命文化教育方式和话语表达提出了更多的要求和更高的期望，对课堂活动以及课堂内容的趣味性有了更明显的需求，这就要求文化教育能够保持一定的新鲜感，以激发学生的兴趣点，从而对相关内容产生兴趣甚至是热爱。除此之外，当代学生对各种高大上的革命英雄的塑造以及光辉而又远离实际生活的革命事迹产生了倦怠感。他们对革命文化的生活化与人性化提出了更高的要求。从上述问题中，我们不难看出：要清除革命文化传承过程中的阻碍，推进革命文化的大众化需要满足学生需求，首先必须改变革命文化对外传播和表达的方式，创新革命文化的话语表达。具体来说，应从以下两个方面着手。

其一，政治话语表达与生活话语表达的有机结合。革命文化教育不仅具有延续国家文脉的文化传承功能，也具有政治功能，是国家意识形态建设的重要内容。这种政治功能使得革命文化的传承和发展在很长一段时间里都表现为高度政治化的革命话语以及极具说教性质的理论文件的学习，把革命文化的传承寄托于单一化的政府宣传话语。政治话语作为政府自上而下地向群众传达主流意识形态的表达载体，具有规范化的特征，能够系统地阐明革命文化的内在价值和具体内涵。但是“政治话语在传播过程中存在更多的传播障碍和传播隔阂，编码的预期与解码的效果之间经常出现严重的失衡。进入信息爆炸时代，政治话语更是容易淹没在意识形态论争的狂欢喧哗之中”①。因此，要优化革命教育效果，提升革命文化教育质量，必须注重革命文化话语表达的生活化，即强调革命文化传播过程中的话语

① 刘迎新. 论政治话语通俗化修辞传播［J］. 社会科学战线，2016（9）：166.

表达要接地气。早在1923年《教育宣传问题议决案》就明确提出“凡能与工人接触之党员当尽力运用《前锋》《新青年》《向导》社会科学讲义等之材料，使用口语，求其通俗化”，“农民间之宣传大致与工人中相等，但材料当取之于农民生活”①。所谓“接地气”就是要将革命文化的传承与学生的日常生活联系起来，除了要积极运用各种载体将革命文化渗透到学生的日常生活之中，也要从学生的日常生活中汲取新鲜元素融入革命文化的表达，使之更加生动。在学生群体中大热的国产红色动漫《那年那兔那些事儿》就将社会日常生活中一些生动有趣的表达融入剧情之中，学生耳熟能详的“亲们”“板砖”“浪一回”等词汇的使用在为剧情增添笑点的同时也给学生带来了熟悉感，从而对故事中所蕴含的革命文化有了更深的体会，让学生能够积极主动地参与学习。

其二，理性话语表达与情感话语表达的相互补充。革命文化的传承和发展要获得群众的认可首先必须具备科学性，而这种科学性集中体现在不断发展成熟的革命理论之中。因此，对革命文化的继承与发展离不开理性的话语表达。学校革命文化教育首先要对学生进行系统的理论阐述，通过理论的解读和说明让学生能够真正认识到革命文化的本质和精髓。但是，单一的理性话语表达容易弱化革命文化内蕴的情感因素，使革命文化成为严肃、呆板的理论说教，引发学生的逆反心理。而且从人的认识发展规律来说，人对事物的认识首先是从实践过程中获得感性认识，再从感性认识到理性认识飞跃，革命文化的传播也应当遵循这一认知规律，而不应该将理论观点直接面向学生群体。所以，革命文化的良性发展和传播依赖于理性话语和情感话语的相互补充。要善于挖掘革命文化中丰富的人文情感，通过生动的革命故事、具有感染力的革命歌曲以及“人性化”的革命英雄形象将革命文化具象化，来感染学生、渲染情绪，从而引发学生共鸣。总而言之，革命文化的传承与发展要做到以理服人、以情动人，二者缺一不可。

---

① 中央档案馆. 中共中央文件选集第一册（1921—1925）[M]. 中共中央党校出版社，1989：205－206.

2. 警惕革命文化大众化过程中的陷阱

革命文化的大众化绝不等同于革命文化的低俗化与庸俗化。在当前的革命文化传承和发展过程中，部分的传播者在推动革命文化的大众化过程中容易出现矫枉过正的问题，忽视了作为传播主体所应当具有的引导性功能，将大众化简单理解为对受众的迎合，导致传播主体从引导受众到迎合受众的角色定位不清。学生尤其是中小学生的心智发展尚未完全成熟，对是非对错的判断也极易受到外部环境的影响，因此，学校在革命文化传承与发展过程中负有重要的引导职能。不少学校在推进大众化的过程中注重表达和载体的创新，尽量让革命文化融入学生生活，满足学生多样化的需求。但是，也存在将这种大众化扭曲为低俗化、庸俗化的现象，学校向学生讲述革命人物的奇闻轶事、将网络上一些恶搞革命文化的段子融入课堂教学，通过一些噱头来获得学生的关注，却忽视了革命文化的真正精髓。这种“大众化”的方式并没有实现革命文化教育的初衷，反而消解了革命文化的本质内涵，对学生思想发展产生消极影响。

（三）革命文化的时代化：载体的丰富和内涵的发展

文化虽然具有一定的相对独立性，但是从根本上来说，文化的发展不能离开社会物质生产实践这一基础。在马克思主义唯物史观中，文化作为一种现实的社会现象和人类社会物质活动的产物，也必然是随着物质生产而不断向前发展、进步的。革命文化作为一种独特的文化形态，虽然形成于特定的历史时期，但是就其本身而言绝不是静止、孤立的存在物。要保持其生命力，革命文化也需要在传承的同时实现自身的发展，体现时代特色。因此，革命文化在学校的传承和发展中应当体现其时代性。具体来说，革命文化在传承与发展过程中的时代化体现在以下两个方面。

其一，传播载体的更新与优化。时代在向前发展，科学技术也在不断革新和进步，这些新技术在革命文化传承和发展中的应用让革命文化在不同的历史时代中得以保持其生机与活力，给受众以新鲜感，激发受众的好奇心。因此，革命文化的传播载体要跟上时代发展的步伐，赋予革命文化以时代特征，为其发展注入新鲜血液。纵观革命文化传承和发展的历史进程，我们可以从大众传媒视角看到革命文化传播载体的不断优化与创新。

在革命战争时期，由于动荡的社会环境以及国家本身的技术发展问题，信息传播的主要媒介是报纸杂志等纸媒以及语言这一传统载体。因此在中央苏区等众多老革命根据地，革命文化的宣传与推广多依赖于口号标语、报刊传单、歌谣传唱以及简单的舞台表演等成本较低、受众较广等传统的传播手段。毛泽东在第二次全国苏维埃代表大会上指出“中央苏区现在已有大小报纸共 34 种，其中如《红色中华》从 3 000 份增至 40 000 份，《青年实话》发行 28 000 份，《斗争》27 100 份，《红星》17 300 份”①。这些数据说明：红色报纸杂志是宣传革命文化的主要阵地。除此之外，中国共产党还号召群众与学生组织红色剧团，演出革命戏剧。1941 年 4 月仅临县、临南、离石、河保、文水等县就有儿童剧团 45 个，每个剧团能演出七八个儿童剧和活报剧，演唱 20 余首红色歌曲，成为青少年学生参与革命宣传的重要方式。新中国成立后，为了加强革命传统教育，确立革命文化在思想观念领域的主流地位，在文艺战线上开始积极推进革命题材文艺作品的创作，并将许多革命题材的小说改编成电影，在全国各地放映，引发群众的观影热潮，也成为校园革命文化教育的重要资源。1960 年上映的电影《红色娘子军》在当时的总观影人数达到 6 亿人次，而 1965 年拍摄、1966 年全国上映的《地道战》至今仍在播放，已经创造出了 30 亿人次观看的记录。而红色影视剧在国家的大力支持下一直是电影电视行业的重要选题，并在近几年形成了新的观影热潮，出产了一定数量的优秀红色影片，引发了青少年群体的关注。信息时代的到来带来了互联网的普及，网络成为革命文化传承和发展的重要载体。不少学校通过建设红色网站、创办红色公众号、借助社交媒体和视频网站等方式开展革命文化教育。除此之外，AI 行业的蓬勃发展为革命文化在新时代的传播更是提供了许多智能化的载体，进一步丰富了革命文化的传播路径。各类博物馆、展览馆大量应用 AR、VR 技术，为学生提供高度还原、直观可感的学习体验，增强了革命文化学习的趣味性，极大地优化了教育效果。社会主义市场经济体制的逐渐完善，人民物质生活的日益富足，让文化产业的快速发展成为各地经济进步的新增长点。

---

① 江西省档案馆，中共江西省委党校党史教研室. 中央革命根据地史料选编：下册［M］. 南昌：江西人民出版社，1982：330.

有部分高校通过各类文化创意产品的开发，将革命文化的宣传教育与市场经济相结合，研发红色主题的动漫、表情包等文化产品推向市场，在获得经济效益的同时也进一步扩大了革命文化的辐射范围，对其传播载体进行了新的创造。通过对传播载体的变迁历史的回顾，我们更能清晰地看到革命文化要始终保持其活力，必须首先在表现形式上有所创新，体现时代特色。

其二，革命文化内涵的丰富和发展。革命文化的时代化从表达方式上来说是要“用现代语言来说”，更要在表达的内容上说出“现代话”。从本质上来说就是强调革命文化在传承的过程中要结合时代需要进行新的发展，注入新的活力。换而言之，就是要注重革命文化的“现代化”，即寻找革命文化与现代社会的主流价值观的契合点与共同点，将文化宣讲和现实的生活联系起来，让学生能够深切感受到革命文化对实际生活能够起到一定的指导作用。中国革命文化的诞生有其特殊的社会背景和历史因素，因此其中的一些内涵或精神在当时的社会环境下有独特的表现形式，而这种最原初的精神与内涵随着时代的发展和社会状况的改变，并不一定适应于当代的需求，甚至和人们价值观念发生了一定的冲突。同时，革命文化中的诸多故事和表达都与当前时代存在较大的时空距离，这种距离的存在与不断扩大会加剧学生对这种文化的疏远感，从而难以对其中的价值追求与基本理念产生认同，成为革命文化传承和发展过程中的巨大阻碍。因此，对革命文化的传承要避免这种静态的甚至是生搬硬套的继承模式，对革命文化中不适应社会发展的部分要进行适当的改造和创新发展，给它赋予时代的新意义。例如，在革命年代出现的一大批英雄的少年儿童，他们勇于和敌人搏斗、抗争，甚至为此牺牲了自己年轻的生命。这种革命英雄主义的精神至今仍然值得我们敬仰。但是，在和平时代里，我们在对学生进行革命文化教育的过程中，不能将这些革命故事生搬硬套地教授给学生，要注意结合现实生活的实际问题，把这种革命英雄主义的精神转化为面对生活中的坏人应当勇敢的信念传达给学生，同时也要向学生灌输在面对坏人的过程中应当智取不能硬拼的理念。不能一味地为这种革命小英雄高唱赞歌，而忽视了挖掘这些革命故事背后所蕴含的精神与生活哲理，这样会将革命文化的教育与现实的生活彻底脱离开来，从而陷入革命文化传播的窘境之中。因此，革命文化在学校阵地上的传承和发展过程一定要对接时代的需要，适应社会的需求，切忌故步自封，成为故纸堆里的故事和传奇。

（四）革命文化的科学化：立足现实条件，遵循教育规律

革命文化的教育成效不仅依赖于文化内在的生命力与科学性，更需要靠革命文化传承和发展过程中的科学性，即始终坚持立足现实条件，遵循教育规律。这是中国共产党自新民主主义革命以来在革命文化工作上所坚持的一项基本原则，也成为指导当前学校开展革命文化教育工作的有益经验。革命文化传承和发展所处的社会大环境在急速的变化和发展，这就决定了革命文化教育工作方法的选择和思路把握要从时代的社会现实状况出发做到与时俱进。换而言之，革命文化在校园里的传承和发展不仅需要对过去经验的继承，更是建立在现实基础上的创新与发展。

早期的革命文化在学校阵地上的传播与发展就十分注重对教育现状和社会需求的分析。当时各个革命根据地的文化建设和教育发展面临两大难题，即少学生、缺教师。革命根据地多是在自然环境较为恶劣的山区，地区发展的落后导致当地的人民群众生存压力大，使得贫苦大众不愿意让孩子进入学校接受教育，认为这样的教育“没有用”。因为旧教育不能教会学生基本的生存技能和劳动手段，而是致力于讲解儒家经典，为今后“为官做宰”奠基。所以，这种旧式教育的投入成本过高且回报率极低，对于广大底层人民而言是一种“不划算的投资”，进而造成人民群众对新教育的误解而不愿意让孩子上学。教师的缺少则是由于在封建社会中读书成本高而回报率低，知识分子总量少，且大多集中在上层社会之中，社会整体的教育普及率低，同时中国共产党是以工人及农民为基础的，且多在发展较为落后的山区等地发展壮大实力，地区的教育本身比较迟滞，因此教师数量更为稀少。针对这两大问题，中国共产党采取通过小先生制激发互助学习的热潮，通过旧知识分子的思想改造将他们改造成为革命的教育者，以及转变宣传方式、变书面表达为口耳相传等方法解决教师缺乏的问题，推动革命文化在学校的传播。为了改变民众对于新教育的误解，革命学校积极推进学校教学内容技能化，使所学知识能迅速转化为人们生活能够用到的生存技能，并且能够迅速得以运用，取得立竿见影的教育效果，进而将革命文化的教育和生存技能的学习结合在一起，获得群众的认可和支持，达到革命文化宣传与教育的效果。20 世纪八九十年代，经济飞速发展的同时，社会上也出现了思想混乱与迷茫。各种虚无主义逐渐抬头以及市场经济带来的拜金主义，严重影响了学生群体对国家、历史的正确认知。面对这种社会现实，国家提出要加强社会主义精神文明建设，强调革命文化在学校教育中的重要地位，推动革命文化的新发展。这些历史经验都说明了革命文化工作的推进要始终秉承科学性的原则，要始终立足于社会的客观实际，针对社会发展的变化做出与之相适应的创新发展。当前，社会发展出现了新的特征，科学技术的快速发展带来了信息传播媒介的不断更新，信息化时代的到来在为革命文化传承和发展提供新的路径和载体的同时也引发了新的挑战。社会开放程度的不断扩大，国际交流的日益增多，个人主体意识的不断觉醒也使得革命文化有必要做出新的改变，才能为其传承和发展注入新的动力。

所谓遵循教育规律是指革命文化在学校的传承和发展的过程中要始终遵循学生的认知规律和身心发展规律，注意学生在不同年龄阶段对革命文化的接受状态和心理特征，有针对性地开展不同模式的教育活动和不同类型的校园活动。在中小学阶段，学生对世界、历史的认知程度有限，对事物性质进行自主判断的能力尚显不足，且对学习的自主性和自控能力较弱，因此中小学阶段的革命文化教育主要以认知性教育为主，强调革命文化的知识性学习，其教育方法要尽量做到生动有趣，能够将革命文化的教育贯穿到各类活动之中，让学生在亲身体验的过程中获得对革命文化的认知。而在高等教育阶段，学生的身心都有了极大的发展，对世界的了解日益增多，逐渐形成系统、成熟的世界观、人生观和价值观，对事物的认知更具思考性。此时的革命文化教育不能依靠外在知识的灌输，而要通过社会实践、研究性学习等充分发挥学生自主能动性的教育活动引导学生自觉探索革命文化，并从被动型学习向主动型探索转变，通过自主思考把握革命文化的内在价值，深化对革命文化的认知。在革命战争时期革命文化工作就曾出现过忽视教育规律的错误做法，将政治思想教育简化为政治名词的灌输，将革命文化的传播和革命精神的培育简化为革命英雄或反革命分子的名称记忆。程今吾于1949年编写的《延安一学校》一书中明确指出了学校对革命后代进行阶级教育“所用的方法，是把革命的名词、术语、大道理向孩子们的小头脑里灌输，效果是很不圆满”，对青少年进行简单的政治名词灌输，“实际上只是鹦鹉学话，并没能真正理解消化，在孩子们的思想上没有起多大作用”。[①] 可以说，这样的传播和教育方法从本质上违背了新民主主义教育的初衷。时至今日，许多学校的革命文化教育工作仍然存在这样的问题。例如有教师在思想政治理论课程中缺乏对学生群体的深入了解，把革命文化的传播变成照本宣科的“教材朗读”，对辅助课程讲解的材料选择也极为陈旧，缺乏新意，没有考虑到高校学生的知识水平，导致学生对课程的倦怠进而影响了革命文化的教育效果。

总而言之，革命文化在学校的传承和推广要遵循科学性原则，立足社会实际与遵循教育规律是开展这一工作的两项基本前提，二者相互贯通，相互影响。革命文化教育要在深入了解社会实际的基础上把握教育规律针对学生群体在新时期出现的新表现做出适当的应对和创新，以满足学生不同阶段的身心需求，获得革命文化教育的最优解。

① 程今吾. 延安一学校［M］. 吕晴，整理. 北京：中国青年出版社，2012：71.

第五章 革命文化传承与发展的现实挑战和对策路径

革命文化是中华文化的重要组成部分，为提高我国文化软实力，增强文化自信，实现中华民族的伟大复兴提供了坚实的力量。传承与发展革命文化是每一位公民义不容辞的责任和义务，尤其是作为国家的未来、民族的希望的在校学生，更应该主动承担起传承和发展革命文化的重任。但随着市场经济的发展、网络信息技术的普遍应用以及当下教育体制的不断改革等，革命文化在学校的传承与发展仍存在较多的问题。其中，社会环境作为传播环体，网络平台作为传播介体，是广东学校革命文化传承与发展的主要外部影响因素；学校、教师、学生作为传播主体则是广东学校革命文化传承与发展的主要内部影响因素。针对来自多方面的挑战，如何切实加强广东学校传承与发展革命文化的实效性，是我们目前亟待解决的重大课题。

第一节　广东学校的革命文化传承与发展的现实挑战

进入新时代以来，国家对革命文化的重视和宣传程度日益提高，就广东学校对革命文化的传承和发展状况来看，尽管目前已经取得了重大成效，但也依然存在一些现实问题。这些问题的产生，离不开传播客体即革命文化自身存在的局限性，但更多的则是外界环境以及传播主体和传播媒介等对革命文化的传承与发展带来的挑战。

一、社会思潮多样化对革命文化带来负面影响

社会思潮的多样化虽是社会发展和进步的必经之路，但由于“在当代人类社会信息化和全球化的历史条件下，各民族的思想文化都被抛到一个广阔的竞争空间和复杂的整合关系之中”①，因此极易造成社会价值的多元化。从本质上来看，这一现象正在无声地消解着我国的主流价值观，使处在不同时代、不同年龄、不同身份、不同利益关系中的人们产生不同的甚至是截然相反的思想观念和价值标准。众所周知，革命文化主要体现为对党忠诚、自强不息、勇于担当、甘于奉献等革命精神和价值追求，而社会思潮的多样化发展，尤其是历史虚无主义、新自由主义以及其他各种资产阶级的利己主义、消费主义等的传播和蔓延，无疑会冲击革命文化的影响力，动摇革命文化的社会地位，对我国广大人民尤其是价值观正处于形成时期的在校学生产生极其不利的影响。而广东作为改革开放的前沿阵地，社会环境相对宽松和自由，因此更容易受到各种社会思潮的冲击，从而为革命文化在广东学校的传承和发展带来挑战。

（一）历史虚无主义的蔓延导致部分学生对革命文化认知不足

历史虚无主义即不承认历史主体的存在，并否定历史发展的必然性，认为历史是一种无主体参与、偶然发展的结果，其最突出的表现就是彻底否定甚至贬损革命历史以及革命人物。针对历史虚无主义的价值本质，习近平总书记曾指出：“国内外敌对势力往往就是拿中国革命史、新中国历史来做文章，竭尽攻击、丑化、诬蔑之能事，根本目的就是要搞乱人心，煽动推翻中国共产党的领导和我国社会主义制度”②。因此，在历史虚无主义者看来，革命是不必要的存在，是对历史自由发展的干涉和阻碍，一切革命行为都是激进的，且具有极强的破坏性，中国的发展应该走维护封建主义的“稳健”的道路，或支持资本主义在中国的充分发展，而不应该急于通过革命的方式步入社会主义社会。这一思想观念尽管还未实现理论化体

---

① 刘少杰. 当代中国意识形态变迁［M］. 北京：中央编译出版社，2012：158.

② 中共中央宣传部. 习近平总书记系列重要讲话读本［M］. 北京：学习出版社，人民出版社，2016：32.

系化，但却能从人的感性认知层面出发，对学生的价值选择和行为实践产生一定的支配作用。

其一，历史虚无主义者往往打着“学术交流”的幌子向大众进行思想观点的宣传与贩卖，通过所谓的“反思历史”从而在根本上否定革命的意义。而这种兼具迷惑性和隐蔽性的思想，很容易便能够获得那些理论基础尚为薄弱、价值观尚未稳定的学生群体的关注，甚至是吹捧和青睐。比如针对一些革命英雄人物的先进事迹，历史虚无主义者大肆宣称其不真实性。在他们看来，邱少云在火中的表现是不符合人的生理反应的，董存瑞举起炸药包是因为双手沾满了胶水，狼牙山五壮士仅仅是从一个小山包上跳了下来，雷锋的形象和事迹都是凭空编造出来的等，以此来“消解中华民族的历史记忆和心理积淀，瓦解中国人民同心同德的思想根基”①。不仅如此，他们还针对党的第一代领袖毛泽东进行了猛烈的抨击，将毛泽东的领导看作是“暴政”的实施，否定其领导下的革命，虚化其取得的伟大成果，夸大其晚年错误，丑化其私人生活，从而达到颠覆革命人物形象、颠覆中国共产党的领导的目的。其二，由于时间原因以及时代环境的天壤之别，部分学生已经对20世纪革命年代的相关情况失去了了解和学习的兴趣，甚至认为革命历史与当代社会是脱节的，从而缺乏对革命文化的认知。历史虚无主义正是在一定程度上抓住了学生群体的这一心理，从而逐渐对其展开思想上的渗透和影响。革命文化一旦被历史虚无主义所取代，成为占据学生头脑的主流思想，学生便很难再客观正确地理解革命文化的历史意义和时代价值，也就更谈不上对革命文化的传承和发展了。

（二）新自由主义的兴起致使部分学生对革命文化的认同感不强

新自由主义作为一种经济和政治学思潮，最早起源于英国，其发展看似与学生相距甚远，联系不大，但实则不然。由于新自由主义倡导市场发展的自由自主性，反对国家对经济的过多干预，因此新自由主义者竭力反对社会主义、环境保护主义等，认为这些思想极大地影响了个人以及社会的发展，甚至做出社会主义“意识形态的终结”以及“历史的终结”等论

---

① 庞超．意识形态安全视阈下历史虚无主义批判的基本路向［J］．马克思主义与现实，2018（4）：160.

断。在此思潮的影响下，由于我国许多学生目前还缺乏对社会主义初级阶段发展规律的认知，缺乏对转型期我国社会问题的理解，便容易“滋生所谓社会主义国家不追求个人自由，用集体压制个人、用威权控制自由、用国有侵犯民有、用公有剥夺私有等错误认识”①，从而消解对革命文化的认同感。但本质上，新自由主义是在脱离经济基础和上层建筑、忽视人类社会地位和关系的基础上，通过构造一套抽象的“理想市场”作为理论前提而建立起来的，具备鲜明的自由化、私有化、市场化特征。显然，这与我国革命文化的精神实质是背道而驰的。

首先，新自由主义倡导的“自由化”不同于我们社会主义核心价值观中的“自由”概念。在新自由主义者看来，自由是保证社会发展的前提，而那些强加于每个人身上的社会标准无疑是对社会发展的阻碍。并且，他们还认为，在自由化的经济体制下，不仅市场竞争是完全自由的，每个人也都应该拥有完全自由自主的价值选择，而不受社会制度的约束。因此，新自由主义者极力反对社会主义，认为社会主义是集权主义的先导，对人的自由发展起着干预和阻碍作用。同样地，新自由主义所提倡的“私有化”则是对“自由化”的进一步阐释，它更加强调个人所拥有的那种能够根据自己的所有来决定自身的行为模式和实践活动的自主性，也就是说，实现私有化，是每个人充分发挥自由选择的前提，也是推动经济发展和社会进步的基础。显然，这一思想与社会主义公有制是格格不入的，而且在私有化的指导下，也必然会导致利己主义的滋生。其次，“市场化”则是与计划经济以及国家干预措施截然对立的。在新自由主义者看来，无市场，不经济。经济的发展唯有在市场化的条件下才能得到充分体现，任何形式的国家干预措施，都是对经济发展的阻碍和破坏。新自由主义这一系列思想和观点，从根本上来说就是对我国社会主义文化的极大挑战，革命文化所蕴含的本质特征、精神品格在新自由主义者看来不过是限制个人的自由和发展、阻碍社会进步的集权主义。而正处于深化改革中的中国，难免会出现许多棘手的社会问题，新自由主义者则抓住这个空当否定社会主义革命、

① 陈培永．新自由主义对中国未来发展的潜在危害［J］．红旗文稿，2017（24）：10.

建设和改革的成果，竭力宣扬自己的思想，误导学生的价值观，这就会对部分不谙世事的在校学生的思想观念产生巨大的危害，造成学生对革命文化认同感的缺失。由此可见，新自由主义在当代中国的兴起和传播，极大地影响了革命文化这一主流价值观在学校的传承和发展。

（三）利己主义、消费主义等造成部分学生对革命文化产生抵触

顾名思义，利己主义就是将自己的利益放在最高的地位，为了达到自己的目的，可以不顾他人利益和集体利益的一种思想观念。其中，极端利己主义和精致利己主义尤其影响着广大学生的价值观念。极端利己主义者往往为了达到自己目的而不择手段，通常是将自己利益的获取建立在损害他人和集体利益的基础上，甚至不惜跨越法律界限。一味地追求个人名利、荣誉和地位是极端利己主义的典型表现。而精致利己主义相对于极端利己主义来说，尽管表现形式较为含蓄，所采取的手段多为间接，但从长远来看，其危害却远大于极端利己主义。因为精致利己主义者往往通过精心打扮，将自己伪装起来，他们善于运用自己的高智商，通过间接的方式使他人或社会体制为自己服务，从而实现自身的利益，与此同时，又能够很好地隐藏自己的目的，不被周围的人有所察觉。近年来，由于个别社会问题和现象的发生，使得个人与他人、个人与社会之间的矛盾有所凸显，从而导致利己主义的快速蔓延，一定程度上冲击了社会所倡导“我为人人，人人为我”的价值理念。但需要指出的是，批判利己主义，并非意味着我们只能“简单粗率地、无前提地坚持大公无私（先公后私、公而忘私），而是需要直面现实、区别对待”①，即寻找集体主义价值观与社会实际的最佳契合点。广东较其他地区而言，受市场经济的影响更为深刻，利己主义的传播也更为广泛，这就导致广东学校的许多学生容易形成非此即彼的思维，即认为集体主义就是对个人利益的损害和压制，从而导致革命文化所蕴含的丰富的集体主义精神和价值理念不仅得不到学生的认同，甚至会引起学生的抵触心理。

如果说将利己主义看作是一种价值观念的话，那么消费主义则更倾向

---

① 张志丹. 辨明公私：“大公有私论”的哲学省思［J］. 思想教育研究，2017（9）：42.

于是一种生活理念。消费主义即把消费当作人生的最高目标和唯一追求，是随着社会经济的快速发展、物质财富的极大丰富而逐步滋生出来的。如今，消费主义在当代学生中的表现已经非常普遍，如为追求最新款的手机、名牌背包或服装、名贵化妆品等，不惜牺牲自己的健康来获取；抑或是纯粹为了攀比，满足自己的虚荣心，便不考虑家庭经济状况或自身条件而盲目消费。并且，消费主义过度注重物质层面的消费，而忽视精神追求的消费理念，不仅会导致部分学生由于沉迷于物质享受而荒废学业，更严重的还会使许多学生养成不健康的心理，从而对今后的学习、生活和工作等带来诸多问题。如许多青年学生已经出现“主体意识由明确走向消解、理想信念由宏大走向庸俗、规范意识由顺从走向反叛、实践意识由超越走向匮乏、本位意识由社会走向个人”① 的现象，进而难以理解过去那种勤俭节约、自力更生、艰苦奋斗的生活状态和传承革命精神在当代的必要性，这在很大程度上都会削弱革命文化在学校中的影响力。

二、学校对革命文化的传承与发展缺乏整体布局

学校是对学生集中进行教育的地方，是传承和发展包括革命文化在内的中国主流文化的主阵地，肩负着引导学生塑造正确的世界观、人生观、价值观的重要使命。因此，学校所采取的教育模式在一定程度上能够直接或间接地影响学生将知识内化于心、外化于行的程度。尽管广东许多学校，如广州起义红军小学等已经十分重视且落实了对学生进行革命文化教育，但仍有部分学校存在传承和发展革命文化效果不佳的现象，一个重要的原因便在于这些学校对革命文化的传承与发展缺乏整体布局，如对革命文化教育的目标不明确、教育模式单一、教育理念落后、教育效果的评估机制不健全等，从而削弱革命文化传播的实效性。

（一）革命文化教育目的不够明确

我国一直以来十分重视革命文化在学校的传承与发展，而部分学校虽然积极响应国家政策，将革命文化知识列入了相关教学的内容中，但教育

① 任鹏，丁欣烨．文化消费主义思潮对当代青年学生价值观念的消极影响及其应对［J］．思想教育研究，2018（4）：65．

结果却往往不尽如人意。归根结底，在于这些学校仅仅是将革命文化教育的任务分配了下去，交给各科老师或各部门去实施，却对开展革命文化教育的现实目的以及所应达到的教育目标未做充分的考虑，换句话说，就是不清楚学校通过革命文化教育最终想要培养出什么样的学生。习近平总书记在高校思想政治工作会议上曾特别强调，“高校思想政治工作关系高校培养什么样的人、如何培养人以及为谁培养人这个根本问题。”① 可见，“培养什么样的人”，是教育工作者首先要明确的问题。因为目标是一切行动的前提和关键，有了目标，行动才有方向，各项教学内容的制定和教学方法的运用才有可靠的依据和标准。且“现在倡导从思想政治理论课程到课程思政、从‘小’思政到‘大’思政的转变，而支撑这一转变的前提是资源整合、管理一体化”②，但从广东部分学校在革命文化教育工作方面的开展情况来看，往往缺乏科学的合理的教育规划、缺乏系统的连贯的教育措施、缺乏有针对性的教育方法。如，每个部门、每个教师都按照自己的标准开展革命文化的教育工作，走马观花且不计成效；针对革命文化的理论宣讲，学校只是根据教育文件简单下放任务，教师则将理论内容灌输式地传授出去；针对革命文化教育实践活动，学校也只是在某些重大节日或纪念日时才予以重视并开展一些活动，但其实学生的参与度却很低，更甚者，学校为了省钱省时省力，仅仅从形式上完成了活动流程，而简化或取消实际活动的开展。这种缺乏目标的教育方针，只能导致学生难以从根本上意识到革命文化的本质内涵，也难以从内心深入真正认同和重视革命文化，革命文化教育的意义也就无从彰显。

（二）革命文化教育理念相对落后

教育理念是指引学校和教师开展教学活动，以有效达到教育目标的理想化观念。先进的教育理念应该具备远见的卓识，应该体现教育的本质，同时还应该彰显时代特征。而在广东部分学校的德育体系中，依然存在着

---

① 张烁．习近平在全国高校思想政治工作会议上强调　把思想政治工作贯穿教育教学全过程　开创我国高等教育事业发展新局面［N］．人民日报，2016-12-09（1）．

② 刘建伟．红色文化融入高校社会主义核心价值观教育研究［M］．北京：人民出版社，2018：99．

教育理念落后或理念虽已转变但实际行动却跟不上的状况，从而引起学校在教育模式，包括师资分配、课程设置、教学方式以及教学内容等方面出现问题，进而导致革命文化的概念虽然已经进入校园，但对学生来说却难以入脑入心。具体地说，就是部分学校的教育模式仍呈现单一化特征。就师资分配和课程设置来说，受应试教育的影响，部分中小学会将教学的中心和重点放在一些主要的或关键的课程上，从而导致对革命文化的教育在教学时间和教师数量上会有所减少，这就进一步造成了革命文化虽进入校园却无处安放的怪象。就教学方式来说，广东部分学校仍偏重对学生进行理论教育而忽视思想道德教育和实践技能的培养，注重依靠单一的课堂教育而忽视多样化的网上教育，过多强调学生在智力方面的发展而忽视其心理状态的变化。我们知道，革命文化重在培养学生德智体美劳的全面发展，而不是仅限于对书本知识的掌握，因此，发端于革命战争年代的革命文化，如果没有创新性的教学形式，就会变成一潭死水，难以调动学生学习的积极性和主动性。就教学内容来说，一方面，部分学校对当地的革命文化资源缺乏深入挖掘，只是局限于已有的历史教材、图书或档案等。这些资源尽管具有一定的教育价值且富于真实性，但往往由于当时社会条件的限制或革命的需要，而未能以科学的、系统的理论体系展现出来，学生在学习这类资料时，也只能了解问题的表象，并不能全面掌握革命文化的本质内涵以及当代价值，这就在一定程度上造成学生对革命文化的认知存在偏差。另一方面，当前部分学校所使用的课堂教材相对陈旧。如课本中的有些案例不仅脱离现代学生的生活实际，也不能满足学生的求学或工作需要，整体上缺乏针对性。加之学生本来就难以真正体会到当时那个年代的苦难处境，难以理解那些英雄事迹所彰显出来的精神品格，因此，不恰当的教学方法和教材，也会进一步导致学生不易对革命文化产生共鸣，从而认为革命文化在现代这个经济发达、财富充盈的社会早已成为“过去式”，我们的发展已经不需要革命文化的参与等。

（三）革命文化教育评估、监督和反馈机制不健全

教育机制是保障学校的教育工作得以顺利开展、实施和完成的关键，其健全程度直接决定着教育实效性的获得程度。邓小平就制度的重要性问

题曾指出，“制度好可以使坏人无法任意横行，制度不好可以使好人无法充分做好事，甚至会走向反面”①，同样的，如若缺乏健全的评估、监督和反馈机制，学校在开展工作的过程中往往会偏离目标，且得不到及时的调整，从而不能顺利、协调、高效地完成每项教育工作，最终也就很难获得理想的教育效果。革命文化在学校的传承和发展，需要学校各部门齐心协力、共同配合才能实现。然而广东部分学校针对革命文化的传承和发展工作仍缺乏完善的、配套的效果评估机制、监督和反馈机制等，以至于革命文化总是难以真正发挥其对学生的德育功能，进而得不到学生的认同与主动学习，学生也就难以自觉地承担起传承和发展革命文化的责任。具体而言，第一，部分学校缺乏对革命文化教育现状的初步评估。革命文化的传承与发展是一个系统的、长期的任务，需要实现学校、教师和学生之间的相互配合，而不是在短时间内任何一个人就可以独自完成的工作。学校只有对当前革命文化在学生和教师之间的发展现状以及预期效果做一个初步的评估，才能有针对性地、有层次地开展具体的教育方案。第二，学校缺乏对教育过程的监督机制。部分学校在开展革命文化的教育工作时，由于意识不到革命文化对学生思想品质的长期影响，因而只是仅仅将其作为一项任务分配了下去，而没有后续相应的管理和监督，也无所谓最终取得的成效好或不好。这就造成革命文化的教育工作往往半途而废，或已偏离最初的目标。因此，在“传”的过程中如果得不到有效的监督，不能让革命文化真正融入学生的日常生活中，也就难以使学生更好地做到“承”，更谈不上对其进行创新发展。第三，学校还缺乏一定的激励和反馈机制。由于革命文化对于当代学生来说时间跨度较大，并多以过去的形态存在，因此，与学习当代先进文化相比，学生对革命文化的认知和认同多少会因为当下社会存在的各种矛盾而出现一些障碍，分不清或不确定到底哪些思想或行为是正确的，哪些是需要抵制的。对此，学校本应该积极采取相应的激励制度和反馈制度，及时了解学生的学习动态并正确引导学生的价值选择和行为实践。但从目前现状来看，部分学校由于更重视学生的文化课成绩，其

---

① 邓小平．邓小平文选：第二卷［M］．2版．北京：人民出版社，1994：333.

激励制度多运用于学生的学习成绩方面，而对学生在思想品行方面的激励和反馈机制相对缺乏。这也容易误导学生，认为学习好课本知识才是最重要的，革命文化的传承与否和发展好坏与自己无关，从而削弱革命文化在学生心中的地位。

三、教师对革命文化的传承与发展流于形式教学

学校为革命文化的传承与发展无疑提供了重要的平台，而教师作为革命文化的直接弘扬者和践行者，以及作为与学生接触最密切的群体，在革命文化的传承与发展过程中扮演着重要的角色。作为弘扬者，教师应当将革命文化的相关知识系统地全面地传授给学生。作为践行者，教师应该起模范带头作用，主动将革命文化的精神实质做到内化于心、外化于行，用实际行动不断创新和发展革命文化。然而“当前教师职业受功利社会所制，愈发落入世俗价值体系的窠臼，人类终极关怀的引领作用日益被消解”①，特别是部分教师缺乏对革命文化的传承和践行意识，且在教学的过程中流于形式，便采用过时陈旧的教学案例以及单一古板的教学方法，从而使得革命文化的内容显得枯燥乏味，形式单一古板，难以调动学生的积极性和参与性。因此，来自教师方面的挑战主要表现在其综合素质有待提高、教学方法有待创新、教学内容有待丰富等方面。

（一）教师综合素质有待提高

尽管近年来国家一直在推进教育体制改革，力图使学校能够培养出全面发展的时代新人，但在当前大的社会环境下，部分教师迫于自己的科研压力以及学生的升学压力，便将大量时间和精力消耗在了写论文、评职称和提高学生的学习成绩上，而对革命文化的研习、政治修养的提升等缺乏关注。一方面，教师自身对革命文化认知的不足，会导致在教学过程中出现重其政治功能、轻其文化功能的错误倾向。由于在革命战争年代，教育工作具备浓厚的政治色彩，教育服务于革命亦是社会普遍的共识，以至于在当代只要一谈及革命文化，多数人就会联想到革命斗争、中国共产党、

① 李芒，乔侨，李子运，等．论教师的五大“主义”［J］．教师教育研究，2019（3）：1.

红色政权等具有明显政治导向性的字眼，从而认为革命文化仅仅具有政治价值功能。但实际上，革命文化还具备着非常重要的文化价值以及育人功能。部分教师由于缺乏对革命文化的深入研究，不能正确领悟革命文化的精神内涵，便将革命文化仅作为培养学生的政治意识、引导学生的政治行为、营造稳定的政治环境的工具，而忽视其对学生进行思想品德教育的功能。这样一来，便会进一步造成学生对革命文化认知的偏差。另一方面，受功利主义或实用主义的影响，部分教师过于重视提高学生的学业成绩、培养学生的社会实践技能以及提高学生的就业率等，因此在传授革命文化时，只是“蜻蜓点水”式的教学或形式主义教学，即单纯从形式上增加对革命文化的宣传时长，或仅仅阐释革命文化这一基本概念，而对其本质、内容、地位、意义等不做深入分析和讲解，从而使得革命文化教育在学校成为“空中楼阁”，造成部分学生做出革命文化“无用论”的错误判断。此外，还有部分教师过多关注对自身科研能力的提升，以及对职称和职位的追求等，致使其在创新和发展革命文化方面有所弱化，因此难以主动成为革命文化的积极传承者和模范践行者。

（二）教学方法有待创新

从古至今，我国的教育体制都主要以课堂教育为主，且多采用理论灌输的方式开展教学活动，这种方式尽管能够最直接、最简便、最大限度地将知识传递给每一位学生，但同时也不具有针对性。尤其是对于革命文化这样一种发端于特定时期，具有特定内涵和价值功能的较为特殊的文化形态来说，如果依然只采用一元化的“填鸭式”的灌输方法，其效果必定不会显著。而目前广东地区部分教师尽管意识到了这一点，但却缺乏主动进行改变或创新的动力。主要表现在三个方面，一是重理论言说，轻实践体验。即教师在向学生介绍或分析革命文化的概念、本质等内容的时候，往往习惯性地照本宣科，将书本上总结好的一套理论或材料完完整整地说给学生听。而革命文化不仅彰显为丰富的革命理论和政治思想，还蕴含着许多由革命理论指导下的革命斗争实践以及在斗争中涌现出的革命英雄、革命文物、革命遗迹等。这些革命人物的英雄事迹或革命文物有时比纯粹的理论更能真实地反映革命文化的深刻内涵和精神实质，因此只通过课堂上的理论言说来传承和发展革命文化是远远不够的。学生通过理论学习也只能了解到革命文化的表层含义，而感受不到革命文化的历史厚重感，从而认为革命文化形式单一，内容枯燥，没有值得深入学习的必要。二是重单向输出，轻互动交流。尽管目前有部分教师对革命文化的传授已经不仅仅局限于理论灌输，而是通过带领学生参观革命纪念馆、观看红色影视、参与相关汇报演出等，来加深学生对革命文化的理解，但仍然不能取得良好的教育效果。一部分原因在于，为凸显政治性，学校举办的这些实践活动多以严肃、庄重的形式呈现，与其他各类文体活动相比，缺乏吸引力和感召力，许多学生并不是自主自愿地要求参加，因此在活动过程中也是走马观花式地参与，并不能全身心投入进去，可谓是“身在曹营心在汉”，这也就难以取得良好的教育效果。另一部分原因在于，教师多注重对学生进行单向的理论输出，而忽视学生在学习中或实践后的交流与反馈。尤其是学生在参加过各类实践活动后，往往会被要求写观后感、心得体会等，这本来是一个较好的交流机会，但多数教师只是“走个过程”，而不会认真去阅览，并有针对性地、及时地做出评析。长久下去，学生的反馈得不到关注和回应，便会逐渐成为一种形式，最终导致革命文化教育也随之失去意义。

（三）教学内容有待丰富

教学方法的创新固然重要，但从根本上来看，“教学形式的改革和方法的探索始终都是服务于内容的，或者说不能离开教学内容谈教学形式和方法的改革探索。”① 就革命文化而言，其自身已拥有极为丰富的内容，加之现代科技的发展，又使其获得了更加多样化的呈现方式。但广东部分学校的部分教师对革命文化的讲授依然走不出“老套”的格局。一是宣教内容“老掉牙”。目前，学生对革命文化的理解，多数仍局限在个别突出的革命理论或革命事迹上，而之所以记得这些内容，是因为从小学到大学，教师宣讲的革命文化知识几乎都一样，具有局限性。而且，部分教师还往往只是单纯地为学生讲述一些历史故事、展示一些碎片化的图片或文物，抑或

① 孙蚌珠．理论为本·内容为王·因材施教：提升思想政治理论课教学质量的思考［J］．思想理论教育导刊，2017（9）：46.

是播放一些正能量的红歌，却从不对其做深入地分析。如不去讲解图片背后的故事和故事发生的背景，也不阐述他们的时代意义和当代价值等，这就导致革命文化永远被封存在一个狭小的历史空间里，既对过去无用，也不具备对现实生活和未来发展的指导意义，从而也就得不到学生的关注和认同。二是话语表达“老一套”。具体表现为，部分教师在对革命文化的内容做讲解时，所运用的语言或词汇依然带有当时那个时代的烙印，且由于过分强调内容的政治性，便往往使用一些严肃且“高大上”的理论或名词，以试图引起学生的重视。然而，那些词语要么“不接地气”，学生听不懂也理解不了，要么几个词语来来回回反复使用，要么所用词汇多与现代社会以及学生的生活格格不入，总之，不能将革命文化的内容有效地融入学生的学习和生活中去，相反，还导致了部分学生对革命文化采取敬而远之的态度，进而失去学习兴趣。

四、学生对革命文化传承与发展缺失主体意识

学生作为我国未来发展的中坚力量，以及中华文化的传播主体，担负着传承与发展革命文化的重任。增强文化自信，也要求学生应该将革命文化与自身的学习、工作和生活融合到一起，以积极主动的姿态做革命文化的传承者和发展者。但就当前广东学校的学生在传承和发展革命文化方面的积极性、主动性来看，远远没有达到预期效果。一个重要原因便在于当代学生对革命文化缺乏足够的认知，甚至存在偏见，也意识不到自己作为革命文化传承与发展的主体这一重要身份，并且对践行革命文化传承与发展这一重要工作缺乏行动力，从而导致革命文化在学生群众中失去存在感。

（一）部分学生缺乏对革命文化的认知

由于革命文化在学校里的情况与其他科目不同，既不具备独立的研究体系、学校也较少对此开设有专门的系统课程，学生大多只能通过某位教师在课堂上的简单介绍，或自行通过阅览报刊书籍、游览红色景区或参观各类博物馆等方式获得相关知识，因此，“表面化与片面性在所难免……陌

生感和疏离感客观存在”[①]，但革命文化本身内涵丰富，且蕴含着深刻的为人处世之道、思辨哲学观念，以及政治和文化等价值功能，深入理解革命文化的本质内涵，是需要学生经过认真的研习和思考才能获得的。而“当代大学生接受的外界信息多而杂，他们更愿意选择了解、关注更加新潮的、有趣的文化产品和文化现象”[②]，从而对革命文化了解不全面不深入，进而导致很多学生对革命文化的认知存在不足或偏差。具体表现为，部分学生从一开始便不愿意接触革命文化，认为其与自己的生活和学习关系不大，便将其束之高阁。或尽管通过少量有限的资源在课堂上接触到革命文化的相关知识，其了解到的也往往只是革命文化的碎片信息，难以上升到系统的理论认知。而学生如若缺乏对革命文化的整体把握，也就无法对他人和社会进行合理有效地理论宣介，以至于达不到有效传承和发展革命文化的目的。也有一些学生尽可能地通过课本、报纸、网络等多种渠道，试图对革命文化进行全面的了解，但往往浅尝辄止，缺少及时性的总结和反思，从而使得革命文化只能漂浮在思想的上空，而落不到实处，即难以用革命文化回应社会现象、指导和解决社会问题，消除自身及他人的疑惑。进而导致革命文化难以获得广泛的社会认同并发挥其凝心聚力的社会价值和功能。更有一部分学生仅在了解到一点片面的革命文化知识后，便自认为已经学到了理论的全部或精华，并大肆宣扬自己对革命文化所做出的一系列不准确或不成熟的结论，造成其他学生在“不明真相”的前提下，对革命文化产生误解，甚至做出有失偏颇的行为选择，从而削弱革命文化的公信力和感召力。

（二）部分学生缺乏主体意识

传统的教育体制，倡导的是一种以教师为主体、学生为客体的教学模式，教师是知识的承载者、传授者，学生是被动的接收者。因此，在这种教育模式的影响下，很多学生仍然维持着僵化死板的学习认知和学习态度，且呈现出“有智商没有智慧、有前途没有壮志、有文化没有教养、有知识

---

①② 刘建伟．红色文化融入高校社会主义核心价值观教育研究［M］．北京：人民出版社，2018：71．

没有思想、有青春没有热血、有个性没有品行、有理想没有实践”[①] 的特征。这一特征在当代革命文化教育上则表现为，只有教师才有责任有义务传承和发展革命文化，学生只需要做好自己的“本职工作”，即学习课本知识，通过期末考试，顺利毕业并找到好工作等，而对革命文化的发展前途漠不关心。调查发现，学生主体意识的缺失，具体体现在三个方面，一是学生的独立意识薄弱。由于受多元文化的冲击以及革命文化自身特殊性的影响，部分学生在缺少对优劣文化的评判标准的前提下，往往难以正确把握和领悟革命文化的本质内涵和时代价值，需要通过教师的引导或参加集体学习才能获得，从而对革命文化做不到自主学习，这在一定程度上便造成了学生独立意识的薄弱，认为革命文化内容高深，自己难以“驾驭”。二是主动意识不足。在部分高校，多数学生会选择将大量的、甚至全部的精力都放在自己所学专业的研究上，而对那些仅在公共课上才有所涉及的革命文化知识视而不见。还有些学生则将精力和时间放在了考取各类证书、参加各种兼职或提高就业技能上，而不愿主动学习革命文化知识，提升自身的革命道德素养。或是由于受到现代“去个体化”现象的影响，部分学生在长期的群体生活中已然磨灭了自身的“个体性”，对某些事往往“知而不敢信、言而不敢行”，一味地服从和依赖他人，从而表现出“随轻视革命文化学习之大流”的行为倾向。三是创新意识缺乏。创新是发展的第一动力，同样地，革命文化在当代的发展亦离不开有效的创新。但目前广东学校的部分学生在传播革命文化的过程中，采取的依然是古板的教条式的方法。即把自己仅仅当作一个传话筒，将书本上以及老师所讲授的条条框框的理论背诵下来，无所谓懂或不懂，也不进行思考、消化和吸收，更不善于将革命文化内化为自己的思想和价值理念，便原封不动地将其转述给他人，从而导致革命文化的内容千篇一律且生硬无趣，其本质和价值都得不到真正的体现。

（三）部分学生缺乏行动力

一定的文化体现着一定的价值观，一定的价值观相应地指导着一定的

---

① 杨东平. 教育，我们有话说［M］. 北京：中国社会科学出版社，1999：88 - 89.

社会实践。传承和发展革命文化，需要学生主动学习并认同革命文化，同时也要主动宣传和践行革命文化。因此，革命文化的传承和发展虽离不开系统的、科学的理论宣传，但更重要且更有效的方式应该是身体力行，将革命文化内化于心，成为自己的思想和价值观念的一部分，进而外化于行，通过具体的实践，彰显革命文化的魅力，以感染他人。而践行革命文化就需要学生具备较强的行动力。这里所说的执行力，通俗地讲就是指学生实现既定目标的办事能力或办事效率，既包括主动学习革命文化知识的能力，也包括积极将理论知识转化为实际行动的能力。但从目前广东学校革命文化传承和发展的情况来看，多数学生对主动学习、传播革命文化普遍持冷淡态度，不愿为之付诸实践，即在“情感认同和行为认同之间出现了断层，部分大学生不愿意将情感认同转化为行为认同，融入个人的生活”①。究其原因，在于学生根本没有搞清楚自身学习革命文化的目的和最终应达到的效果是什么，从而致使其失去学习兴趣和动力。一类学生表现为自始至终对革命文化采取不学习、不宣传、不践行的态度。其中一部分学生或是由于缺乏对革命文化的认知，从而没有真正践行的可能，而还有一部分学生即使心里明白革命文化传承和发展的重要性，对革命文化的相关知识也怀有兴趣，但出于学业压力、求职压力或自身性格等因素，往往不能做到及时行动。还有一类学生则表现为愿意学习却怯于传播。这部分学生本身已经具备了比较扎实的关于革命文化的理论基础，但出于对文化本身的不自信，对自身表达能力的不自信抑或是纯粹的懒惰思想等原因，不敢主动向他人宣传革命文化或不敢向那些诋毁革命文化的人和思潮予以反击，从而使革命文化只能停留在自己的头脑中，难以与我们的生活、学习和工作真正融合在一起。总之，学生作为革命文化传承和发展最主要的依靠力量，其主体意识的缺失，必然会导致革命文化难以从书本知识转化为生活经验，从抽象的理论转化为具体的实践，进而造成革命文化在传播过程中出现只继承不发展的断裂现象，削弱革命文化的影响力。

---

① 刘建伟．红色文化融入高校社会主义核心价值观教育研究［M］．北京：人民出版社，2018：70.

五、网络传播娱乐化对革命文化造成多重消解

随着信息技术的不断进步，网络已经成为我们在生活、学习、工作中必不可少的手段或工具，因此，利用这一传播平台和渠道，将革命文化有机地融入网络空间中，扩大革命文化的宣传范围和力度，已是大势所趋。尽管目前广东部分学校已经做到了充分利用网络资源进行革命文化教育，并取得了不错的成效。但由于网络本身具有体系庞大、内容庞杂等特点，且“意识形态领域许多新情况新问题往往因网而生、因网而增，许多错误思潮也都以网络为温床生成发酵”①，从而导致革命文化在网络空间里经常处于“乌烟瘴气”的氛围中。尤其是网络上对革命文化信息传播的碎片化、娱乐化，往往会对革命文化的本质内涵和精神追求造成曲解甚至是诋毁，从而降低革命文化的威信力以及影响力，加之目前我国对网络信息的管理还存在许多不完善的地方，如网络运行机制不够健全等，都对革命文化在网络虚拟空间里的传播提出了艰巨的挑战。

（一）网络信息的碎片化，降低了革命文化的传播效力

网络的普及运用，无疑大大提高了信息传递的效度，人们不仅可以跨越时空的界限，在短时间内迅速知晓全国甚至全球各地的新闻资讯，也可以随时随地通过网络发布自己的所见所闻，或对网络上的某一新闻和信息等进行评论、解读或转发。但“信息被数据化之后带来的自由拆解、组合，随意拼接、呈现，使得实体空间中信息的整体化呈现方式被打破”②，造成网络信息的碎片化。

对于革命文化的传播来说，这种现象更为严重。一方面，网络信息的多样化，导致与革命文化相关的资讯常常被其他各种铺天盖地的信息所掩盖，从而被人们所忽视。具体来说，革命文化本身在许多学生看来，已经被打上了陈旧死板、单调乏味、严肃无趣等标签，因此许多人在网上遇到

---

① 中共中央宣传部．习近平新时代中国特色社会主义思想学习纲要［M］．北京：学习出版社，人民出版社，2019：151．

② 谢玉进，胡树祥．多样态的网络自我及其认同困境［J］．教学与研究，2018（7）：79．

相关的新闻报道或信息资讯时，会习惯性地选择忽视或仅仅“瞄一眼”便迅速跳过，很少人能做到真正打开页面进行仔细地阅读，更别说学习其中的革命精神了，从而导致革命文化根本无法真正进入到大众的视野中。另一方面，网络信息的碎片化，导致人们对革命文化认知不足，甚至造成误解。在网络上，每个人都可以是信息制造、发布与传播的主体，而不同的主体对革命文化内容的解读和传播也会各不相同，这就导致革命文化信息在网络中往往呈现出碎片化状态，网民所看到的仅仅只是革命文化信息的一部分，“尤其是在‘微时代’，微博、微信、微视频、微电影等大都以‘短、快’为特点，这无疑使信息传播更加碎片化。”① 这样一来，便造成包括大量学生在内的众多网民对革命文化的理论缺乏系统性和整体性的认知。加之，我国网民数量巨大，但素质却参差不齐，部分认知水平较低的网民或某些不法分子在浏览与革命文化相关的信息时，要么出于无知而对其进行错误的解读，并根据自身的阅读喜好，将信息进行“切分”或“断章取义”后再次发布到网络上，致使他人由于对革命文化信息缺乏完整的理解，从而难以对革命文化产生认同。要么对革命文化信息进行恶意的曲解或诋毁，将革命文化信息的部分内容进行单独截取或“深度加工”，夸大信息的负面影响，再将其散播到网络中，形成谣言，从而混淆网民的思想观念，造成对革命文化传播效力的消解。

（二）网络传播的娱乐化，消解了革命文化的价值认同

随着人们生活节奏的加快以及网络信息量的庞大与繁杂，许多人在浏览网络里的信息时，往往只看关键词，如若自己感兴趣，便多浏览几分钟，如若自己不感兴趣，便“一点而过”。并且在现代社会，人们的生活、学习和工作压力都比较大，网络更多地成为一种消遣娱乐的工具。尤其是在校学生缺乏对网络信息的分辨能力，在利用网络减压的时候，往往倾向于从中寻找一些轶事趣闻或新鲜刺激的信息来阅读，而由于革命文化源于革命斗争实践，这使革命文化一经形成便具备了浓厚的革命性和政治色彩，也使得关于革命文化的话语和信息带有一定的严肃性，从而在网络上不受学

① 赵丽涛. 我国主流意识形态网络话语权研究［J］. 马克思主义研究，2017（10）：81.

生的“青睐”。

首先，学生对信息娱乐性的追求，导致革命文化难以通过网络融入学生的生活和学习中。目前，伴随着学生学业压力的增大，以及学生对外界事物好奇心的增加，多数学生在学习之余已经离不开手机、电脑、iPad 等设备，试图通过网络来释放压力或满足好奇心，让自己获得愉悦感。为此，学生在浏览网络信息时，便会为了追求纯粹的娱乐性而只关注信息的标题和表层意思，不注重信息的具体内容和深层含义。这就往往会导致学生对那些娱乐头条、八卦新闻等给予高度的关注，而对于像革命文化等学识类信息和新闻却视若无睹，从而难以实现通过网络对学生进行革命文化宣传和教育的目的。其次，部分媒体或个人为迎合大众的阅读需求，单纯追求革命文化信息的“高点击率”和“高转发率”，从而重形式轻内容，导致革命文化逐渐失去其主流权威性。“媒体盈利的内驱力，决定了讨论的方式必须与娱乐相融合”①，这就导致了部分企业和个人为追求经济效益或社会对自己的关注，而利用国家的某些重大节日或重大历史事件，将革命文化的相关信息进行娱乐化改造，并在网上大肆传播，以博得大众眼球。如各类“抗日神剧”的频频出现便是最突出的表现。最后，一些不法分子利用大众追求娱乐信息的心理，恶意将革命文化的内容加以喜剧化，戏谑革命历史事件、英雄人物和革命作风，从而削弱革命文化的认同基础。如今，网络作为新的宣传思想阵地，可谓是“兵家必争之地”，因此，也就会出现各种非马克思主义者或反马克思主义者以及一些不法分子，刻意对我国革命历史事件或革命人物的故事进行篡改或对红色影视进行剪辑，制作成各类搞笑视频或动画，以吸引学生的注意力，混淆学生的价值观念，最终削弱革命文化的社会影响力。

（三）网络运行机制的不健全，弱化了革命文化的宣传力度

网络作为一个虚拟的且对所有人开放的无限大的空间，体现着鲜明的传播主体多元化、传播内容复杂化、传播载体多样化等特征。革命文化等主流意识形态在网络上的传播之所以容易受到其他信息的挤压，部分原因

① 李丽娜，梁立峰．浅谈政治娱乐化及其对中国的影响［J］．新视野，2010(6)：63.

正是对网络管理的不善，尤其是网络运行机制的不健全，从而导致一些非主流思想或反马克思主义的错误思潮以及一些谣言等在网络上泛滥，消解革命文化的影响力。

首先，信息壁垒弱化，致使西方文化进出自由。网络的开放性和自主性使得人人都可以成为信息生产和传播的主宰者，也使得网络信息能够跨越时空界限以及国界进行自由流动，丰富了网络内容的多样性，但由于目前我国的网络信息壁垒还比较薄弱，对信息的发布和传播缺乏有效的控制，从而不仅导致个人的错误言论可以在网络上顺利发表并广泛传播，更使得西方资本主义国家利用对网络技术的主导权，将它们的精神文化产品和价值观念通过网络信息悄无声息地渗透到我国网民的生活中，造成我国民众尤其是在网民数量中占据较大比例的学生群体在无意识中接受和认同西方的价值观，最终否定和怀疑我国革命文化及其主流意识形态的科学性和合理性。其次，信息监控不力，致使错误信息肆意传播。网络信息流动性强，且信息的传播具有即时性，一旦错误信息进入到巨大的网络空间，便很快能够以“裂变”的速度得到广泛的传播，进而造成信息源的混乱，而“事实上，发送者是什么人，这本身就是任何信息的一个至关重要的组成部分。它的作用之一就是帮助我们确定对该信息相信到什么程度。”① 但由于我国目前对网络信息的监控力度仍然不够，且往往出现监控失灵的现象，这就造成我们难以从信息源头对错误言论加以控制，更难扼制网络信息传播的势头，从而使网络信息的真实性和可靠性变得无从考证，而这一点正好为不法分子和敌对势力进行错误价值观的倾销创造了机会，极大地削弱了革命文化在网络中的主导地位。最后，舆论引导缺失，致使革命文化信仰迷失。新媒体的快速发展，使得“网络往往成为负面舆情发酵、错误思想传播的策源地和放大器，大大增加了舆论引导和内容管理的难度。”② 由于网络信息的公开性、匿名性、多元性等特征，网民能够根据自己的认知和理

---

① 托夫勒．力量转移：临近21世纪时的知识、财富和暴力［M］．刘炳章，等译．北京：新华出版社，1996：304．

② 中共中央宣传部．习近平新时代中国特色社会主义思想三十讲［M］．北京：学习出版社，2018：216．

解对某一信息进行评论和解读，而一旦信息在传播过程中，其点击率、评论数或转发量达到了一定的程度，便会极易形成或正面或负面的网络舆论，进而影响网民群体的思想和价值判断。尽管我国在网络信息的辟谣工作方面已经取得一定的成效，但在对网络舆论进行及时、主动引导方面还存在许多不足，尤其是当有害的价值观念肆意传播的时候，不能够及时有效地运用革命文化的相关内容进行澄清和反驳，从而削弱了革命文化的说服力和感染力，使学生出现信仰迷失现象。

第二节 广东学校的革命文化传承与发展的对策路径

习近平总书记特别强调，“在 5 000 多年文明发展中孕育的中华优秀传统文化，在党和人民伟大斗争中孕育的革命文化和社会主义先进文化，积淀着中华民族最深层次的精神追求，代表着中华民族独特的精神标识”①。革命文化作为一种独立的文化形态，具备着鲜明的中国特色，蕴含着丰富的精神价值。因此，增强学校对革命文化的传承和发展，对我国当代文化建设具有重要意义。针对目前广东学校在传承和发展革命文化中存在的问题和遇到的挑战，我们必须采取相应的措施来予以回应和解决。

一、增强社会主流意识形态的凝聚力和引领力

广东作为改革开放的前沿阵地，面临着异常复杂的社会环境。其中，社会思潮的多样化以及非主流意识形态的日益分化，对广东人民尤其是在校学生的价值选择和行为实践带来许多负面影响，对革命文化的传播和发展也造成了严重的阻碍。究其原因，根本还在于以革命文化为重要内容的主流意识形态缺乏对社会的理论供给，即不能及时有效地对社会现象尤其是我国在社会转型期出现的问题给予权威、全面及合理的解释，从而给其他社会思潮提供了侵占学生头脑的机会和空间。因此，面对挑战，我们必

① 习近平. 在庆祝中国共产党成立 95 周年大会上的讲话 [M]. 北京：人民出版社，2016：13.

须“建设具有强大凝聚力和引领力的社会主义意识形态”①，通过强化革命文化的理论建构、提升革命文化的现代性、打造革命文化的独特品牌，从而提高革命文化对现实的指导意义，增强革命文化的引导力、公信力和影响力。

（一）强化理论建构，提高革命文化的引导力

革命文化是中国人民在长期的革命斗争实践中通过对革命经验的不断积累、总结而形成的。因此，在现如今的和平年代，革命文化往往被认为是已经完结了的文化形态，且已经不具备继续发展和深化的社会条件，从而造成部分学者忽视革命文化的研究价值，缺乏对革命文化理论的整体建构，致使目前关于革命文化的研究仍处于碎片化阶段，为错误思潮提供了渗透的机会。对此，我们必须加以重视。首先，要加强学者们对革命文化的深入挖掘和系统性研究，增强革命文化的学术性。学术研究的一项重要任务就是对研究内容的规范化、系统化呈现，因此当代学者一方面必须认真梳理和总结革命文化的现有资源，确保对革命文化资源的整理和搜集做到不遗漏、不片面，从而减少资源的流失。另一方面，还必须对革命文化做到“心中有数”，即厘清中国革命文化的研究对象、内容框架、范畴体系等，并在此基础上实现革命文化的整体建构，彰显革命文化的系统性和科学性，从而对其他非主流意识形态或错误思潮以有效地引导和驳斥，捍卫意识形态领域的主阵地。其次，要促进社会各界对革命文化研究的交流与合作，发挥协调联动效应。革命文化的形成与发展以及对革命文化的研究绝不仅仅是政府主导下的“独角戏”，也不是仅依靠政府力量就能实现内容输出的单向过程。因此，必须形成以政府为主导，高校、研究院、企业、社会组织乃至社区群众等共同参与的联动局面，充分发挥各自的研究效力，打造坚实的研究高地。如在高校开展革命文化学术研讨活动，规划革命文化科研项目等，在研究院成立专门的革命文化研究基地，在社区成立革命文化研究社和宣讲团等，从而丰富革命文化的理论成果，扩大革命文化的社会感染力。最后，要坚守革命文化在主流意识形态中的地位。革命文化

---

① 张洋. 习近平在全国宣传思想工作会议上强调　举旗帜聚民心育新人兴文化展形象 更好完成新形势下宣传思想工作使命任务［N］. 人民日报，2018－08－23（1）.

是我国主流意识形态的重要组成部分，增强革命文化抵御错误思潮的能力，离不开主流意识形态这个强大的实力后盾。革命文化的形成和发展离不开中国共产党，离不开马克思主义，伴随着中国从贫穷落后一路走到了国富民强。因此，坚守革命文化在主流意识形态中的地位，要求我们必须努力将革命文化的内涵和精神与时代主题相结合，并在宣传主流意识形态时适当凸出革命文化的重要性，帮助广大人民群众，特别是在校学生更多地了解革命文化，意识到革命文化的科学性和先进性，从而增加对革命文化的认同度，自觉运用革命文化抵御错误思潮的侵蚀。

（二）注重现代性转换，增强革命文化的公信力

革命文化虽产生和形成于过去，但发展在现在和未来。它“以其‘先进的政治文化理念’‘高尚的精神品质’‘创新的文化实践活动’，继承着中华优秀传统文化，接续着社会主义先进文化”[①]，对新时代塑造人民的价值共识具有重要意义。因此，必须促使革命文化在新的时空下实现现代性转化。一方面要实现革命文化在形式上的转化，即“在保持理论先进性的同时，更加要注重理论的生活化和大众化，以感性可视化的图片、影像等形式出现”[②]，吸引学生的注意力。这就要求我们必须打破革命文化原本的社会形态，将革命文化的核心要素、精神特质以及时代价值等提炼出来，运用现代科技将其符号化、数字化，尤其是要善于运用现代互联网科技和智能科技，建造相关的数字主题展览馆、VR 体验馆等，将革命文化的内容转化为动态的、有趣的图像、漫画或影视、歌曲等，从而赋予革命文化以生机和活力，调动学生对革命文化的研究兴趣。此外，也要拓宽革命文化的物质载体，不能仅限于革命文物、革命遗迹等历史物体上。这就要求我们必须进行富有现代感且符合学生的接受习惯和认同心理的文艺创作，通过艺术的形式展现革命文化的魅力。另一方面要实现革命文化在内容上与现代价值观的契合，提升革命文化对社会问题的解释力。在当代社会，市场

---

① 程彪，张荣荣，王春林．革命文化的历史性内涵与时代价值［J］．理论探讨，2019（3）：51．

② 王涛，刘修阳．高校主流意识形态教育的问题与对策思考［J］．思想理论教育导刊，2014（1）：96．

经济在发展过程中遭到了许多挑战，全面深化改革在开展过程中也出现了许多问题，造成部分学生对革命文化的现实指导意义产生了怀疑。对此，必须厘清当代社会个人利益与集体利益、物质追求与精神追求之间的关系，找到革命文化与现代价值观念的契合点，以指导学生做出正确的价值选择。就个人利益和集体利益来说，革命文化极其注重对集体利益的强调。由于革命很多时候意味着牺牲，因此在革命文化里蕴含着丰富的个人为了集体利益而甘愿牺牲的无私奉献精神。而在当代部分青年学生看来，这种“悲壮”的行为，已不适合现代人的发展，甚至认为革命文化是对个人发展的压抑。其实不然，革命文化虽强调集体利益，但并不是完全忽视个人利益，并且集体利益的获得是为了更好地谋求个人利益，因此无论在过去的革命年代还是在现在的和平年代，个人利益服从集体利益的原则都是不会改变的。就物质追求和精神追求来说，革命文化注重强调个人意志和精神力量的重要性，对纯粹的物质追求相对较少。而在许多价值观还未成熟的当代学生看来，物质利益往往是放在第一位的。无疑，只凭借精神力量存活下去，是不切合实际的，人首先要满足自身的物质需要，才能实现精神追求。但需要强调的是，革命文化所注重的精神力量，并不是指某种虚幻的意识，而是强调人们能够在这种精神的指导下创造物质财富，而这也正是现代社会最需要的一种精神品质。因此，唯有将其内涵与现代价值观结合，才能更好发挥革命文化的精神引领作用。

（三）打造独特品牌，提升革命文化的影响力

文化与经济、政治从来都是相互制约、相互促进、相辅相成的。在当代社会，革命文化作为我国一种特殊的文化形态，具备着重要的经济功能和政治功能，因此，革命文化若要得到有效地传承和发展，必须发挥经济和政治对其的促进作用，并竭力打造自身品牌，扩大影响力。从经济层面来说，需要将革命文化的丰富资源与社会主义市场经济结合起来。如红色旅游的兴盛，“推进了爱国主义和革命传统教育大众化、常态化，更开辟了一条与时代特征相适应、行之有效的经济发展路径”①。这样不仅有助于社

---

① 渠长根．红色文化概论［M］．北京：红旗出版社，2017：202.

会主义市场经济保持正确的发展方向，也有助于革命文化得到广泛的社会认同。对此，我们一方面要将革命文化中蕴含的自力更生、艰苦奋斗、改革创新等革命精神融入到社会主义经济建设中去，以突出革命文化在经济发展中的地位，发扬革命精神在经济发展中的作用，从而提高革命文化的传播效力。另一方面要将革命文化与文化产业相结合，打造富有当地特色的革命文化品牌。革命文化资源丰富，包含着诸多如革命旅游胜地、革命影视歌曲、革命文艺作品等内容，且每个地方都有每个地方的特色。因此，各地应该将自身具有的那些与众不同的元素提炼并凸显出来，走差异化道路，形成一体的革命文化产业，创新系列革命文化产品，打造属于自己的革命文化品牌，从而通过创意营销等多种方式提高革命文化的知名度。从政治层面来说，促进革命文化的传承和发展，需要将革命文化资源与政治资源相结合，其中最重要的就是要将革命文化与中国特色社会主义制度结合起来。中国特色社会主义在当今世界已然具有极其重要的地位，且随着中国特色社会主义进入新时代，我国的国际地位和国际影响力也得到了进一步提升。而革命文化不仅极富中国特色，而且还蕴含着中国共产党以及中国特色社会主义的形成和发展历程，因此，必须通过将革命文化与讲好中国故事、传递好中国声音结合起来，依托中国特色社会主义制度的发展，促进革命文化的国际传播，从而让世界上更多的人认识和了解中国革命文化。

二、完善学校传承与发展革命文化的教育体系

革命文化教育是一个系统工程，“各个系统间存在着相互影响而又相互合作的关系，当每个部分以有序、合理、优化的结构形成整体时，整体功能就会大于各个部分之和”[①]。因此，必须具备系统完善，且各部门互相配合的教育体系。这就需要不断深入挖掘和整合革命文化资源，做到教师有所教，学生有所学；建立健全教育长效机制，确保革命文化的相关知识完整、顺利、高效地传递给学生；建设良好的校园文化，以革命精神之风气，

① 刘建伟．红色文化融入高校社会主义核心价值观教育研究［M］．北京：人民出版社，2018：122.

对学生进行潜移默化的影响，切实做到革命文化进课堂、进教材、进学生头脑，实现革命文化教育的可持续性和常态化。

（一）整合革命文化资源，丰富教育内容

首先，要重视当地革命文化资源。广东省在中国革命时期占据着重要的地位，曾是广州起义、辛亥革命、北伐战争等著名历史事件的发生地，也涌现出了孙中山、叶剑英等诸多革命英雄。为了纪念这些革命事件以及革命人物，广东拥有许多博物馆或纪念馆，蕴藏着丰富的革命文化资源。如，建馆早、内容全的广东革命历史博物馆，以及孙中山故居纪念馆、叶剑英故居、东江纵队纪念馆、三河坝战役纪念园、大沥革命烈士纪念碑等。这些革命事件和革命人物以及留下的革命遗址和纪念馆等，彰显了广东人民不屈不挠、奋勇向前的革命精神，是我国革命文化的重要组成部分。因此，学校必须对其加以总结和提炼，并将其灵活运用到学校的革命文化教育活动中去。其次，要广泛吸纳其他地区或学校的革命文化教育资源。革命实践孕育革命文化，在革命战争年代，我国各地都开展了轰轰烈烈的革命斗争，革命老区遍布我国大陆 28 个省和自治区，每个革命老区都留下了丰富的革命文化资源。如井冈山革命根据地的创建，为中国共产党领导的各地武装斗争树立了榜样，也为中国开启了建立农村革命根据地，走农村包围城市，最后夺取全国胜利的道路的开端，同时也为我们后代留下了“坚定执着追理想、实事求是闯新路、艰苦奋斗攻难关、依靠群众求胜利”的井冈山精神。又如，在中国的革命圣地——延安，中共中央和毛泽东在这里领导和指挥了中国的抗日战争和解放战争，实现了马克思列宁主义与中国实际相结合的第一次历史性飞跃，诞生了毛泽东思想。这一伟大革命斗争的实践，也为我们留下了“群众路线，实事求是，自力更生、艰苦创业”的延安精神。只有将本地的革命文化资源与其他地区的革命文化资源结合起来，才能让学生更加深刻且全面地了解我国革命文化的历史渊源和战略地位。最后，要善于整合全国各高校的革命文化资源，并将其转化为系统全面的教育内容。针对全国各地丰富多样的革命文化资源，学校不可能一一对其进行仔细地研究和整理，这就需要各学校加强合作，对革命文化资源进行一定的整合。根据学校的教学理念、教师的教学特点、学生的认知心理和学习规律，以及学生的籍贯情况等，有针对性地深入分析部分革命文化资源的特征，将零碎多样的革命文化按照一定的规律整合到一起，并进行认真的总结、分析和提炼，从而将革命文化资源形成系统的、全面的、具有针对性的，且是学生乐于学习和接受的教学内容。如 2013 年 7 月，教育部与中央党史研究室在复旦大学、嘉兴学院、湘潭大学、井冈山大学、赣南师范大学等 8 所学校联合设立研究中心，共同组成中国共产党革命精神与文化资源的研究联盟，[①] 为革命文化教育提供了重要的智库支持。

（二）健全长效机制，提升革命文化教育实效性

革命文化教育任重而道远。首先，学校领导要重视革命文化教育对学生成长的重要性，要认识到革命文化所具备的各项价值功能，从而有意识地、有针对性地加大对革命文化教育的投资。一要加强教师培训及人才引进力度。针对目前部分学校存在教师数量少且对革命文化教育意识薄弱等问题，学校应该积极引进专门人才，增加专业从事革命文化传播的教师数量，或聘请革命文化研究专家对在校各科教师进行系统的培训，提高各科教师在革命文化教育方面的教学意识和教学能力，实现引进人才与自我培养相结合，从而直接或间接地提高革命文化教育的强度。二要加大对革命文化实践教育的投资。“通过社会实践，大学生群体能够在社会实践中了解国家、服务国家，树立对人民的感情、对社会的责任、对国家的忠诚，用有力的事实击破社会思潮的种种虚伪和谎言。”[②] 对此，一方面学校要注重开展或引进有关革命文化的科研实践项目，呼吁和引导在校师生积极参与，并对出色完成科研项目的师生进行适当奖励。另一方面学校要重视活动育人的积极影响，通过立足当地的革命文化资源，开展形式多样的党团活动、社团活动等使学生在活动中体验和感悟革命历史和革命精神。或对师生自主开展的有益于革命文化教育的活动给予技术指导和资金支持，并对其良好效果做宣传推广，从而增强革命文化教育的实效性。其次，学校要开设

---

① 王炳林，张泰城. 高校红色文化资源育人发展报告：2016 [M]. 北京：人民出版社，2017：18.

② 周志成，何侃侃，晏宁. 当代社会思潮对首都大学生的影响及对策研究 [J]. 北京联合大学学报（人文社会科学版），2018（3）：107.

具有针对性、系统性和多样性的课程。就针对性来说，一方面学校要重视学生的个体性差异，包括学生的年级差异、学习能力的差异等，并认真分析革命文化在不同层次的学生中普遍存在的问题，以及这些学生的认同心理和习惯，从而有针对性地开展革命文化教育。另一方面，要尽可能地以当地的革命文化资源为依托，开展具有本土特色的革命文化教育。学生一般都会对自己身边或自己家乡的文化有一种依附感和归属感，因此，运用当地的革命文化资源开展教育活动，有助于调动学生学习和实践的积极性，从而通过近距离体验和感受革命文化的精神氛围，提高学生对革命文化的认同。就系统性来说，学校在开展革命文化教育的过程中，要避免出现教育的碎片化和短期性。这要求学校不仅要实现革命文化教育在各学段之间的有效衔接，使学生对革命文化的认知能够逐渐加深，还要正视革命文化在其他学科中的教学价值，从而将革命文化有机地融入各个学科的教学和实践活动中，帮助学生能够系统地、长期地、全面地接受革命文化的熏陶。就多样性来说，学校不仅要重视对学生的理论教育，也要重视对学生的实践教育，帮助学生在实践活动中树立正确的价值观并在日常生活中得以自觉践行。如组织学生到革命老区进行参观游览，分享感悟，模拟“重走红军路，缅怀革命先烈”等活动，从而使学生在实践中深化对理论知识的理解。最后，学校也要健全教育评估机制。有效的教育评估机制是提高教育实效性的关键和保障，因此学校要对所开设的多样化课程以及对师资的投入和分配所产生的效果进行及时准确的、定性与定量相统一的、静态与动态相结合的即时监控和阶段性评估，“通过开展评估，有利于掌握传播动态，驾驭传播过程，调整传播方案，优化传播结构，促进传播目标的顺利实现”①，从而防止出现教育资源投入多、回收少的困境。

（三）建设校园文化，营造良好风气

马克思恩格斯曾指出：“人创造环境，同样，环境也创造人。”② 校园环

① 肖灵. 当代大学生红色文化传播研究［M］. 北京：中国社会科学出版社，2015：198.

② 中共中央马克思恩格斯列宁斯大林著作编译局. 马克思恩格斯选集：第一卷［M］. 北京：人民出版社，2012：172－173.

境在很大程度上能够影响学生的学习状态，而校园文化作为环境因素的一部分，是对课堂教育的延伸和补充，对学生思想观念的形成起着潜移默化的影响。因此必须将革命文化有机渗透到校园文化中，创造富有革命文化基因的校园环境，从而以良好的校园风气熏陶和感染在校学生。一方面，从学校的“硬建设”来说，学校在建筑、景观等的规划和建设方面，应以朴素实用为主，同时适当加入鲜明的革命文化元素，从而避免形式主义和奢华之风的滋生。在教学设备和设施的普及运用等方面，学校要不断完善革命文化教育的基础设施，如扩大图书馆藏书量，开设专门的报刊阅览室等，增添革命文化相关类的书籍；制作革命文化校园宣传栏，张贴革命先烈的画像及其名言警句或励志标语；加强校园网站的建设以及校园广播、校报校刊栏目的规划和完善，将革命文化资源充分融入学校传播媒体中，从而实现对革命文化的全方位宣传教育。另一方面，从学校的“软建设”来说，则主要集中在对校风、教风、学风等的培育上。良好的风气能够对学生起到一定的促进力、同化力和约束力，因此，用这种无形的道德准则有益于学校在“润物细无声”中引导学生养成正确价值观念。校风体现着整个学校的发展状态和前进方向，对此，学校应将所在地的历史、独特的革命文化元素以及校史等结合起来，形成独具特色的办学理念，制定合理的校规、校训，创作校歌、吉祥物等，从而营造一种团结奋进、求实创新的良好校风。教风则体现着教师的综合素质，是直接影响教学效果的关键因素。学校要在校风的引领下，灵活运用革命文化的精神内涵对教师进行师德培育，促使教师认识到革命文化教育的重要性，并树立“以生为本”教学观，从而营造一种治学严谨、博学善导的良好教风。学风则“是一所大学生存的传统和基石”①，主要指学生在学习问题上的综合素质的体现。良好的学风对学生的学习态度、精神风貌有着积极的促进作用。对此，教师在开展革命文化教育的过程中，要善于运用革命英雄人物的先进事迹，发掘当代学生身边的“革命英模”，通过树立模范典型，为学生指明努力方向，促使学生在互相比较、互相激励的氛围中奋勇向前，从而营造一种积

---

① 骆郁廷，吴楠. 启发自觉与制度规范：学风教育的双重视角［J］. 中国高教研究，2019（4）：68.

极进取、昂扬向上的优良学风。此外，良好的校园文化建设还依赖于丰富的校园活动的开展。参加实践活动是学生深化和运用理论知识的最强有力的途径，因此，学校要开展系统性的革命文化教育实践活动，在活动中渗透革命精神。如在日常的学习中，各院系或学生社团可举办小型的征文比赛、读书报告会等，而在国庆节、建党节等重大节日，学校可以依托当地资源，开展红歌会、革命文化艺术节系列活动等大型主题教育活动，并将其打造为校园文化的特色品牌，吸引学生的注意力，调动学生的积极性，从而促使学生对革命文化的学习不仅要动脑，还要动手乃至动心。

三、提升教师传承与发展革命文化的综合素质

古人言，“师者，所以传道授业解惑也”。“教师就是专门通过文化的传播来促进学生的认识和发展，进而促进文化和社会的延续和发展”①，因此，革命文化若要实现在学校的传承与发展，必须依靠教师的言传身教。换言之，教师自身对革命文化的认知以及重视程度，是学生做好革命文化的传承者和发展者的前提。此外，党的十八大以来，党中央多次强调要将“立德树人”作为教育的根本任务，并提出要坚持“全员全过程全方位育人”的教育要求。而革命文化作为重要的育人资源，无疑需要各学科教师加以重视，不断提升自身传承和发展革命文化的综合素质。

（一）提高教师自身的意识

教师作为革命文化的传播主体之一，必须不断提高自身的综合素质，提高开展和重视革命文化教育的意识。首先，要积极参加师德培训等教育活动。俗话说，育人者必先育己、立己者方能立人。教师肩负着培养时代新人的重任，因此，在对学生进行品德教育之前，教师必须先学会接受教育。而“克服教师本领恐慌，很重要的一条途径，就是强化教师培养培训”②，对此，教师必须积极主动地参与到培训中，掌握教书育人的核心和

---

① 孟伶泉，吕峰，张琸玡．基于现代理念的教育理论与实践［M］．北京：中国书籍出版社，2017：119．

② 康沛竹，艾四林．建设高素质思政课教师队伍［J］．中国高校社会科学，2019（3）：18．

关键点，领会革命文化所体现的价值追求，从而在实际的教学中，做到以身作则、言传身教，以自己的品行感染学生，以实际行动彰显革命文化的魅力。其次，要不断更新和扩大自己的知识量，紧跟时代步伐。“为了培养适应社会需要的人才，教师在职期间必须不断更新自己的知识和观念，这也是知识经济时代对教师职业发展的必然要求。”① 尽管革命文化形成于我国革命战争时期，但革命文化的内涵和精神却在随着时代的发展而不断充盈，革命文化的表现形式也在随着人们生产方式和生活方式的变化而不断得到创新，如若教师一味地向学生传授一些传统的、过时的知识或材料，必然难以融入学生的学习和生活之中。且实现革命文化的传承和发展，不仅需要具备理论基础，也需要一定的心理学基础。因此，教师只有不断地进行自我教育，并结合时代发展以及当代学生的发展特点和规律，汲取更多贴近学生、贴合时代的内容，才能有效运用革命文化进行传道、授业、解惑，从而增强学生对革命文化的心理认同。最后，将科研与教学结合起来，以科研助推教学。“教学与科研，尽管有所差异，但实际上是育人的两种形态。而科研育人，具有其独特的内涵和机理。”② 因此，教师绝不能将科研仅仅作为评职称的手段，而应将其作为提高自身知识容量和育人能力的重要渠道。教师只有通过科研，才能发现自己的知识漏洞以及在教学中存在的问题，也能够通过科研总结和反思自己的教学经验，进而有意识地进行查漏补缺，提升自我。同样地，教师只有不断地进行教学实践，才能为科研提供丰富的实证化资源。革命文化重在培养学生的思想道德和价值观念，需要教师真真切切地对其进行知识讲解和实践引导。因此，教师切不可为追求职称而重科研轻教学，只有将科研工作与教学工作结合起来，用科研成果服务教学工作，才能真正发挥革命文化的时代价值。

（二）注重对学生的价值引领

教师在向学生传授革命文化时，必须首先要明确革命文化教育的旨归，

---

① 孟伶泉，吕峰，张琸玡. 基于现代理念的教育理论与实践［M］. 北京：中国书籍出版社，2017：115.

② 李小平，刘在洲. 大学科研的本质特征及其育人意蕴［J］. 高等教育研究，2019（5）：70－75.

才能有目标有方向地开展教育工作。习近平总书记多次强调，培养德智体美劳全面发展的社会主义事业建设者和接班人，是我国高等教育的重要任务。其中，“德”被放在了第一位，而革命文化教育的价值旨归正是立德树人，并且，只有先“立德”，才能更好地“树人”。因此，“新时代的思想政治教育工作应当坚持文化自信，自觉将革命文化融入到立德树人实践中，引导当代大学生弘扬好革命文化，传承好红色基因，努力使自己成为担当民族复兴大任的时代新人”①。首先，要引导学生坚定正确的理想信念。党的十八大以来，以习近平同志为核心的党中央高度重视宣传思想文化工作，多次强调要以坚定的理想信念筑牢精神之基。因为一旦人们没有了理想信念，精神就会“缺钙”，就会得“软骨病”。随着经济全球化、文化多元化以及信息数字化趋势的扩大，国内外许多形形色色的非马克思主义和反马克思主义思潮交相呼应，纷纷涌入学校。在校学生往往容易受其影响，从而出现理想信念动摇的现象，将集体主义、爱国主义抛之脑后。对此，教师在开展革命文化教育的过程中，不仅要采取正面教育的方式，将革命文化的理论知识传授给学生，增强学生的文化自信，也要采取反面教育的方式，对各种错误思潮进行有力地批判，从而引导学生运用马克思主义的立场、观点、方法观察和解决问题，坚定理想信念。其次，要引领学生树立正确的主体价值观。一方面，革命文化是为人民服务的。革命文化作为我国主流意识形态的重要组成部分，同其他主流文化一样，具有鲜明的“人民性”。因此，教师在开展革命文化教育的过程中，也要一切以学生为中心，把握学生价值观形成和确立的关键时期，将革命文化教育与学生的学习生活结合起来，用革命文化的精神实质涵养学生的价值观念，以满足学生的实际需求，发挥革命文化对学生在价值引领方面的作用，从而使学生意识到自身在革命文化教育中的主体地位。另一方面，人民又是创造、传承和发展革命文化的主体。当代学生是我国文化建设的生力军，而对革命文化的传承和发展又是建设文化强国的必由之路。因此，教师必须强化学生的主人翁意识，帮助学生明确自身在传承和发展革命文化过程中所扮演

① 朱志明，欧阳秀敏．革命文化融入立德树人实践的价值意蕴及实现路径［J］．思想教育研究，2018（5）：127．

的角色，从而激发学生主动承担传承和发展革命文化的积极性。最后，要指引学生践行正确的价值选择。理论只有付诸实践，才能发挥价值。革命文化教育的目的不仅在于实现学生对理论知识的真懂、真信，还在于要做到真用。因此，教师要不断引导学生的行为实践，通过“广泛开展先进模范学习宣传活动，营造崇尚英雄、学习英雄、捍卫英雄、关爱英雄的浓厚氛围”①，使广大青年学生学有榜样、追有目标，从而激发学生的价值认同、情感认同和实践认同，指引学生积极投身到中国特色社会主义的伟大实践中去，将革命文化真正运用到实际生活中去，成为革命文化的忠实践行者和传承者。

3. 创新教育方法和传播路径

在教育内容和教育目的一定的情况下，教育方法的选择便会对教育效果起到至关重要的作用。“教学有法，但无定法。教学方法的使用是科学性和艺术性的统一”②。因此，在对革命文化进行宣传教育时，教师必须采取多种教学方法，调动学生的各种感官知觉，从而加深其对革命文化的认知。首先，系统的理论宣讲依然是教师教学的必要手段。通过理论宣讲可以比较直接且快速地使学生对革命文化有一个基础性的了解，但需要注意的是，教师的宣讲绝不能陷入单向灌输的泥潭，而要时刻与学生保持互动，通过组织“有奖问答”“课堂辩论”等活动，让学生积极参与到课堂教育中。其次，教师应善于采用直观的方式呈现革命文化的内涵和精神实质。革命文化历史久远、内涵丰富、形式多样，绝不是仅靠对理论的平铺直叙就可以达到宣传教育的效果的。这就要求教师必须在理论宣讲的基础上，不断创新革命文化教育的方法，如运用情境教学法，即设置特定的革命场景和故事情节，并为学生分配角色，引导学生自由发挥，最终完成“革命任务”。或通过带领学生观看革命纪录片、学唱革命歌曲、朗诵革命经典、言说革命故事、参观革命纪念馆等方式，最大限度地调动学生的视觉、听觉、触

① 中共中央宣传部. 习近平新时代中国特色社会主义思想学习纲要［M］. 北京：学习出版社，人民出版社，2019：145.

② 孟伶泉，吕峰，张琸玡. 基于现代理念的教育理论与实践［M］. 北京：中国书籍出版社，2017：220.

觉等多种感官知觉，从而使学生获得最直观的感受，增强对革命文化的认同。此外，作为典型的“数字原住民”，学生对网络的依赖性在有些时候甚至会远远超过学校的课堂教育。因此，教师还可运用先进科技，通过采用线上引导和线下教育相结合、现实体验和虚拟感悟相统一等的方法，培养学生创新性的思维方式和传播技能，从而更加有效地实现对革命文化的传承和发展。最后，教师还应努力形成各学科之间的合作教学。即“要坚持显性教育和隐性教育相统一，挖掘其他课程和教学方式中蕴含的思想政治教育资源，实现全员全程全方位育人。”① 如，在语文课上，教师可以为学生评析一些经典红色文艺作品，如《大爱人间》广播剧、《中国桥——港珠澳大桥圆梦之路》图书等，以增强学生对革命文化的认同感；在历史课上，教师在讲授革命战争时期的历史事件、革命人物的相关知识时，便可同时介绍革命文化的起源和发展历程。通过列举学生熟悉的本地革命人物，加深学生对革命文化的理解；在地理课上，教师在讲到某一革命地区的特殊地形时，也可提及这一地区所蕴含的革命精神等。总之，必须以专业课为突破重点，其他课程保持与思想政治教育课的同向发展，实现多学科之间的互通互补，从而使革命文化以“潜移默化”的方式发挥其对学生“润物细无声”的作用。

四、提高学生传承与发展革命文化的思想觉悟

学生既是革命文化教育的客体，又是传承和发展革命文化的主体，因此学生在学校里不仅要学习革命文化的理论知识，更重要的是要通过对理论知识的学习，树立起对革命文化的自信和自觉，真正从内心认同革命文化，并意识到自身的主体地位，从而自觉承担起传承和发展革命文化的重任。

（一）加强对理论知识的学习，增强对革命文化的自信和自觉

知是行之先导，因此加强对理论知识的学习，提高自身的思想品德，是积极践行和弘扬革命文化的前提。理论知识内容丰富，学生必须对革命

---

① 张烁．用新时代中国特色社会主义思想铸魂育人　贯彻党的教育方针落实立德树人根本任务［N］．人民日报，2019－03－19（1）．

文化知识有一个系统的全面的了解，以提高自身的理论素养和品德修养，增强自身抵御错误思潮的能力。首先，要认真学习马克思主义基本理论知识。“中国共产党诞生后，中国共产党人把马克思主义基本原理同中国革命和建设的具体实际结合起来，团结带领人民经过长期奋斗，完成新民主主义和社会主义革命”①。可见，革命文化是我国在以马克思主义为指导的革命实践中形成和塑造起来的，学习马克思主义基本理论知识，是认识革命文化以及了解革命文化的科学性、先进性的前提，也是树立正确的革命价值观的第一步。这就要求学生必须重视学校开设的马克思主义相关课程，无论是中学时期的思想品德课和政治课，还是大学期间的马克思主义基本原理概论、毛泽东思想与中国特色社会主义理论体系概论、中国近现代史纲要等系列公修课，学生都要积极主动参与到学习中去，汲取对自己身心发展有益的知识养分，从而坚定自己的理想信念，产生对马克思主义、对中国革命文化的强烈认同。其次，要认真学习党史党建理论。“回顾历史，不是为了从成功中寻求慰藉……而是为了总结历史经验、把握历史规律，增强开拓前进的勇气和力量。”② 中国共产党是开展革命实践的领导者，是革命文化的主要创造者，革命文化可以说是伴随着中国共产党的发展而逐渐丰富和完善的，因此加强对党史党建理论的学习，有助于学生深入了解革命文化产生的历史背景和发展历程，从而对革命文化有更加透彻的了解。最后，要认真学习习近平新时代中国特色社会主义思想。习近平新时代中国特色社会主义思想是马克思主义中国化的最新理论成果，是将马克思主义与我国传统文化、革命文化以及社会主义先进文化充分融合的理论结晶，其文化价值观反映着中国人民对深沉厚重的民族精神和时代精神的追求。因此，认真研习习近平新时代中国特色社会主义思想，有助于学生从整体上了解革命文化的时代价值以及认识到革命文化在我国指导思想中的重要地位，从而对革命文化的传承和发展有一个全局性的掌握。

---

① 习近平. 在纪念马克思诞辰200周年大会上的讲话［N］. 人民日报，2018-05-05（2）.

② 习近平. 在庆祝中国共产党成立95周年大会上的讲话［M］. 北京：人民出版社，2016：7.

（二）培养创造性思维，推进革命文化与时代接轨

新时代的青年学生是未来的开创者和引领者，是极富想象力和创造力的群体，他们对一切未知的事物或具有挑战性的事情往往怀有浓厚的兴趣，因此，针对革命文化在当代的传承和发展，广大学生群体必须系统地培养自身的创造性思维，并用于解决革命文化在当代的传承和发展中遇到的问题和挑战，实现革命文化的时代转换。首先，要主动吸收中国传统文化以及外来文化中的有益成分，分析和总结其他优秀文化在传承和发展过程中的经验教训，结合革命文化自身的特点，将革命文化与我国传统文化、社会主义先进文化以及外来文化中的有益成分有机地联系到一起，找出其共通点和各自的优点，从而探索出一条适合革命文化传承和发展的当代路径。其次，要善于运用辩证的眼光和批判性思维看待革命文化在当代的传播。革命文化具备强烈的政治色彩和权威性，其精神实质不容任何人亵渎和诋毁，但由于现代科技日新月异，各类产品每天都在更新换代，人们的思想也愈益灵活多变，以致革命文化的内涵以及革命文化的传播手段和方式方法亟待更新。因此，学生必须拥有科学、辩证的批判精神，勇于“克服各种思维定势的影响和盲目崇拜的心理……敢于质疑各种现有成果包括学术权威成果中存在的问题”①，进而在不违背革命文化本质和原则的前提下，丰富革命文化的内容，创新革命文化的传播手段。最后，要注重自身与老师和同学们的合作、沟通与交流。创造性思维并非只求发散而忽视集中，同样的，学生在进行独立思考的同时也要经常与他人进行沟通和交流，既防止思维出现偏差或混乱，也有助于在交流中激发灵感。革命文化的形成和发展靠的并不是一人之力，而是需要全国人民的同心协力，因此，在学校，学生只有与老师和同学们通力合作，围绕同一个中心进行多个方向的发散性思考，并将每个新想法、新观点进行科学的整合、比较和评判，才能从中找出最佳的方案，最终实现对革命文化的高效传承和发展。

（三）参加社会实践活动，提高践行革命文化的主体意识和能动性

对革命文化的传承和发展，离不开学生对理论知识的学习和思考，做

① 骆郁廷. 注重大学精神文化的传承与创新［J］. 中国高等教育，2012（21）：43.

出正确的价值判断，更离不开学生的身体力行。但“从实然上来讲，正确的价值判断却不一定导向正确的行为，价值判断和价值行为呈现出很大的差异”①。因此，如何运用自己的语言，结合生活实际，形成行为自觉，将革命文化传承和发展下去，是当代学生的重要使命。而提高学生自身的主体意识和自觉能动性，关键在于要积极主动参加由教师、学校或政府部门、社会组织等开展的各类相关实践活动，从实践活动中亲身感受革命文化的魅力和价值，认识到自己与传承发展革命文化之间的紧密联系。首先，学生要树立正确的主体观。受传统教学模式的影响，学生通常将自己定位为被动的接受客体，而教师才是教学的主体，因而也是传承和发展革命文化的主体，自己只要接受知识即可。但其实不然，革命文化是由我国全体人民在革命战争时期共同创造的，是先辈留给我们的宝贵财富，是属于全民的文化。因此，对革命文化的传承和发展，绝对不是某一部分人的责任，而应该是全体人民的共同使命，无论其地位高低、身份如何、财富多少，都必须自觉承担此义务。当代学生必须认识到这一点，在虚心向教师学习革命文化知识的同时，也认识到自身的主体地位，进而与老师进行平等的对话与合作。其次，学生要主动配合教师和学校开展的道德教育实践活动，做革命文化的积极倡导者和参与者。实践活动是对课堂理论知识的深化，也是对学生学习生活的丰富，因此参加实践活动，有助于提高学生的自觉能动性和动手实践能力。如参加“道德情景模拟和体验活动”“革命历程片段重温活动”等，可以使自身通过身临其境的体验，感受革命先烈的英勇气概以及广大农民的艰苦朴素精神，从而激发对革命文化的情感认同，自觉将革命文化的知识和精神内化到原有的知识结构中，并迁移到日常的学习和生活情景中去，最终指引自己做出正确的行为选择。

五、加强网络传承与发展革命文化的环境建设

随着互联网时代的到来，网络已成为各种意识形态、各种社会思潮斗争的主战场，且由于网络的多元化特征，党和政府对网络信息传播的权力

---

① 王滨，韩红蕊．思想政治教育视阈下价值判断和价值行为的整合研究［J］．思想政治教育研究，2016（5）：1.

有所下移和弱化，网络舆论生态危机等问题频繁产生，致使以革命文化为重要组成部分的主流意识形态遭到了许多新的挑战。对此，必须加强网络环境建设，以革命文化引领网络思潮，净化网络空间，健全网络运行机制，从而确保革命文化在网络空间中实现有效传播。

（一）建立红色网站，净化网络空间

以红色网站为依托，大力宣传革命文化。首先，要扩大网络空间中革命文化的宣传和教育阵地。这需要针对学生的学习和发展特点，建设富有新意和生命力的红色网站，或在各类官方网站、校园网站里开设专门的红色板块，提高革命文化在网络空间中的点击率，打造真正的“网红”。如“广东红色文化官网”，便致力于对外开展红色文化教育的培训。在该网站上，容纳了本省以及省外的许多革命文化资源，既开设了一系列的红色课程，还有每日更新的与全国红色文化相关的新闻报道，以及提供了配套的实地参观和学习方案，从而扩大了革命文化在网络中乃至现实中的宣传力度。其次，要扩充网络空间中革命文化的宣传和教育内容。将革命文化的基因有机融合到网站的建设和发布的信息中，或“将红色文化资源开发与研究中取得的最新成果，与大学生的关注点相结合，不断创造出兼具历史厚度、思想高度、情感温度的高质量网络作品”①，从而更大限度地满足学生的学习和生活需求，扩大革命文化的感染力。最后，要创新网络空间中革命文化的宣传和教育方式。运用网络传承和发展革命文化，并不意味着将革命文化的相关内容简单转移到网络空间中，并发布出去即可。因为在无限大的网络空间中，无论是僵硬呆板的理论还是生动有趣的视频，如果缺乏合适的、灵活多样的传播形式，都难免会被其他纷乱复杂的内容迅速掩盖。因此，可以根据网络传播规律以及学生的接受习惯，开设以时间短、内容精、形式活为特征的网络微课堂，并通过课程打卡、课后小测、积分奖励等互动模式，提高学生的参与度。也可以将微课堂推广到学生普遍使用的微信、微博客户端上，开设革命文化微课堂小程序，使学生能更加方便快捷地了解相关知识，吸引学生踊跃参与到革命文化微课堂的学习中。

---

① 王春霞. 论红色文化资源在大学生思想政治教育中的功能定位及实现路径[J]. 思想理论教育导刊，2018（5）：135.

还可以利用目前最受学生欢迎的网络直播的形式，将革命文化以文字、图片、视频、歌曲等方式通过网络直播传播出去，以增强革命文化的传播效度。

（二）健全网络运行机制，增强革命文化的影响力

一套完善的网络运行机制，不仅能够防止错误信息以及西方社会思潮的肆意传播，也能够以主动的姿态引导网络舆论，抵制有害思想的渗透，进而有效地净化网络空间，为革命文化的传承和发展提供良好的网络环境。因此，针对目前国内外形形色色的非马克思主义和反马克思主义思潮在学生群体中的渗透，我们必须要建构一套完善的网络运行机制，促使网络信息从发布到传播，再到形成舆论、产生影响的整个过程都能得到有效的管理和规约，以减少有害信息对学生的侵蚀。首先，建构信息预警机制。对网络信息的预警包括两个方面，一是从信息源头入手，对进入网络空间的信息尤其是带有强烈政治色彩的信息严加防范。由于网络空间是开放的、自由的、无序的，网络信息也是瞬息万变的，西方资本主义强国往往利用网络这一特点，依靠自己在经济、科技等方面的优势，将西方的普世价值、个人主义、消费主义等思想输送到网络中，削弱革命文化的影响力。因此，必须把好网络端口，对境外信息的进入进行严格的过滤和筛选。二是从信息的传播过程入手，对广泛传播的网络信息进行实时动态监控，防止有害信息的大肆传播或对革命文化等相关的正面信息的曲解和诋毁。主要是要完善对网络信息的监测和跟踪系统，聚焦网络中现存的错误信息和有害思想，并“从中找出有害信息分布的规律、栏目、网站、重点时段和重点地址段，根据有害信息的蔓延规律和分布特点进行有针对性的预防和封堵”①。其次，强化自卫抵御机制，提高革命文化的传播力。革命文化在网络中的传播受到挑战，不仅有外在因素的干扰，也有自身的不足，而自身能力的提高即是对敌人的反击。因此，要真正实现对革命文化的传承和发展，不仅要防范其他社会思潮的侵蚀，更重要的是要靠革命文化自身的优势。即通过健全革命文化的自卫抵御机制，增强革命文化的反渗透能力，从而实

---

① 王玉荣. 意识形态领导权面临网络文化革命挑战及其回应［J］. 前沿，2011（22）：53.

现革命文化在网络中的有效传播。一方面，通过分析网络传播的特征以及革命文化的特点，将革命文化的内容进行适当的形象包装，丰富革命文化的网络创作形式，使革命文化更贴合网络的发展态势，贴近学生受众的心理，从而增强革命文化的吸引力，让学生自主自觉地根据自身需要接受革命文化教育。另一方面，培养革命文化传播的网络接班人，使其成为网络意识形态斗争的主体。这就要打造一批专门的网络革命文化传播团队，分析总结网络信息传播的手段，提高革命文化的传播力。同时也要预估其他有害信息的渗透方式，对其进行有力地防范和抵御，从而为革命文化在网络中的传播保驾护航。最后，完善舆论疏导机制。网络舆论千变万化，其中不乏许多对党、对国家、对政府的政策或对我国社会各个方面的问题的误解、曲解或恶意诋毁，如果对此不及时加以纠正或引导，将会极大地削弱革命文化的公信力。因此，必须“牢牢把握正确舆论导向，唱响主旋律，壮大正能量，做大做强主流思想舆论，把全党全国人民士气鼓舞起来、精神振奋起来”①。具体来说，就是要把握网民的意见走向，通过政府领导者、专家学者、官方媒体或当事者等“意见领袖”将事实言说清楚，运用革命文化的科学内容及时解答公众的疑惑，从而引导网民自觉信服革命文化。

（三）完善网络法律体系，加强制度保障

网络虽是虚拟空间，但却不是“法外之地”。尽管网络已为人们的生活和生产方式带来了革命性的变化，但不可否认的是，由于网络主体多元化且带有明显的隐蔽性、网络信息复杂化且具有自由流动性的特征，也使得网络成为某些人宣泄不满情绪、发表错误言论或传播“污言秽语”的地方，给学生群体带来了消极负面的影响。对此，我们必须“科学认识网络传播规律，提高用网治网水平，推动互联网这个最大变量变成事业发展的最大增量”②。这就要求我们必须通过完善网络法律法规，强化对网络空间信息的管理权，加大对网络犯罪的惩处力度，营造风清气正的网络空间，从而

---

① 张洋．习近平在全国宣传思想工作会议上强调 举旗帜聚民心育新人兴文化展形象 更好完成新形势下宣传思想工作使命任务［N］．人民日报，2018－08－23（1）．

② 中共中央宣传部．习近平新时代中国特色社会主义思想学习纲要［M］．北京：学习出版社，人民出版社，2019：151．

保障革命文化在网络空间得以高效传播和发展。首先，确保网络制度规范化。“无规矩不成方圆”的道理对网络虚拟空间的发展是同样适用的，若想最大限度地利用互联网为我们的生活、学习和工作服务，就必须建立一套科学的规范的网络制度，以引导、制约全体网民或各类新闻媒体的网上言行。具体来说，一方面，网络制度要具备普遍适用性，即对任何年龄、任何职业、任何背景、任何阶层的个人或组织来说，但凡进入网络空间，就必须遵守既定的规章制度。另一方面，网络制度也要具备一定的针对性。如根据学生群体的发展特点和心理需要，制定专门的网络使用规范说明，培养学生遵守网络法规的意识，引导学生文明上网、安全上网。或针对各类新闻媒体的发展规律和社会功能，制定相应的责任义务承担说明，促进新闻媒体遵守行为规范，在网络中发挥正能量。此外，针对那些拥有一定社会影响力的网络用户或官网、官微、官媒等开设的公众号等，也必须对其进行严格的资料审查，并对其所发布的言论实行动态的监督和管理。其次，推进网络管理法制化。仅仅依靠规章制度办事，对惩处某些不法分子来说，总归显得力量单薄、力度不够、缺乏震慑力。因此，还必须完善网络立法、严格网络执法，用法律权威制约网络信息的发布和传播。立法是执法的前提，立法部门必须紧跟网络时代的发展，根据网络中出现的新情况、新问题予以法律说明，为执法部门提供依据。相应地，执法部门针对网络中出现的一切违法犯罪行为，也应做到执法必严，违法必究。尤其是对在网络中诋毁革命英雄、扭曲革命历史、恶意散布谣言且蔑视法律法规的行为必须采取“零容忍”态度，严惩不贷。最后，实现网络法治建设常态化。由于网络空间无边无际、纷繁复杂，因此对网络信息的管理必须做到常抓不懈，实现网络法治建设的常态化。这就需要相关部门加大对网络法规的宣传教育，将网络法治理念融入人们的生活和学习中，促使每一位网民都能树立正确的法治思维，为维护网络秩序“添砖加瓦”。同时，针对日常生活中人们的网络言行，也要时常有法治建设的参与。无论发言者是高层管理者还是普通民众、无论发言内容或长或短，只要是对人民、对社会、对党、对国家不利的言行，一经查出，必须严惩，塑造网络空间的法治氛围，从而助力革命文化在网络空间的有效传播。

总之，我国高校承担着“为人民服务，为中国共产党治国理政服务，为巩固和发展中国特色社会主义制度服务，为改革开放和社会主义现代化建设服务”① 的重要办学任务，广东学校在革命文化的传承和发展上取得的重大成效正是对这一任务的真正落实。但不可否认的是，目前广东学校在传承和发展革命文化的过程中确实遭遇着诸多方面的挑战，且这些挑战也绝不会在短时间内被彻底消除。因此，传承和发展革命文化，任重而道远。广东学校必须以积极的态度和有效的措施应对这些挑战，努力成为传承和发展革命文化的前沿阵地和践行模范。

① 张烁．习近平在全国高校思想政治工作会议上强调 把思想政治工作贯穿教育教学全过程 开创我国高等教育事业发展新局面［N］．人民日报，2016－12－09（1）．

参考文献

一、经典文献著作类

[1] 中共中央马克思恩格斯列宁斯大林著作编译局. 马克思恩格斯选集：第一卷［M］. 北京：人民出版社，2012.
[2] 中共中央马克思恩格斯列宁斯大林著作编译局. 马克思恩格斯选集：第二卷［M］. 北京：人民出版社，2012.
[3] 中共中央马克思恩格斯列宁斯大林著作编译局. 马克思恩格斯文集：第二卷［M］. 北京：人民出版社，2009.
[4] 中共中央马克思恩格斯列宁斯大林著作编译局. 列宁选集：第四卷［M］. 北京：人民出版社，1972.
[5] 中共中央文献研究室. 毛泽东文集：第一卷［M］. 北京：人民出版社，1993.
[6] 中共中央文献研究室. 毛泽东文集：第八卷［M］. 北京：人民出版社，1999.
[7] 毛泽东. 毛泽东选集：第一卷［M］. 2版. 北京：人民出版社，1991.
[8] 毛泽东. 毛泽东选集：第二卷［M］. 2版. 北京：人民出版社，1991.
[9] 毛泽东. 毛泽东选集：第三卷［M］. 2版. 北京：人民出版社，1991.
[10] 毛泽东. 毛泽东选集：第四卷［M］. 2版. 北京：人民出版社，1991.
[11] 邓小平. 邓小平文选：第二卷［M］. 2版. 北京：人民出版社，1994.
[12] 习近平. 习近平谈治国理政：第二卷［M］. 北京：外文出版

社，2017.
［13］习近平. 习近平谈治国理政：第三卷［M］. 北京：外文出版社，2020.
［14］习近平. 决胜全面建成小康社会 夺取新时代中国特色社会主义伟大胜利［M］. 北京：人民出版社，2017.
［15］习近平. 在庆祝中国共产党成立95周年大会上的讲话［M］. 北京：人民出版社，2016.
［16］胡适. 胡适选集［M］. 天津：天津人民出版社，1991.
［17］周易［M］. 理雅各，译. 长沙：湖南出版社，1993.
［18］李大钊. 李大钊全集：第二卷［M］. 北京：人民出版社，2006.
［19］陈独秀. 陈独秀文章选编：上［M］. 北京：生活·读书·新知三联书店，1984.
［20］列宁. 列宁论国民教育［M］. 北京：人民教育出版社，1958.
［21］中央档案馆. 中共中央文件选集：第一册（1921—1925）［M］. 北京：中共中央党校出版社，1989.
［22］中央档案馆. 中共中央文件选集：第七册（1931）［M］. 北京：中共中央党校出版社，1991.
［23］中共中央宣传部. 习近平总书记系列重要讲话读本［M］. 北京：学习出版社，人民出版社，2016.
［24］中共中央宣传部. 习近平新时代中国特色社会主义思想学习纲要［M］. 北京：学习出版社，人民出版社，2019.
［25］中共中央宣传部. 习近平新时代中国特色社会主义思想三十讲［M］. 北京：学习出版社，2018.
［26］中联出版社. 中共“苏皖边区国民教育实施法”研究［M］. 北京：中联出版社，1947.
［27］中央教育科学研究所. 老解放区教育资料（二）：抗日战争时期：上册［M］. 北京：教育科学出版社，1986.
［28］中央教育科学研究所. 中华人民共和国教育大事记：1949—1982［M］. 北京：教育科学出版社，1983.

[29] 中央宣传部办公厅. 党的宣传工作会议概括和文献：1951—1992（上）[M]. 北京：中共中央党校出版社，1994.
[30] 北京市人民政府教育局. 北京市教育概况 [M]. 北京：北京市人民政府教育局，1949.
[31] 江西省档案馆，中共江西省委党校党史教研室. 中央革命根据地史料选编：下册 [M]. 南昌：江西人民出版社，1982.
[32] 钱穆. 民族与文化：新校本 [M]. 北京：九州出版社，2012.
[33] 费孝通. 文化与文化自觉 [M]. 北京：群言出版社，2016.
[34] 王先明. 中国近代社会文化史论 [M]. 北京：人民出版社，2000.
[35] 井冈山革命根据地党史资料征集编研协作小组. 井冈山革命根据地：上 [M]. 北京：中共党史资料出版社，1987.
[36] 喻晓社，等. 永远的旗帜：跨越时空的井冈山精神 [M]. 南昌：江西高校出版社，2016.
[37] 吴黎平. 永远铭记毛主席关于战斗的唯物主义的教导 [M] //毛泽东同志八十五诞辰纪念文选. 北京：人民出版社，1979.
[38] 张孝忠. 赣南苏区史 [M]. 北京：中共党史出版社，2012.
[39] 王炳林，张泰城. 高校红色文化资源育人发展报告（2016）[M]. 北京：人民出版社，2017.
[40] 李国强. 中央苏区教育史 [M]. 修订本. 南昌：江西教育出版社，2001.
[41] 欧阳雪梅. 中华人民共和国文化史（1949—2012）[M]. 北京：当代中国出版社，2016.
[42] 张静如. 中国共产党历届代表大会一大到十八大：下 [M]. 石家庄：河北人民出版社，2012.
[43] 程今吾. 延安一学校 [M]. 吕晴，整理. 北京：中国青年出版社，2012.
[44] 刘少杰. 当代中国意识形态变迁 [M]. 北京：中央编译出版社，2012.
[45] 刘建伟. 红色文化融入高校社会主义核心价值观教育研究 [M]. 北

京：人民出版社，2018.
［46］杨东平. 教育，我们有话说［M］. 北京：中国社会科学出版社，1999.
［47］渠长根. 红色文化概论［M］. 北京：红旗出版社，2017.
［48］肖灵. 当代大学生红色文化传播研究［M］. 北京：中国社会科学出版社，2015.
［49］孟伶泉，吕峰，张琸玡. 基于现代理念的教育理论与实践［M］. 北京：中国书籍出版社，2017.
［50］任仲文. 传承·开放·超越：文化自信十八讲［M］. 北京：人民出版社，2011.
［51］周凤林. 学校德育顶层设计论［M］. 上海：华东师范大学出版社，2017.
［52］张爱芹，王以第. 红色文化与道德建设研究［M］. 北京：中国海洋大学出版社，2008.
［53］韩延明. 红色文化与社会主义核心价值体系建设研究［M］. 北京：人民出版社，2013.
［54］胡琦. 高校文化德育论［M］. 杭州：浙江大学出版社，2014.
［55］马静. 红色文化教育理论与实践研究［M］. 天津：南开大学出版社，2015.
［56］陈微. 毛泽东与文化界名流［M］. 北京：中国社会科学出版社，1993.
［57］高毅. 法兰西风格：大革命的政治文化［M］. 北京：北京师范大学出版社，2013.
［58］郭法奇. 文化视野中的学校教育：历史与比较［M］. 北京：中国社会科学出版社，2016.
［59］张光义. 学校文化建构与践行［M］. 重庆：西南师范大学出版社，2015.
［60］王海洲. 合法性的争夺：政治记忆的多重刻写［M］. 南京：江苏人民出版社，2008.

[61] 周海燕. 记忆的政治 [M]. 北京: 中国发展出版社, 2013.
[62] 海德格尔. 林中路 [M]. 孙周兴, 译. 上海: 上海译文出版社, 2014.
[63] 托夫勒. 力量转移: 临近21世纪时的知识、财富和暴力 [M]. 刘炳章, 等译. 北京: 新华出版社, 1996.
[64] 阿伦特. 论革命 [M]. 陈周旺, 译. 南京: 译林出版社, 2011.
[65] 皮尔斯. 皮尔斯: 论符号 (李斯卡: 皮尔斯符号学导论) [M]. 赵星植, 译. 成都: 四川大学出版社, 2014.
[66] 塞沙斯. 历史与学校: 论传授和学习历史过程中意图与偶然的关系 [M] //韦尔策. 社会记忆: 历史、回忆、传承. 季斌, 王立君, 白锡堃, 译. 北京: 北京大学出版社, 2007.

二、期刊类

[1] 唐少杰. 从文化革命到革命文化: 20世纪革命一瞥 [J]. 求是学刊, 2007 (6): 16-19.
[2] 殷世东, 汤碧枝. 研学旅行与学生发展核心素养的提升 [J]. 东北师大学报 (哲学), 2019 (2): 160-166.
[3] 张美霞. 新媒体技术支持下的场馆建设与场馆学习: 以现代教育技术博物馆为例 [J]. 中国电化教育, 2017 (2): 20-24.
[4] 李沁. 沉浸传播的形态特征研究 [J]. 现代传播, 2013 (2): 116-119.
[5] 赵长林, 孙海生. 教科书与意识形态再生产: 对1949—2018年相关研究的回顾与省思 [J]. 课程·教材·教法, 2019 (1): 34-39.
[6] 吴立贵, 张谦芬. 论中小学语文教材中的抗战题材选文: 兼议革命历史资源的传承 [J]. 河北师范大学学报 (教育科学版), 2016 (18): 103-107.
[7] 夏文菁, 张剑平. 文化传承中的场馆学习: 特征、目标与模式 [J]. 现代教育技术, 2015 (8): 7-13.
[8] 郑旭东. 从博物馆教育到场馆学习的演进: 历史与逻辑 [J]. 现代教

育技术，2015（2）：5－11.
[9] 成伯清. 时间、叙事与想象：将历史维度带回社会学［J］. 江海学刊，2015（5）：100－106.
[10] 周良书. 讲好中国共产党的历史故事［J］. 中国高校社会科学，2018（4）：103－110.
[11] 祝秀丽. 解析故事构成要素：雅各布森的理论视角［J］. 民俗研究，2013（1）：58－64.
[12] 戴建华. 基于教材 高于教材：初中思想品德新课程有效驾驭教材摭谈［J］. 上海教育科研，2011（11）：68－70.
[13] 李臣之，王虹. 校本课程开发的本土味：逻辑、空间与限制［J］. 课程·教材·教法，2016（1）：28－34，44.
[14] 黄炜，陈芳其. 苏霍姆林斯基论校园环境建设［J］. 外国教育研究，2003（6）.
[15] 姚素文. 显性教育与隐性教育相结合的思想政治教育模式探究［J］. 学校党建与思想教育，2012（18）.
[16] 刘宏达. 高校学生组织的思想政治教育功能分析［J］. 中国青年政治学院学报，2008（6）：46－49.
[17] 陈金龙. 中共纪念活动与党史文化的建构［J］. 中共党史研究，2012（11）：46－54.
[18] 习近平. 加快推动媒体融合发展 构建全媒体传播格局［J］. 求是，2019（6）.
[19] 庞超. 意识形态安全视域下历史虚无主义批判的基本路向［J］. 马克思主义与现实，2018（4）：160－165.
[20] 陈培永. 新自由主义对中国未来发展的潜在危害［J］. 红旗文稿，2017（24）：10－12.
[21] 张志丹. 辨明公私：“大公有私论”的哲学省思［J］. 思想教育研究，2017（9）：42－46.
[22] 任鹏，丁欣烨. 文化消费主义思潮对当代青年学生价值观念的消极影响及其应对［J］. 思想教育研究，2018（4）：65－69.

[23] 谢玉进，胡树祥. 多样态的网络自我及其认同困境 [J]. 教学与研究，2018 (7)：78 -86.
[24] 赵丽涛. 我国主流意识形态网络话语权研究 [J]. 马克思主义研究，2017 (10)：78 -85.
[25] 李丽娜，梁立峰. 浅谈政治娱乐化及其对中国的影响 [J]. 新视野，2010 (6)：62 -64.
[26] 汤建萍，周平远. 中国革命文艺形态对民间形式的利用和改造 [J]. 江西社会科学，2014 (9).
[27] 刘迎新. 论政治话语通俗化修辞传播 [J]. 社会科学战线，2016 (9)：165 -170.
[28] 李芒，乔侨，李子运，等. 论教师的五大“主义” [J]. 教师教育研究，2019 (3)：1 -5 +19.
[29] 孙蚌珠. 理论为本·内容为王·因材施教：提升思想政治理论课教学质量的思考 [J]. 思想理论教育导刊，2017 (9)：44 -48.
[30] 程彪，张荣荣，王春林. 革命文化的历史性内涵与时代价值 [J]. 理论探讨，2019 (3)：50 -54.
[31] 王涛，刘修阳. 高校主流意识形态教育的问题与对策思考 [J]. 思想理论教育导刊，2014 (1)：94 -96.
[32] 周志成，何侃侃，晏宁. 当代社会思潮对首都大学生的影响及对策研究 [J]. 北京联合大学学报（人文社会科学版），2018 (3)：100 -108.
[33] 王滨，韩红蕊. 思想政治教育视阈下价值判断和价值行为的整合研究 [J]. 思想政治教育研究，2016 (5)：1 -4.
[34] 王春霞. 论红色文化资源在大学生思想政治教育中的功能定位及实现路径 [J]. 思想理论教育导刊，2018 (5)：132 -135.
[35] 王玉荣. 意识形态领导权面临网络文化革命挑战及其回应 [J]. 前沿，2011 (22)：51 -54.
[36] 骆郁廷，吴楠. 启发自觉与制度规范：学风教育的双重视角 [J]. 中国高教研究，2019 (4)：68 -73.

[37] 康沛竹，艾四林. 建设高素质思政课教师队伍 [J]. 中国高校社会科学，2019 (3)：15 –18.
[38] 李小平，刘在洲. 大学科研的本质特征及其育人意蕴 [J]. 高等教育研究，2019 (5)：70 –75.
[39] 朱志明，欧阳秀敏. 革命文化融入立德树人实践的价值意蕴及实现路径 [J]. 思想教育研究，2018 (5)：127 –130.
[40] 骆郁廷. 注重大学精神文化的传承与创新 [J]. 中国高等教育，2012 (21)：42 –45.
[41] 卢毅. 事与愿违的党化教育：以 1949 年以前的国民党为例 [J]. 福建论坛（人文社会科学版），2014 (5)：71 –77.
[42] 许慎. 革命文化的出场、演进和生命力的内在逻辑 [J]. 贵州社会科学，2018 (4)：37 –43.
[43] 王中强. 社会主义核心价值体系建设视域中的红色文化传承与创新 [J]. 山东社会科学，2010 (10)：134 –137.
[44] 肖发生. 定位与提升："红色资源" 的再认识 [J]. 井冈山学院学报，2009 (1)：19 –23.
[45] 陆树程，杨倩. 论培育和践行社会主义核心价值观的内在机制 [J]. 毛泽东邓小平理论研究，2014 (8)：52 –57.
[46] 袁思思. 小学校园文化建设新路径探索 [J]. 当代教育理论与实践，2014 (9)：20 –21.
[47] 张东娇. 学校文化团结发生机制与实现策略 [J]. 教育研究，2016 (9)：59 –66.
[48] 王定华. 试论新形势下学校文化建设 [J]. 教育研究，2012 (1)：4 –8.
[49] 杨宏伟. 国家仪式：传播社会主义核心价值观的有效载体 [J]. 思想理论教育导刊，2015 (5)：77 –80.
[50] 张效民. 广东的历史文化资源 [J]. 深圳职业技术学院学报，2010 (6)：40 –45.
[51] 梁银湘. 红色记忆与巩固中国共产党执政基础研究 [J]. 广西社会科

学，2015（7）：1－6.

[52] 张意轩，王坎. 在短视频领域奏响主流声音：以人民日报新媒体的短视频探索为例［J］. 新闻与写作，2019（11）：18.

三、报纸、网站类

[1] 习近平总书记在会见第四届全国文明城市、文明村镇、文明单位和未成年人思想道德建设工作先进代表时的讲话［EB/OL］.（2015－02－28）［2020－03－05］http://politics.people.com.cn/n/2015/0228/c70731－26614021.html?from＝timeline&isappinstalled＝0.

[2] 吴章勇，曹宏琰. 习近平治军3年，军队血脉承载红色基因［EB/OL］.（2016－01－13）. http://news.youth.cn/wztt/201601/t20160113_7522900.htm.

[3] 苏春生，钟林芳. 赣南瑞金创新红色研学模式 让孩子爱上红色课堂［EB/OL］.（2018－08－02）. http://www.wenming.cn/dfcz/jx/201808/t20180802_4781309.shtml.

[4] 魏本貌. 江西红色旅游一年吸引逾亿次游客［N］. 华东旅游报，2016－02－04（4）.

[5] 赵光霞，燕帅. 人民日报客户端“军装照”H5荣获第二十八届中国新闻奖一等奖［EB/OL］. http://media.people.com.cn/n1/2018/1102/c14677－30379396.html.

[6] 发掘红色基因，探寻红色血脉［EB/OL］. http://spe.sysu.edu.cn/node/2607.

[7] 中山大学红色三部曲之原创音乐话剧笃行开演［EB/OL］.（2018－11－04）. http://www.sohu.com/a/273256114_161795.

[8] 资讯管理学院第二届红色经典诗文诵读比赛圆满落幕［EB/OL］. http://news2.sysu.edu.cn/news01/152997.htm.

[9] 广东财政5年85亿元支持红色革命遗址保护［EB/OL］. http://www.gov.cn/xinwen/2018－05/17/content_5291650.htm.

[10] 书香校园在线［EB/OL］. https://mp.weixin.qq.com/s?_ biz＝

MzUyODMwNzUxNQ% 3D% 3D&idx = 1&mid = 2247483755&sn = c57bb99381 ec701c791accd377806c0f.

［11］我校和百色学院青年“手拉手”广州行暑假社会实践活动启动［EB/OL］. http：//school. 3xy. com. cn/School/100510/Article/19857.

［12］习近平. 同各界优秀青年代表座谈时的讲话［N］. 人民日报，2013 - 05 - 05（2）.

［13］张烁. 用新时代中国特色社会主义思想铸魂育人 贯彻党的教育方针落实立德树人根本任务［N］. 人民日报，2019 - 03 - 19（1）.

［14］习近平. 在纪念马克思诞辰 200 周年大会上的讲话［N］. 人民日报，2018 - 05 - 05（2）.

［15］习近平. 弘扬“红船精神”走在时代前列［N］. 光明日报，2005 - 06 - 21.

［16］国家发改委. 中华人民共和国国民经济和社会发展第十三个五年规划纲要［N］. 人民日报，2016 - 03 - 18（1）.

［17］张洋. 习近平在全国宣传思想工作会议上强调 举旗帜聚民心育新人兴文化展形象 更好完成新形势下宣传思想工作使命任务［N］. 人民日报，2018 - 08 - 23（1）.

［18］张烁. 习近平在全国高校思想政治工作会议上强调把思想政治工作贯穿教育教学全过程 开创我国高等教育事业发展新局面［N］. 人民日报，2016 - 12 - 09（1）.

［19］习近平总书记在会见第四届全国文明城市、文明村镇、文明单位和未成年人思想道德建设工作先进代表时的讲话［EB/OL］.（2015 - 02 - 28）.

［20］李强. 推动红色文化建设 汇聚强大精神力量［N］. 南方日报，2018 - 05 - 04（A05）.

［21］宇文利. 教育之本在于立德树人［N］. 中国教育报，2018 - 05 - 10（5）.

［22］尹婕. 红色旅游：历经 10 年谋新变［N］. 人民日报海外版，2014 - 07 - 23（4）.

[23] 习近平. 决胜全面建成小康社会 夺取新时代中国特色社会主义伟大胜利 [N]. 人民日报，2017－10－28 (1).
[24] 习近平. 在北京大学师生座谈会上的讲话 [N]. 光明日报，2018－05－03 (2).

四、学位论文

[1] 钟林海. 广东革命文化的思想政治教育价值研究 [D]. 广州：华南理工大学，2015.
[2] 刘璐. 红色文化弘扬中的新媒体运用研究：以广东红色旅游示范基地为例 [D]. 广州：华南理工大学，2017 .

五、文件

[1] 教育部等 11 部门. 教育部等 11 部门关于推进中小学生研学旅行的意见 [Z]. 2016－12－02.
[2] 中共中央组织部，中共中央宣传部，中共教育部党组. 关于加强和改进高校青年教师思想政治工作的若干意见 [Z]. 2013－05－04.

后　记

每本著作的完成都是一段时光的记忆。记得 2017 年在李辉教授的带领下我们一起申报了广东省教育科学规划重点课题（党的十九大精神研究专项）“新时代广东学校文化传承发展研究”，一起获批的是五个课题组合系列，结题的方式是五本书组成的系列丛书，其中我负责的是“广东学校的革命文化传承与发展研究”。非常明显，这是广东省教育厅在顶层设计的高度用心策划的丛书之一。课题下达后，犹记得围绕此课题开展的多次讨论，最令我发难的是怎样将广东的地域特色呈现出来，这需要大量的实地调研和研讨。2018 年，李辉教授组织我们一起在广东肇庆召开了研讨会议，大家认为广东全省的实地调研当下不具备可操作性，可在教育厅的指导下通过每个学校的网站先行了解和收集资料，对一些具有典型性和代表性的个案进行重点关注，同时可联系一些地方教育局对此进行实地调研，这样一来也可达到整体性的了解。为了避免因实证不足出现的缺陷，我先后在本科教学课堂以期中作业的方式让同学们对革命文化传承的状况进行专题汇报，并且在全书的章节安排和写作路线上做了一些技术性处理，包括突出中山大学的革命文化传承和发展的个案分析、关注学校革命文化传承和发展的他山之石、联系佛山南海区教育局提供相关的研究素材、抓住学校革命文化的典型进行提炼概括等，这样就形成了有别于纯粹实证研究的研究路径。在大家的共同努力下，书稿总算完成了。

此书的完成，得益于广东省教育厅提供的课题资助，这样一种课题丛书式的结题方式有力地促进了我们对此的研究，使我们彼此互相促进、交流共进。感谢参与本书写作的各位老师和同学，是你们的辛勤付出，才能完成全书。其具体分工如下：前言、后记、整体设计、统稿和定稿，龙柏林；第一章，潘丽文；第二章，梁桂云；第三章，彭先兵、陈钿莹；第四章，易湘婷；第五章，徐丹霞。感谢佛山南海区教育局张鉴华副局长提供的大力支持，弥补了我们在疫情期间不便调研的不足。当然，还有“龙门阵”伙伴们以互相提意见的方式给予的支持，以及那些为本书写作提供智识支持与思考素材的单位和同仁。书的出版，只是阶段性研究的一个总结，对革命文化和红色文化这一方“富矿”的深入研究与探讨将是道阻且长、价值弥坚。